中国博士后基金项目

福建师范大学学术著作出版基金资助出版

转型时期宏观调控中的政府信用及其法治保障研究

王新红　著

人民出版社

责任编辑:陈寒节

责任校对:湖　催

图书在版编目(CIP)数据

转型时期宏观调控中的政府信用及其法治保障研究/王新红 著.
—北京:人民出版社,2011.5
ISBN 978－7－01－009819－7

Ⅰ.①转… Ⅱ.①王… Ⅲ.①国家行政机关－信用－研究－
中国②社会主义法制－研究－中国 Ⅳ.①D630.1②D920.0

中国版本图书馆 CIP 数据核字(2011)第 062956 号

转型时期宏观调控中的政府信用及其法治保障研究
ZHUANXING SHIQI HONGGUAN TIAOKONGZHONG DE
ZHENGFU XINYONG JIQI FAZHI BAOZHANG YANJIU

王新红　著

人民出版社 出版发行

(100706　北京朝阳门内大街166号)

北京瑞古冠中印刷厂印刷　新华书店经销

2011年5月第1版　2011年5月北京第1次印刷
开本:710毫米×1000毫米　1/16　印张:21.25
字数:314千字　印数:0,001－2,500册

ISBN 978－7－01－009819－7　　定价:42.00元

邮购地址:100706　北京朝阳门内大街166号
人民东方图书销售中心　电话:(010)65250042　65289539

序

　　王新红是一位长期从事经济法学教学和研究的教授,在工作中深切感到,要提升经济法学的教学和研究水平,使经济法学的研究能更好地服务于中国的经济体制改革和经济建设,必须学习和研究经济学。2005年他进入福建师范大学理论经济学博士后流动站从事博士后研究工作,这体现了其作为学者的责任感和从事跨学科研究的勇气。作为他的合作导师,我们共同选定信用问题这一经济学和法学共同关注、而现实社会生活又迫切需要解决的问题作为其研究方向,并最终确认其选题为"我国转型时期宏观调控中的政府信用问题研究"。经过几年的努力,一部30万字的书稿终于完成并即将付梓。我感到由衷的高兴,并借这个机会谈谈我的读后感。

一

　　在市场经济条件下,信用首先是经济问题,或者更准确地说,信用本质上是一个经济问题。从《资本论》中的信用理论来看,马克思对信用的理解更多地侧重于经济角度。信用所反映的关系,不仅是社会关系,更重要的是经济关系。马克思在《资本论》中论及简单的商品交换时,就已经指出在物的外壳下所掩盖的人与人的关系,包括信用关系:商品交换得以实现,必须是"一方只有符合另一方的意志,就是说每一方只有通过双方共同一致的意志行为,才能让渡自己的商品,占有别人的商品……这种具有契约形式的(不管这种契约是不是用法律固定下来的)法的关系,是一种反映着经济关系的意志关系。这种法的关系或意志关系的内容是由这种经济关系本身决定的。在这里，人们只有彼此只是作为商品的代表即商品所有者而存在"①。由此可见，信用反映的是商品交换过程中人与人的关系。

西方经济学对信用的理解也多从经济的角度出发。从历史上看，在西方人的观念中，契约是神圣不可侵犯的，因为契约是上帝同人类所签订的，具有神圣性、强制性和义务性。随着商品经济的发展和对外贸易的扩张，契约关系在社会关系中逐渐占据主导地位，契约成为社会存在的基础。这就推动了以履行契约为核心的信用关系的发展，为西方建立信用体系和信用制度奠定了坚实的基础。换言之，在西方国家，信用之所以是一个经济范畴，是商品交换和贸易发展使然。因为在交换过程中制定了一些规范，"在上述规范内完成的行为得到认可并产生效力，而这种认可具有公共信用性质。"②显然，信用作为履约而获得的认可和信任是来源于经济活动，为经济服务；而经济活动却不能从道德中产生，为道德服务。从现实生活中看，在西方特别是美国，信用是作为商品在市场上大量生产、销售的，把与信用有关的信息加工成信用产品，卖给需求者，使正面信用积累成为扩大信用交易的动力，负面信息传播成为约束失信人的震慑力，从而形成市场经济运行机制的重要组成部分，也使人们的借贷理念、信用风险的理念、消费理念、破产理念等与信用制度密切联系的理念发生历史性的演变。如果把信用作为市场经济范畴的话，就会实现经济和道德的良性循环，即随着信用这种特殊商品交易规模的扩大，会逐步形成现代信用制度；而现代信用制度又会催生出崭新的信用理念；崭新的信用理念会产生对信用产品的即期需求和潜在需求；对信用产品日益增长的需求会引起整个社会对失信者的鄙弃和惩戒；整个社会形成的公众信用态度要求相应的信用交易的秩序；信用交易规范的市场秩序会形成新的市场体系和现代营销方式。

信用问题其次是法律问题。现代信用的产生和发展，是与契约和法律相联系的。随着市场经济的发展和商品货币关系的普遍化，人们之间的经

---

① 《资本论》第 1 卷，人民出版社 1975 年版，第 102—103 页。
② 郑强：《合同法诚实信用原则研究》，法律出版社 2000 年版，第 46 页。

济交往日益频繁和复杂,交易常常是跨地域、跨国度、跨文化进行的;交易的对象往往是从未谋面的陌生人,传统的、重复的人情式交易日益被非重复式、非人情化的交易所取代,于是,以法律为保障和后盾的契约信用关系也就应运而生。契约信用的特点:一是要求具体而明确,往往伴有量化的指标来衡量信用行为的实现程度;二是约束机制硬化,主要借助于法律权威监督和保护,信用遭到破坏时,对责任者要实施惩罚和要求其赔偿损失;三是作用范围广泛,突破了血缘和地缘的限制,成为不同地域人们经济往来的重要纽带,所以,契约信用是一种普遍主义的信用;四是它的目标在于实现双方利益的平衡,保持社会的稳定和协调发展。

　　政府是否履行职责、商人是否兑付承诺,仅靠道德的内在约束是不够的,还必须依靠法律的外在强制力,法律的约束是信用行为的第一约束力。尽管道德约束对信用行为主体的约束也是必要的,但在市场经济条件下,在人追求经济利益的内在驱动下,道德信用作为维系一切经济活动的纽带,是极其脆弱、极易断裂的,有可能导致整个信用体系的崩溃和整个社会经济的瘫痪。而法律约束的强制力,是社会经济健康运行的基本保证。任何一个国家、地区和单位,信用行为出现问题,一个重要的原因是法律的弱化、法律的虚设和法律权威的丧失。

　　在处理信用关系中经济与法律的关系问题上,经济是第一位的,法律是第二位的。信用法律制度建设是围绕着经济信用进行的,为经济信用服务的。经济是法律的目的,法律是发展经济的手段。不能颠倒两者之间的关系。目前人们一致认为失信行为之所以如此猖獗,原因之一是缺乏专门的信用管理法律和信用管理制度,对失信行为的处罚力度小。这固然不错,但是很少有人认真地思考为什么改革开放30多年来我国还没有一部专门的信用管理法律? 重要的原因之一就在于我国对信用的理解仍停留在传统的道德范畴上。这样一来,在立法上,信用精神的体现和对信用行为的规范就散见于各种法。随着市场经济的发展,信用由原来的道德概念发展为经济概念,反映的主要是一种经济关系,就不能对原有的法律法规进行修修补补。因为这种"头痛医头、脚痛医脚"的作法,只会导致此法与彼法矛盾,使法制缺乏稳定性和明确的预期,为执法带来困难,为失信行为和现象提供生存的空间。因此,必须把信用问题首先理解为经济问题,适时地制定出反映这种经济关系的专门的信用法规及其具体条例,才能从根本上解决信用关系的无法可依、执法不严,也才能扭转和避免因新问题出来还仍然用老办法去处理的很不规范也很难从容行事的被动局面。总之,主要从经济角度来认识和理解信用,不仅能够很好地解决现实中的失信问题,而且还会形成新的信用道德观念以及促进信用法律法规的建立和完善。

王新红博士正确理解了法律与信用的关系,始终从经济的视角探讨信用问题。如,他在书稿中提出的"政府信用是政府的资源和财富"、"不是因为人们需要政府守信,政府就会守信……只有守信符合政府的利益时,政府才会守信"、"政府守信的条件包括信用能力和信用意愿两个方面,信用能力由经济条件决定,信用意愿由利益关系决定"等观点,都是从经济角度着眼。不仅如此,他还提出了法律本身的信用问题也是由经济决定的。人们通常将解决信用问题的办法落实到制度建设上,法律是最主要的正式制度,因此也就主要是落到法律制度上。以为有了法律就可以解决问题;面对法律不执行的问题,通常强调严格执法。但很少思考法律能不能真正解决问题,以及法律能不能真正得到执行。他的研究没有浅尝辄止,而是深入挖掘了其背后的利益关系:法律形成的过程是一个博弈的过程,是多种相冲突的利益相互妥协的过程,而不仅仅是一个学理推演的过程;当要求执行某项法律的力量不足以与反对执行某项法律的力量相抗衡时,法律往往成为"不可执行的法律"。

当然,本书稿也没有忽视法律在信用的培育和保护方面的作用,不仅第五章专门讨论了宏观调控中政府信用与法治的关系,而且在其他章节中,都有法律的影子。(1)对信用问题的阐述,是在从人治向法治转型的背景下进行的,法治对信用关系和信用行为产生重大影响;(2)提出了"合法性信用"的命题,合法性信用是最高层次的信用,丧失了合法性,也就失去了信用;(3)对信用机制的法律保障做了全面的阐述。

二

我在阐述社会信用体系建设时曾经指出："政府信用是先导、企业信用是重点、个人信用是基础"①18世纪法国的哲学家和经济学家休谟说过一句很有名的话："不是国家毁灭社会信用，就是社会信用毁灭国家"，说明政府的信用是至关重要的。但在社会转型时期，政府失信的问题比较严重。因此，要强化政府信用，"加强政府自身信用建设，率先垂范。大力提高政府为人民服务的质量和效率。各级政府及其职能部门要依法行政，推行政务公开，深化审批制度改革，树立起良好的信用形象。"②

王新红博士对我的上述观点作了进一步的发挥，并探讨了政府信用的动力机制问题。要使政府守信，必须站在政府的立场来思考，即政府在什么情况下会守信，并据此建立政府守信的激励和约束机制。从政府的立场看，只有守信符合政府的利益时，政府才会守信；因此，激励和约束政府信用行为的关键在于使守信成为政府的占优战略。法治为激励和约束政府行为提供了手段和保障。一方面，法治为政府信用提供规范的表现形式和保护机制，使政府信用以看得见的方式实现，增加政府的信用财富；使政府信用不受非法侵犯，保护政府的信用财富，从而使守信符合政府利益，激励政府守信。另一方面，法治对政府失信行为设置法律责任，加大失信成本，使失信行为不符合政府及其官员的利益，抑制政府的失信行为。

面对中国社会转型时期存在的严重的信用危机，政府是有责任的。这不仅表现在政府本身失信的问题上，而且表现在政府未能为培育企业信用、个人信用提供足够的激励；未能对企业、个人的失信行为给予及时、有效的惩戒。更为严重的是，政府在处理企业之间、个人之间及企业与个人之间的信用关系纠纷时，由于未能严格执法（如判决不执行）、公正执法（如违法判决失信者胜诉），将企业或个人的失信行为转化为政府失信。所以，社会信用体系的建构，政府信用建设是先导。但是，也不能将企业失信、个人失信

---

① 李建平：《关于建设"信用福建"若干基本问题研究》，《东南学术》2003年第2期。
② 前引李建平：《关于建设"信用福建"若干基本问题研究》。

的板子都打在政府身上,企业信用和个人信用都有自身的逻辑,不能等到政府信用建设好了再去建设企业信用和个人信用。本书稿用欧洲中世纪商人信用正是在政府信用严重匮乏、未能为商人的毁约行为提供及时、有效的制裁的情况下,依靠商业行会的力量自觉形成的这一典型事例,批判了将企业失信、个人失信都归咎于政府失信,以及没有政府信用就没有企业信用等极端观点。

三

宏观调控与政府信用的相互关系是一个十分重要却未引起关注的新问题。宏观调控是政府间接引导经济的发展,宏观调控政策要起到"四两拨千斤"的作用,政府信用是不可或缺的。如果人们不信任政府,就不会自觉接受政府宏观调控政策的引导,更有甚者,还可能逆宏观调控政策而行,从而使政府的宏观调控政策"失灵"。本书稿提出,宏观调控作用机理是宏观调控政策影响人们对未来经济发展的预期,人们根据自己的预期采取行动;政府信用是宏观调控效果的增函数等观点,很好地说明了以上问题。

宏观调控法治化是本书稿作者的一项重要主张。据我所知,经济学学者很少谈及宏观调控法治化的问题,有人甚至认为宏观调控不可能法治化。本书稿详细、深入地阐述了宏观调控法治化的必要性和可行性,特别是就宏观调控法治化中的难点问题给出了解决方案,如提出赋予宏观调控法的足够的弹性,以适应转型期宏观调控灵活多变的特点,但同时也提出,"软法"要不断转化为"硬法",社会转型过程就是一个"软法"不断转化为"硬法"的过程。

四

经济学在当代中国成了一门显学,这导致了部分经济学者的傲慢和偏见,他们不懂法学,却对法律指手画脚(如反对制定宏观调控法)。我推荐经济学的学者看看这本尚显稚嫩、或许还有错漏的书,它用经济学和法学两种语言描述了一个经济学者尚不熟悉的宏观调控法的世界,建构了一个宏观调控、政府信用和宏观调控法互动的模型,指出宏观调控法治化不仅对于建设社会主义法治国家来说,是重要的;即使从经济学最关心的宏观调控的绩效来说,也是极其重要的。由于学科的藩篱,经济法学学者因为缺乏经济学知识,在宏观调控法这一最需要经济学支撑的法律领域,单靠他们的力量尚不足以推动宏观调控基本法的诞生,经济学学者,尤其是研究宏观经济学的学者,应当将此也视为自己的责任,和经济法学学者一起,共同推进宏观调控法治化的进程。

是为序。

李建平

（福建师范大学原校长、福建师范大学理论经济学博士后
流动站负责人、博士生导师）

2010 年 10 月

前　言

一

　　中国自十一届三中全会后，经济学成为显学，不断侵蚀其他社会科学的领地，学界将这种现象称之为"经济学帝国主义"，这多少反映了其他学科对经济学侵入的无奈和不满。但著名经济法学家漆多俊教授不这么看，他在其1993年出版的代表作《经济法基础理论》中写道："一个出色的经济法学家，应该同时是一位够格的经济学家。拒绝研究社会经济，不懂得经济，则最多只能是半截子经济法学家。"①漆先生的这一观点，我把它称为"经济学工具主义"。

　　漆先生此语揭示了学科之间的联系。由于人们时间、理性的有限性，学科的划分不可避免，学者们也因学科的划分而有研究领域的分工。但世界作为一个整体，组成部分之间的普遍联系并不会因学科的划分而丧失。因此，从学科划分的那一天起，就有了打破学科樊篱、将相关学科知识结合起来分析问题和解决问题的需求。"经济法是国家调节社会经济之法"②，不懂经济学，不理解国家调节经济的基本原理，经济法的研究难以深入，这是中国经济法学研究踯躅不前、对中国经济体制改革和法治建设贡献不大的主要原因之一。

---

　　①　漆多俊：《经济法基础理论》，武汉大学出版社1993年版，第278页。
　　②　漆多俊：《经济法基础理论》第4版，法律出版社2008年版，第66页。

2005 年，我来到福建师范大学工作，这里有著名经济学家李建平教授领衔的理论经济学博士后流动站，我又想起了漆先生上述关于经济学知识对于经济法学研究的重要性的至理名言，于是申请进入理论经济学博士后流动站学习。没有成为"出色的经济法学家"和"够格的经济学家"的野心，只想利用有利条件学点经济学知识，为中国经济法学的研究和经济法制建设尽点绵薄之力。本书就是在我的博士后出站报告的基础上修订而成的。

二

信用要求的是"言必信、行必果"，对政府来说，一是要做到令行禁止；二是要保持规则（政策、法律）的稳定性。但是，宏观调控讲究的是相机抉择、灵活多变。是相机抉择，还是坚持规则？已经是一个两难问题。但困难远不止于此，我们需要探讨的是转型时期的宏观调控中的政府信用问题，转型时期是一个动态、多变的时期，是一个"敢闯敢冒"的"试错"时期，不可能维持政策法律的稳定。因此，如果说成熟市场经济国家尚可以在相机抉择与坚持规则两者之间进行选择的话，那么，转型国家根本就不可能做到坚持规则。既然不能做到规则的稳定性，那么政府信用从何而来呢？本书试图为解决这一问题提出管窥之见。

首先，要破除对政府的迷信、盲信。市场经济是自由经济，更是责任经济，市场主体可以自主决策，但同时必须承担自己决策的后果。政府不是救世主，不能期待政府帮助解决一切问题，更不能期待政府对市场主体的自主决策承担后果。中国历史上有把国家兴旺、百姓富足的希望寄托在贤明君主、青天大老爷身上的传统，新中国实行的计划经济体制也在一定程度上强化了这种观念。政府大包大揽，人们自主意识和自我责任意识差。这样，政府就承受了太多政府能力范围之外的事，其最终结果是政府不能实现人们的期待，政府失信。建立政府信用要从不信任政府开始。由于能力和理性的局限，政府并不能干其想干的任何事情，当政府做出其力所不及的承诺时，即便政府有意兑现承诺，政府也是不可信的。况且，政府官员也是自利的经济人，也有机会主义的倾向，当践行承诺不符合政府或政府官员的利益时,政府并不总是想兑现其承诺。因此,政府并不总是可信的,只有从不信任政府入手,建立各种激励和制约机制,才能使政府变得可信。

其次,宏观调控的基本特征是相机抉择、灵活多变,似乎与信用建立所需要的政策稳定不可调和。但事实并非如此,宏观调控是有规律可循的,宏观调控政策按照宏观调控的规律变动,是一种可以预期的变动,信用并不排斥变动,而是排斥没有规律的任意变动。当经济过热时,政府采取并坚决执行紧缩性的调控政策,当经济萧条时,政府采取并坚决执行扩张性的调控政策,均与人们的预期一致,人们就会对政府的宏观调控政策产生信任,宏观调控政策就是可信的,宏观调控中的政府信用得以建立。而一旦这种信用得以建立,只要政府发出宏观调控的信号,市场就可能自觉做出反应,只要政府的调控政策是正确的,市场的反应就会是符合政府希望的。不过,市场主体是自由的,按照各自的理解解读政府的宏观调控政策和判断经济形势,如果政府的判断是错误的,或者政府通过宏观调控所达到的目的并不符合市场主体的利益,市场也可能做出不同甚至相反的反应。这属于市场调节对政府宏观调控的纠偏或者再调节,并不影响政府信用。宏观调控政策是不是可信,不在于其是否变动,而在于其变动是否是有规律的;不在于其是否正确,而在于其是否得到严格执行。

第三,转型时期,由于政府的宏观调控能力的局限,以及相关制度的不完善,宏观调控政策具有多变、变化没有规律、执行力差等特征。因此,转型时期的宏观调控政策可信性差。这是转型时期的政府在很多时候不得不重拾直接干预手段的原因。由于转型时期政府可供利用的资源有限,而一味地使用直接干预手段,又会回到计划经济的老路上,是不可行的。通过改善宏观调控中的政府信用来提高宏观调控能力才是正确的选择。宏观调控的法治化是改善宏观调控中政府信用的有效路径。改革开放三十多年,社会主义市场经济体制建设近二十多年,中国在宏观调控方面已经取得了很多可贵的经验,为宏观调控的法治化打下了坚实的基础。转型时期宏观调控法治化的基本内容包括:其一,宏观调控权的法治化,通过宪法和法律明确规定宏观调控权的归属,只有享有宏观调控权的机构才能进行相关的宏观调控行为,防止其他政府机构任意干预经济导致的政府信用损害。其二,宏观调控方式和程序的法治化,将政府可以采用的宏观调控方式和宏观调控应遵循的程序明确写入法律,防止政府宏观调控权的滥用。其三,宏观调控措施执行的法治化,构建宏观调控措施执行的法律机制,追究相关宏观调控违法行为的法律责任,使宏观调控措施得以落实。通过宏观调控法治化的实现,宏观调控中的政府行为得到规范和指引,宏观调控的可预期性增强,必将大大提升政府信用。其四,宏观调控法应保持足够的弹性,并建立"良性违法"制度,以适应转型时期"试错"、多变的需要,并鼓励制度创新,避免法律僵化阻碍政府宏观调控的技术革新和制度创新。

早在2000年前后,中国经济法学界就开始呼吁制定《宏观调控法》,并形成了多份专家建议稿,但最终未能引起立法者的重视。本文的研究,希望能重新开启对宏观调控法治化的关注,并最终导致《宏观调控(基本)法》的出台。

三

一部著作的诞生,总是凝聚着许多人的智慧和力量。因此要说说感谢的话。我首先要表达对合作导师李建平教授深深的敬意和谢意!本人在福建师范大学理论经济学博士后流动站学习期间,得到了李老师的悉心指导和关怀,李老师的学识和睿智令我钦佩,其对关键问题的提点常常使我茅塞顿开。特别需要指出的是,本书的选题就是李老师的神来之笔。福建师范大学理论经济学博士后流动站的李建建教授、林卿教授、蔡秀玲教授在本人做开题报告和出站报告时,给予了指导;福建师范大学经济学院林子华教授给予本人诸多帮助;福建工程学院图书馆王华玉女士为本书写作提供了参考资料;福建师范大学法学院硕士研究生常燕亭、魏娜,本科生陈志标、施汉锋、赖金明为本书做了文字校对工作,并提出了一些建设性的修改意见;中国博士后基金、福建师范大学为本书出版提供了经费支持;人民出版社编辑陈寒节先生为本书的出版做了大量的编辑整理工作。在此一并致谢。最后但不是最不重要的,特别感谢爱妻任群英女士,在我因某种原因意志消沉、准备放弃学业时，是她用深沉的爱重新唤起了我的勇气与信心，使我仍然能够在经济法学的学术之路上，虽然缓慢、但执著地前行！

目　录

序……………………………………………………………………… 1

前言………………………………………………………………… 1

第一章　引论……………………………………………………… 1

　　第一节　选题的意义……………………………………………… 1

　　第二节　马克思主义经典作家对信用、政府信用的论述………… 5

　　第三节　国内外研究的现状述评………………………………… 10

　　第四节　本文的分析框架与创新点……………………………… 12

第二章　基本范畴的界定………………………………………… 19

　　第一节　转型时期的界定………………………………………… 19

　　第二节　宏观调控的界定………………………………………… 29

　　第三节　政府信用的界定………………………………………… 38

　　第四节　本章小结………………………………………………… 52

第三章　宏观调控原理及其与政府信用的关系………………… 54

　　第一节　宏观调控权……………………………………………… 54

　　第二节　宏观调控原理…………………………………………… 71

　　第三节　宏观调控与政府信用的关系…………………………… 86

　　第四节　我国转型时期宏观调控与政府信用关系的特殊性…… 92

　　第五节　本章小结………………………………………………… 97

第四章　政府信用原理及其在宏观调控中运用………………… 99

　　第一节　政府信用的构成要素…………………………………… 99

　　第二节　政府守信的条件………………………………………… 111

　　第三节　宏观调控中政府守信的条件…………………………… 122

第四节　本章小结……………………………………………… 130

第五章　宏观调控中政府信用与法治的关系………………… 132
　　第一节　政府信用的法治保障………………………………… 132
　　第二节　政府信用对法治影响………………………………… 145
　　第三节　宏观调控中政府信用与法治的相互关系…………… 151
　　第四节　本章小结……………………………………………… 158

第六章　宏观调控中的政府信用能力建设及其法治保障…… 160
　　第一节　转型时期宏观调控中政府信用能力的缺失………… 160
　　第二节　有限政府与政府信用能力…………………………… 164
　　第三节　透明政府与政府信用能力…………………………… 176
　　第四节　国家预算与政府信用能力…………………………… 184
　　第五节　本章小结……………………………………………… 193

第七章　宏观调控中政府信用意愿制度建设及其法治保障… 194
　　第一节　转型时期宏观调控中政府信用意愿的缺失………… 194
　　第二节　宏观调控法治化与政府信用意愿…………………… 198
　　第三节　规则执行机构改革与转型时期宏观调控中的政府信用意愿 217
　　第四节　非政府组织建设与宏观调控中的政府信用意愿…… 232
　　第五节　本章小结……………………………………………… 239

第八章　宏观调控中地方政府信用制度建设及其法治保障… 241
　　第一节　宏观调控中地方政府与中央政府的博弈及其对政府信用的
　　　　　　影响…………………………………………………… 241
　　第二节　地方政府竞争与宏观调控中的地方政府信用……… 259
　　第三节　地方财政收入与宏观调控中的地方政府信用……… 274
　　第四节　政绩评价标准与宏观调控中的地方政府信用……… 287
　　第五节　本章小结……………………………………………… 296

第九章　结论与展望…………………………………………… 298

参考文献………………………………………………………… 311

第一章 引 论

第一节 选题的意义

一、选题的理论意义

（一）是政治经济学需要关注的重要问题

"我们要信任政府吗?"[①]现代人们不断发出这样的追问。19世纪社会化以后,国家职能迅速扩张,人们要求政府做越来越多的事情,相应的,人们让渡给政府的权力也越来越大,政府权力的滥用以及政府能力的局限,政府让人们失望的事情也越来越多,由此引发了人们对政府的信任危机。这种信任危机无论对政府还是对人们,都是一种伤害。

就政府而言,失去人们的信任,不仅其政令越来越难以推行,执政的成本越来越高,而且其执政的合法性、正当性也受到了质疑。"得民心者得天下,失民心者失天下。"政府信用问题是关系到政府执政的正当性、合法性乃至稳固性的重大问题。马克思主义经典作家历来重视政府信用问题:马克思总结巴黎公社失败的主要教训就是没有得到广大工人阶级的信任和支持;而中国新民主主义革命取得胜利的基本经验就是取得了广大人民群众的支持;邓小平提出的"三个有利于"和江泽民提出的"三个代表"都体现了

---

① ［美］罗素·哈丁:《我们要信任政府吗?》,［美］马克·E.沃伦编:《民主与信任》,吴辉译,华夏出版社2004年版,第20页。

关注广大人民群众的利益、争取人民群众支持的思想;胡锦涛更是在阐述社
会主义的荣辱观时明确提出了"以诚实守信为荣"。可见,信用、政府信用
问题是马克思主义政治经济学中的重要理论问题。宏观调控是现代政府担
负的重要经济职能,研究我国转型时期宏观调控中的政府信用问题,是马克
思主义中国化理论研究的重要组成部分。

就人们来说,对政府失去信任,人们的生活就失去了安全感和可预期
性。根据卢梭的社会契约论,人们正是基于对公共管理和公共服务的需求,
才通过社会契约组织政府,并让渡一部分权利和自由给政府。随着社会的
发展,人们之间的交往变得更加频繁,人们须臾也离不开政府的保护和公共
服务。一旦政府变得不可信,人们必将生活在恐慌、不安和无序之中。

也就是说,无论是政府自身还是广大人民都希望有一个值得信赖的政
府,但问题是,怎样才能使政府变得值得信赖? 尽管国内外对该问题有不少
研究,但远没有找到解决问题的办法,需要我们进一步的研究。

(二)是宏观经济学的有机组成部分

宏观经济学"是把整个经济总体(通常是一个国家)作为一个考察对
象,研究其经济活动的现象和规律,从中得出治理整个国民经济中各类问题
的理论和方法。"①宏观调控是政府对宏观经济的调节,是宏观经济学研究
的对象。信用本质上是一个经济问题②,宏观调控中的政府信用本质上是
一个宏观经济问题。宏观调控中的政府信用程度,直接影响到宏观调控的
绩效。研究宏观调控中的政府信用问题,是宏观经济学的有机组成部分。

(三)是转型经济学的重要课题

转型是一个除旧迎新的过程。转型时期,旧的机制打破了,新的机制没
有建立起来,或者旧的制度和意识形态影响、干扰新制度的建立,社会存在
某种程度的失范、混乱在所难免。转型对政府来说,也是一个学习的过程,
在这个过程中,政策的朝令夕改、频繁变动也几乎是必然的,政府信用缺失

---

① 曹家和:《宏观经济学》,清华大学出版社、北京交通大学出版社 2006 年版,第 4 页。
② 李建平、石淑华:《信用本质上是一个经济问题——兼论经济信用、法律信用和道德信用的
关系》,《当代经济研究》2003 年第 5 期。

问题成为一切处于转型时期的政府都面临的普遍问题。

由计划经济向市场经济转型,就是要改变政府管理经济的方式,即由直接管理转变为以宏观调控为主、直接干预为辅。转型的过程,就是一个加强宏观调控、减少直接干预的过程。政府宏观调控的绩效对转型能否顺利完成起至关重要的作用。而宏观调控中政府信用的程度决定着宏观调控的绩效。因此,如何在转型时期保持政府在宏观调控中拥有较高的信任度,以降低转型的成本,加速转型的进程,提高转型的效益,是转型经济学必须关注的课题。

(四)是宏观调控法学的理论基础和不可或缺的组成部分

宏观调控法是调整政府宏观调控过程中所发生的社会关系的法律规范的总和,以宏观调控为对象。研究宏观调控法学必须研究宏观调控。"一国的市场经济模式以其经济政策和经济手段为表现形式和典型特征,而经济政策、经济手段与宏观调控法是不可分离的,前者的有效运作必须由后者提供法律保障,同时,前者的法律化构成了后者的重要内容。因此我们在研究一国的宏观调控法时,必须研究与之密切相关的经济政策与经济手段,否则我们无法理解决定一国宏观调控法的体系构成和内容的原因所在。"①

宏观调控中政府信用的法治保障,是宏观调控法的重要内容;而为了为宏观调控中政府信用提供有效的法治保障,则必须研究了解宏观调控的运行原理和宏观调控中政府信用的作用原理。

本文试图在国内外已有的大量研究的基础上,揭示宏观调控原理、政府信用原理以及宏观调控与政府信用相互关系原理,并根据这些原理对我国转型时期宏观调控中政府信用缺失的深层原因进行挖掘,探索转型时期宏观调控中维护政府信用的激励和约束机制;探索通过宏观调控法治化保障宏观调控中政府信用的必要性、可行性及其实现的路径;丰富和发展政治经济学、宏观经济学、转型经济学和宏观调控法学理论。

---

① 叶秋华、宋凯利:《论美国的市场经济模式与宏观调控法》,《法制与社会发展》2004 年第 6 期。

二、选题的现实意义

中国共产党领导的中国政府,以全心全意为人民服务为宗旨,从总体上来说,深得全国各族人民的信任和拥护。但是,在转型时期,由于这样或那样的原因,政府失信的问题也比较严重。其中,宏观调控政策的多变和执行不力是其中的突出表现。宏观调控中存在的政府信用问题,不仅影响了宏观调控的绩效,影响了我国的社会主义市场经济体制的完善和现代化建设的进程,而且也在一定程度上影响了党和政府的威信。因此,研究我国转型时期宏观调控中的政府信用问题,小而言之,可以指导改善中国的宏观调控实践;大而言之,可以指导提升政府信用。

我国经济法学界早在上世纪末就提出了宏观调控法治化的命题。本世纪伊始,学者们就构建了宏观调控法的制度体系,并向立法机关提出了立法建议。[①] 2000 年,北京市法学会提出了《关于加强宏观调控立法的建议书》,提议制定包括计划法、产业政策法、财政法、税法、金融法、固定资产投资法、国有资产管理法、促进西部经济增长法等法律在内的宏观调控立法框架,并且制定一部宏观调控的基本法,来统率具体的宏观调控法律;[②] 2001年,九届人大四次会议期间,杨紫烜、赵学清、王坚、李浩四位代表分别在各自的代表团提出了四份《关于制定〈中华人民共和国宏观调控法〉的议案》;[③] 2002 年,九届人大五次会议期间,由杨紫烜、赵学清、李浩、吴树清、申丹、刘庆宁六位代表分别发起,均由 30 名以上代表联名,在各自的代表团提

[①] 　向立法机关提出制定《宏观调控法》的立法建议,主要由北京大学教授杨紫烜发起和推动,有关这方面的详细情况介绍,参见邢会强:《杨紫烜老师与〈宏观调控法〉的制定》,《"国家协调论"与经济法学——杨紫烜教授从教五十周年学术思想研究文集》,北京大学出版社 2010 年版,第106—112 页。

[②] 　北京市法学会:《关于加强宏观调控立法的建议书》,刘文华主编:《宏观调控法制文集》,法律出版社 2002 年版,第442—443 页。

[③] 　杨紫烜等:《关于制定〈中华人民共和国宏观调控法〉的议案》,杨紫烜、盛杰民主编:《经济法研究(第 2 卷)》,北京大学出版社 2001 年版,第 123—129 页。

出了六份《关于制定〈中华人民共和国宏观调控法〉的议案》。① 但一方面由于经济法学界对宏观调控法研究不够深入,不能提出可以直接运用于宏观调控实践的宏观调控法律制度体系;另一方面,政府对宏观调控法治化的重要性缺乏认识,全国人大没有将制定《宏观调控法》纳入立法规划。本书不仅要充分论证宏观调控法治化对于宏观调控、政府信用的重大意义,而且将揭示宏观调控法治化的路径,为我国的宏观调控立法提供参考。

第二节　马克思主义经典作家对信用、政府信用的论述

马克思主义是我们从事学术研究的指导思想,学习马克思主义经典作家对信用、政府信用的论述,不仅对于我们坚持正确的研究方向意义重大,而且也使我们得到正确的方法论指引。

一、马克思对信用的论述

马克思没有专门论述过政府信用,但对商业信用有许多经典的论述,对于我们研究政府信用问题也是极具指导意义的。其关于商业信用的论述包括以下几个方面:

1. 关于商业信用产生的条件

马克思指出:"因为资本主义生产方式的特点是全部产品都以商品形式生产,作为商品资本来实现,然后又必须以其他商品资本来补偿,所以表现出资本形态变化的自然交织、既是它的形式上的形态变化,又是实际上的形态变化的自然交织;而由此货币作为支付手段发展起来,这就为发展不同形式的信用制度和信用货币形成了自然的基础。"②

2. 关于商业信用的本质

马克思揭示了商业信用体现的交换关系的本质。"第一,它是由一个人

---

① 杨紫烜:《关于〈宏观调控法〉法律案命运的法学思考》,杨紫烜、盛杰民主编:《经济法研究(第 3 卷)》,北京大学出版社 2003 年版,第 158—163 页。

② 《马克思恩格斯全集》第 49 卷,人民出版社 1974 年版,第 325 页。

手中转到另一个人手中的价值。就简单的商品即商品本身来说，在买者和卖者手中保留着相同的价值，只是形式不同；双方在交易前和交易后拥有和他们让渡的价值相同的价值，不过一个以商品的形式存在，一个以货币形式存在。区别在于：在贷放上，只有货币资本家在这种交易中让出价值；但他会由未来的偿还而保持住这个价值。在贷放上，只有一方得到价值，因为只有一方让出价值。第二，一方让渡现实的使用价值，另一方得到并且使用这个使用价值。但这个使用价值与普通商品不同，它本身就是价值，也就是由于货币作为资本使用而产生的那个价值量超过货币原有的价值量所形成的余额。"①

3. 关于信用的作用

马克思认为信用在资本主义生产中的作用具有双重性。"信用制度加速了生产力的物质上的发展和世界市场的形成；使这二者作为新生产形式的物质基础发展到一定的高度，是资本主义生产方式的历史使命。同时，信用加速了这种矛盾的暴力的爆发，即危机，因而加强了旧生产方式解体的各种要素。信用制度固有的二重性质是：一方面，把资本主义生产的动力——用剥削别人劳动的办法来发财致富——发展成为最纯粹最巨大的赌博欺诈制度，并且使剥削社会财富的少数人的人数越来越减少；另一方面，又是转到一种新生产方式的过渡形式。"②

二、毛泽东对信用的论述

毛泽东同志对信用的论述，主要是提出了相信党、相信群众的思想。他说："我们应当相信群众，我们应当相信党。这是两条根本的原理，如果怀疑这两条原理，那就什么事情也做不成了。"③也正是在这种思想指引下，以毛泽东为首的中国共产党带领中国各族人民夺取了新民主主义革命的胜利。

---

① 《马克思恩格斯全集》第 25 卷，人民出版社 1974 年版，第 394 页。
② 《马克思恩格斯全集》第 25 卷，人民出版社 1974 年版，第 499 页。
③ 《毛泽东选集》第 5 卷，人民出版社 1977 年版，第 173 页。

三、邓小平对信用的论述

邓小平同志非常重视信用问题,对信用和政府信用有很多精辟的论述。归纳起来,有以下几个方面:

1.提出"信誉高于一切"的思想

早在 1985 年,邓小平就明确指出:"一切企事业单位、一切经济活动和行政司法工作,都必须实行信誉高于一切,严格禁止坑害勒索群众。"①在选任中央领导集体时,小平同志特别强调"这个领导要取信于民,使党内信得过,人民信得过。"②"第三代领导要取信于民,要得到人民对这个集体的信任,使人民团结在一个他们所相信的党中央集体周围。"③他强调"讲信义是我们民族的传统,不是我们这一代才有的。"④他还强调不仅要在国内讲信用,而且要在国际上讲信用,要使我们的"国际信誉高起来"⑤。

2.讲信用的意义

小平同志之所以强调信用高于一切,是因为他看到了讲信用的重要意义。他说,讲信用使"我们国家的形象变了,国内的人民看清了这一点,国际上也看清了这一点"⑥"香港问题为什么能够谈成呢? 并不是我们参加谈判的人有特殊的本领,主要是我们这个国家这几年发展起来了,是个兴旺发达的国家,有力量的国家,而且是个值得信任的国家,我们是讲信用的,我们说话是算数的。"⑦

3.赢得信用的方法

怎样才能赢得信用呢? 小平同志指出了三条:(1)保持政策的稳定性。"我们要向世界说明,我们现在制定的这些方针、政策、战略,谁也变不了。

---

① 《邓小平文选》第 3 卷,人民出版社 1993 年版,第 145 页。
② 前引《邓小平文选》第 3 卷,第 298 页。
③ 前引《邓小平文选》第 3 卷,第 299 页。
④ 前引《邓小平文选》第 3 卷,第 72—73 页。
⑤ 前引《邓小平文选》第 3 卷,第 83 页。
⑥ 前引《邓小平文选》第 3 卷,第 85 页。
⑦ 前引《邓小平文选》第 3 卷,第 85 页。

为什么？因为实践证明现在的政策是正确的，是行之有效的。……改变现在的政策，国家要受损失，人民要受损失，人民不会赞成，首先是八亿农民不会赞成。"①"这次十三届八中全会开得好，肯定农村家庭联产承包责任制不变。一变就人心不安，人们就会说中央的政策变了。……城乡改革的基本政策，一定要长期保持稳定。当然，随着实践的发展，该完善的完善，该修补的修补，但总的要坚定不移。即使没有新的主意也可以，就是不要变，不要让人们感到政策变了。有了这一条，中国就大有希望。"②（2）信守承诺。1984年12月，小平同志在会见英国首相撒切尔夫人时明确表达了要信守承诺的观点。"人们担心中国在签署这个协议后，是否能始终如一地执行。我们不仅要告诉阁下和在座的英国朋友，也要告诉全世界的人：中国是信守自己的诺言的。"③（3）政府各级官员要说实话，办实事，真抓实干。只有为人民办实事、办好事，才能取得人民的信任。小平同志强调"要切实解决问题，要踏踏实实地工作。一句话，就是要落在实处"④，"真正干出几个实绩，来取信于民"。⑤

四、江泽民对信用的论述

江泽民同志十分重视信用问题，他2002年在全国金融工作会议上的讲话中提出必须大力加强社会信用制度建设，对社会信用做了系统的阐述。⑥

1. 信用的含义和意义

江泽民指出，"'信用'在中文的基本解释就是，遵守诺言，实践成约，取信于他人。信用既属于道德范畴，又属于经济范畴。""社会主义市场经济是信用经济、法制经济。良好的社会信用是建立规范的社会主义市场经济

---

① 前引《邓小平文选》第3卷，第83页。
② 前引《邓小平文选》第3卷，第371页。
③ 前引《邓小平文选》第3卷，第102页。
④ 《邓小平文选》第2卷，人民出版社1994年版，第99—100页。
⑤ 《邓小平文选》第1卷，人民出版社1994年版，第298页。
⑥ 以下对江泽民同志关于社会信用问题的阐述的引用均引自：《江泽民文选》第3卷，人民出版社2006年版，第437—438页。

秩序的重要保证,是有效防范金融风险的重要条件,是现代经济、金融正常运行的重要根基。……全党全社会必须从改革发展稳定的大局出发,增强信用观念,建立和维护良好的社会信用。"

2. 政府在信用建设中的作用

江泽民严厉批评了一些破坏信用的政府行为:"更为严重的是,有些地方的逃债风是在当地政府的默许甚至是支持、纵容下刮起来的,这怎么得了!"指出"建立和维护良好的社会信用,各级政府乃至各级司法、执法部门要共同努力。""各级领导干部更要从全局出发,自觉增强法治观念和信用意识,旗帜鲜明地与逃废银行债务等失信违法行为作坚决斗争,……"

3. 加强社会信用制度建设的方法

江泽民论证了加强社会信用制度建设的基本方法:(1)"强化经济、金融法治,健全有关信用的法律法规和规章制度,从法律制度上约束和规范人们的信用行为,依法加大对不讲信用、破坏信用行为的惩治力度,……"(2)"要学习国外先进经验,加快社会信用制度建设,运用现代科技手段维护社会信用。"(3)"通过加强宣传教育和社会舆论监督等措施,增强全社会的信用观念,倡导诚信守约的道德规范。"

五、党"十六大"以来科学发展观理论对信用问题的阐述

2002 年,党的十六大强调诚信建设在全面建设小康社会中的重要作用,提出公民道德建设要坚持"以诚实守信为重点";2003 年,中共中央作出《关于完善社会主义市场经济体制若干问题的决定》,提出要建立健全社会信用体系,形成以道德为支撑、产权为基础、法律为保障的社会信用制度。2004 年,中共中央作出《关于加强党的执政能力建设的决定》,提出要增强全社会的诚信意识,把诚信建设同加强党的执政能力建设紧密地联系在一起。

胡锦涛在论述社会主义和谐社会时指出:"我们所要建设的社会主义和谐社会,应该是民主法治、公平正义、诚信友爱、充满活力、安定有序、人与自然和谐相处的社会。"将"诚信友爱"作为社会主义和谐社会的六个基本特

征之一。胡锦涛在论述社会主义荣辱观时指出,要"以诚实守信为荣"。

马克思注意经典作家的阐述,为我们进一步研究宏观调控中的政府信用问题提供了理论指引。特别是党的"十六大"以来科学发展观理论将诚信建设与党的执政能力建设、和谐社会建设融合在一起,为我们建构宏观调控中的政府信用制度提供了良好的基础。

第三节　国内外研究的现状述评

一、国外的研究状况

西方经济学较早关注信用问题,20世纪70年代以来,随着博弈论、信息经济学的发展,一些经济学家开始把信用引入经济模型,用主流经济学的分析方法对信用问题进行正式分析;制度经济学中的委托－代理理论、交易成本理论都用于对信用的经济分析。其主要观点有:(1)信用机制有利于降低交易成本,弥补合同的不完善性,保障合同的诚实履行;(2)信用机制的形成是重复博弈的结果,正式、非正式的制度约束有利于保障信用;(3)对代理人的激励和约束是保障代理人讲信用的重要手段。

关于政府信用的研究,主要是公共选择理论把政府也视为经济人,并以此为基础论述政府失信的原因和危害。如 R. 巴罗、E. 普雷斯科特以及 D. 克雷普斯和 R. 威尔逊等人对政府相机抉择产生的宏观经济政策动态不一致问题进行分析,并提出以政府信用来克服动态不一致。巴曼和戈登通过一系列信用模型,对政府信用与货币政策进行了分析,发现对信用的追求可以促使某些规则被执行;失去信用的危险将给政府行为造成压力,如果政府政策实行的结果与政策的预期目标一致,人们就会相信政府履行承诺意愿和能力,而如果实际值偏离了预期值,人们将不期望政府在未来会遵守规则。通过信用模型,巴曼和戈登提出了信用均衡问题,即政府行为对信用的影响与公众对决策者的信任感是相互制衡的,政府只有把政府信用因素纳入政府行为的考虑范围,才有利于建立正常的社会秩序。

关于转型时期的政府信用问题,雅诺什·科尔奈指出,几乎所有的转轨国家都不同程度地存在人们对政府的不信任问题。米罗斯拉芙·贝布拉维指出:"转轨的特征便是一系列的剧变以及许多非重复博弈,因此,声誉的价值非常低,而违规的潜在收益却很高。"①

二、国内的研究状况

国内关于政府信用问题的研究是最近几年的事。检索清华期刊全文数据库关于政府信用的学术论文发现,在 2001 年以前(含 2001 年)没有发表 1 篇以"政府信用"为题的学术论文,但 2002 年以后,每年都有大量关于政府信用的论文问世,并有关于政府信用的学术专著,如何显明的《信用政府的逻辑——转型时期地方政府信用缺失现象的制度分析》(学林出版社 2007 年版)、章延杰的《政府信用论》(上海人民出版社 2007 年版)。还有一些论述信用问题的专著(如孙智英的《信用问题的经济学分析》,中国城市出版社 2002 年版;康志杰、胡军的《诚信——传统意义与现代价值》,中国社会科学出版社 2004 年版),有专门章节论述政府信用问题。从参与研究的学科来看,包括了经济学、公共管理学、哲学(主要是伦理学)、法学和社会学。下面主要对经济学的研究成果做一简要述评:

1. 关于政府信用在社会信用体系中的地位,多数学者认为政府信用处于核心地位。②

2. 关于我国政府信用的现状,多数学者认为我国政府失信现象严重,具体表现为:(1)政策反复多变;(2)政绩行为偏差(如形象工程等);(3)政令执行走样;(4)政策利益取向变异;(5)政府不作为;(6)腐败;(7)承诺不兑现、欠债不还等。③

---

① 米罗斯拉芙·贝布拉维:《理解中东欧国家兴起的"运用代理机构"改革浪潮与公共治理问题》,吴敬琏主编:《比较》第 12 辑,中信出版社 2004 年版。
② 参见唐妍:《我国政府信用的现状分析及其构建对策选择》,《贵阳市委党校学报》2005 年第 5 期。
③ 参见何志杨、熊莉萍:《当前我国政府信用建设刍议》,《理论界》2005 年第 9 期。

3.关于政府失信的危害,一般认为包括3个方面:(1)严重削弱政府权威,增加政府运行成本,影响政府效率;(2)严重影响经济活动,阻碍经济的健康发展;(3)严重影响和制约整个社会信用建设。①

4.关于政府失信的原因,学者们的表述不一,基本包括:(1)信息不对称;(2)政府的强势性;(3)官员的自利性;(4)地方保护主义;(5)道德缺乏;(6)制度供给不足。②

5.关于政府失信问题的解决,北京大学句华运用博弈论开出的"药方"是:(1)建立一套规范性的重复博弈机制;(2)建立有效的信息传输系统;(3)设立有效的惩罚。③ 复旦大学学者蔡晔琦注意到了协会在制约政府讲信用方面的作用,提出通过加强协会建设来改善政府信用的设想④。多数学者指出,要建立起政府信用,必须建立起有限政府、责任政府、透明政府、法治政府、服务政府、效能政府和廉洁政府。⑤

通过对国内已有的关于政府信用方面的研究文献的研读发现,学者们对我国政府信用状况、政府信用缺失的危害、原因以及对策研究有了一定的深度,并且认识和主张比较一致。这些成为本课题进一步研究的基础。但是,这些都仅仅是关于政府信用一般问题的研究,对于转型时期宏观调控中的政府信用问题均没有涉及。

第四节 本文的分析框架与创新点

一、本文的研究方法

本文以马克思主义辨证唯物主义和历史唯物主义的分析方法为基本的

---

① 参见唐铁军:《重塑政府信用的若干思考》,《经济与社会发展》2005年第1期。
② 参见张宜松:《政府信用建设的基本架构与设想》,《世界标准化与质量管理》2005年第10期。
③ 参见句华:《信用经济与政府信用的保障机制》,《社会科学辑刊》2003年第1期。
④ 参见蔡晔琦:《协会、制衡与政府信誉》,《经济评论》2004年第1期。
⑤ 参见石波:《转型期政府信用建构问题探析》,硕士学位论文,福建师范大学2004年版。

研究方法,以科学发展观为理论指导,综合运用现代经济学的博弈理论、委托—代理理论和交易成本理论,分析和探讨我国转型时期宏观调控中政府失信的原因和对策。研究中特别注意了以下方法的运用。

1. 利益分析的方法

马克斯·韦伯指出:"实在本身具有无限多方面的联系,这种无限多方面的联系对于任何无前提的认识者来说都是一个混沌的世界,人们如果试图要获得对于它的清楚认识,那么就必须找到一个着眼点,并且确定所要清楚的范围。"①本文对宏观调控中政府信用问题的研究的基本着眼点是建立在"经济人假设"基础上的利益分析。

亚当·斯密提出的经济人假设是经济学的基本逻辑起点。马克思指出:"人们奋斗所争取的一切,都与他们的利益有关。"②"'思想'一旦离开利益,就一定会使自己出丑。"③恩格斯也指出:"生命的开始和进行是为了利益,而不是为了原则,只有利益能够发展为原则"。④ 公共选择理论又将经济人假设扩展到公共领域,认为政府官员也是追求自身效益最大化的经济人。本文坚持利益分析的方法,主要从利益的角度探讨政府失信的原因,以改变利益配置作为激励和约束政府守信的主要方法。

需要指出的是,近年来,学术界对经济人假设有诸多的批判,他们用人类大量存在利他行为来批判经济人假设。诺贝尔经济学奖获得者阿玛蒂亚·森指出,"这种自利最大化的狭隘理性观不仅仅是武断的,他还将在经济学中造成严重的描述性和预测性问题"。⑤ 具体到信用问题上,就是很多人反对"把守不守信行为完全归结为由人的理性最大化选择决定,忽视了人是一定社会生产关系条件下的社会的人。"⑥这些观点固然是完全正确的,利

① [德]马克斯·韦伯:《社会科学方法论》,韩水法、莫茜译,中央编译出版社1999年版,第18页。

② 《马克思恩格斯全集》第1卷,人民出版社1956年版,第82页。

③ 《马克思恩格斯全集》第2卷,人民出版社1957年版,第103页。

④ 《马克思恩格斯全集》第1卷,人民出版社1956年版,第551页。

⑤ [印]阿玛蒂亚·森:《理性与自由》,李风华译,中国人民大学出版社2006年版,第16页。

⑥ 李仕梅:《信誉的经济学分析》,经济科学出版社2005年版,第18页。

己与利他是人性的两面,人的行为既有利己的动机,也有利他的动机。经济人假设只是揭示了人们利己的一面,没有全面反应人的属性。为了使经济人假设能够涵盖人们的利他性,有人做了这样的解释:"经济学认为每个人都是追求最大化的,这里的最大化要根据偏好定义。偏好可能包括利他主义,"你高兴我就高兴"。比如母亲就是这样,孩子高兴她就高兴。"①但在笔者看来,对经济人做"利己的人"解释更为合适:其一,从提出经济人假设的亚当·斯密对经济人的阐述来看,他强调的正是人的利己性。亚当·斯密在《国民财富的性质和原因的研究》一书中写道:"我们每天所需的食料和饮料,不是出自屠户、酿酒家或烙面师的恩惠,而是出于他们自利的打算。我们不说唤起他们利他心的话,而说唤起他们利己心的话。我们不说自己有需要,而说对他们有利。"②"他通常既不打算促进公共的利益,也不知道他自己在什么程度上促进那种利益……他所盘算的也只是他自己的利益。"③其二,从经济人假设的功能及经济学者们使用这一概念的实际情况来看,取的是"利己"的含义。如市场配置资源的效率就建立在经济人的利己性之上,即企业都追求利润的最大化,如果多数企业不是追求利润最大化,则市场无法起到优化资源配置的作用。既然人们有利己和利他的两面性,经济人单方面强调人们的利己性,是不是过于片面呢?笔者认为,这不是片面,而是制度建构的需要。人们固然有利他性,对于利他的动机和行为,应当鼓励和肯定,建立在人们的利他性基础上,可以建立慈善事业以及相关制度。同样道理,人们有利己性的一面,利己性也可以造福人类,对此,亚当·斯密早有阐述:"他追求自己的利益,往往能使比在真正出于本意的情况下更有效地促进社会的利益。"④对可以造福人类的利己性,应当通过制度加以肯定和保护;利己性也有"损人利己"的一面,对利己性支配下的

---

① 张维迎:《经济学家看法律、文化与历史》,《中外管理导报》2001 年第 2 期。

② [英]亚当·斯密:《国民财富的性质和原因的研究》上卷,郭大力、王亚南译,商务印书馆 1979 年版,第 14 页。

③ [英]亚当·斯密:《国民财富的性质和原因的研究》下卷,郭大力、王亚南译,商务印书馆 1979 年版,第 27 页。

④ 前引[英]亚当·斯密:《国民财富的性质和原因的研究》下卷,第 27 页。

这种行为就应当通过制度加以抑制。就信用问题来说,当然也可以从人具有利他性一面进行分析和建构制度。但是,我们研究政府信用问题是要解决政府失信问题,这就主要是针对利己的经济人而言,对他们来说,利益是决定其是否守信的最主要的因素,抛开利益配置去寻求其他的促使守信的方法,是舍本求末,效果肯定是差强人意的。如本文后面将要论述的地方政府选择执行或者不执行中央的宏观调控政策,不去进行利益调整,简单指责地方政府"歪嘴和尚"把"正"经念歪了,要求地方政府从大局出发,等等,是没有用的。当然,因信用能力欠缺,利他者也可能失信,但经济人假设并不妨碍对信用能力的研究。也就是说,信用制度建构是要解决不守信者的失信问题,这种研究必须建立在经济人的假设上。

2. 系统分析的方法

社会是一个有机联系的复杂系统,对社会问题的研究必须尽可能地全面考虑各种相关因素的相互作用。汤因比深刻地指出:"无论是研究人类世界还是研究非人类的自然界,人们都要受制于自身思想的局限。最重要的局限是,在我们理解现实时,我们的思想不可避免地会歪曲现实……任何现象都是数不胜数的侧面,我们能够把同一现象按照它所显示的各个侧面做出多种分析。因此,任何一种分类方法所能把握的只不过是它所拼凑的一种现象的一个片段。"①研究宏观调控中的政府信用问题,必须将之放到转型时期政治、经济和文化的大背景下进行分析,将影响政府信用的各因子作为一个有机的整体来研究。只有这样,才能真正找出我国转型时期宏观调控中政府失信的症结之所在,才有可能探求有效的解决办法。不深入研究我国转型时期宏观调控的特点及其制约因素,只抓一点,不及其余,或者盲目移植外国的作法,都可能是"差之毫厘,谬以千里"。例如,由于我国宏观调控的微观基础没有建设好,国有企业成本软约束,紧缩性的金融政策往往只能加剧民营企业的"融资难",却不能抑制国有企业的扩张。

---

① [英]阿诺德·汤因比:《历史研究》,刘北成、郭小凌译,上海人民出版社 2000 年版,第 423 页。

3.从一般到特殊的方法

本文研究遵循从一般到特殊的研究路径,首先探讨政府信用的一般问题和宏观调控的一般问题,再探讨转型时期宏观调控中政府信用的特殊问题。在探讨转型时期宏观调控中政府信用的特殊问题时,既注重一般理论和原理的指导作用,又特别关注转型时期宏观调控中政府信用的特殊性。

二、本文的框架结构

本文由九章构成。第一章引论,主要阐述选题的意义、国内外研究现状、研究的方法和路径以及本文的创新点;第二章对本文的三个关键词"转型时期"、"宏观调控"、"政府信用"做了全新的诠释;第三章和第四章分别阐述宏观调控原理及其与政府信用的关系、政府信用原理及其在宏观调控中的运用,构筑宏观调控中的政府信用模型;第五章阐述宏观调控中政府信用与法治的关系,建构宏观调控中法治机制与信用机制的互动模型;第六章和第七章分别从政府信用能力和政府信用意愿两个方面挖掘了转型时期宏观调控中政府信用缺失的原因以及提升政府信用的对策;第八章针对分税制条件下宏观调控中地方政府信用问题的特殊性,阐述了提升地方政府信用的制度机制;第九章是全文的总结和对未来的展望,归纳了本文研究的问题、提出的观点和得出的结论,以及对宏观调控中政府信用未来发展,特别是宏观调控法治化的展望。

三、本文的创新点

1.对"转型时期"、"政府信用"和"宏观调控"做了新的诠释。提出转型除了是计划经济向市场经济的转型外,还包括人治向法治的转型、集权经济向分权经济的转型、传统意识形态向现代意识形态的转型;提出政府信用要从政府利益的视角来认识,政府信用是政府的资源和财富;提出转型时期的宏观调控的含义不同于西方宏观经济学中的总量调控、宏观经济政策,而是与国家直接干预经济相对应的国家间接干预经济的方式的总称。

2.提出了宏观调控与政府信用的关系模型。在调控信号与调控目标相一致的情况下,政府信用是宏观调控绩效的增函数,政府越有信用,宏观调控的绩效越好。

3. 提出加强转型时期宏观调控中政府信用能力建设的制度设想。加强政府信用能力建设首先要树立有限政府理念,限定政府的职能,为政府的宏观调控行为设定边界,不做政府没有能力调控的事务;其次,要为政府配备实现其宏观调控职能相应的人力、财力和权力,建立和完善公共财政制度是财力的制度保障,宏观调控法治化是权力的制度保障,在电子信息技术和经济全球化的双重冲击下,用先进的科学技术和先进的管理理念来武装政府官员,是人力保障的核心;最后,要建设透明政府,使政府的守信行为被公众所认知,从而增加政府的信用量。

4. 提出加强转型时期宏观调控中政府信用意愿建设的制度设想。在基德兰德和普雷斯科特提出的时间一致性理论的基础上,提出空间一致性理论和人的一致性理论。空间一致性理论是指,基于全局制定的最优宏观调控政策,对于局部地区来说,执行该宏观调控政策并不是最优的,有时甚至是不利的,因此,宏观调控政策在该局部地区就难以得到执行。人的一致性理论是指,宏观调控政策的制定者和执行者是不同的人,他们追求的政策目标不一致,对于政策制定者来说最优的宏观调控政策,对于政策执行者来说不再是最优的,因此,执行者不太可能执行该宏观调控政策。提出建立失信责任机制和信赖利益保护机制、实行中央与地方宏观调控执行机构分立、建立科学的政绩评价制度、加强非政府组织建设等,用以克服时间不一致、地区不一致和人的不一致,以保障政府守信。这与基德兰德和普雷斯科特及其追随者的研究有明显的不同,他们并不把时间不一致作为信用缺失的原因,而是认为信用机制是弥补时间不一致缺陷的手段。

5. 系统阐述了转型时期宏观调控法治化的必要性、可能性及其实现途径。宏观调控法治化赋予宏观调控正当性与合法性,能提升政府的守信意愿,增进宏观调控措施的可信性。通过宏观调控权法定、宏观调控方式法定、宏观调控程序法定、重大调控措施的采取法定等,使宏观调控法治化得以实现。为了兼顾转型时期宏观调控的特点,在确认以上基本规则的同时,注意保持宏观调控法的弹性,转型的过程,也是宏观调控法不断由弹性转变为刚性的过程;要建立"良性违法"制度,鼓励制度创新,防止法律过于僵硬影响宏观调控的灵活性。

6.阐述了地方政府的宏观调控权及其对政府信用的影响。分权必然导致地方政府与中央政府的博弈,这种博弈是对中央政府宏观调控权的制约和监督,是必要的。但如果地方政府使用非法的手段与中央政府博弈,则必然导致政府失信。解决的办法不是进一步加强中央集权,而是更加明确的分权,在事权明晰的情况下,明晰财权,保障地方政府拥有与其职权相适应的财权。要彻底摒弃 GDP 增长标准作为地方政府官员的政绩评价标准,建立科学的、各有侧重的综合政绩评价标准和法治标准,防治地方政府对 GDP 的偏执追求;要对中央宏观调控执行机构与地方宏观调控执行机构进行分立,防治地方保护主义。

第二章 基本范畴的界定

"概念乃是解决问题所必需的和必不可少的工具。没有限定的专门概念,我们便不能清楚地和理智地思考法律问题。"[①]"转型时期"、"宏观调控"、"政府信用"这三个关键词是本文使用的基本概念,这三个关键词都是近年来极其时髦的词语,各学科对他们都有高度的关注和较深入的研究。但是,这三个关键词虽然是时髦用词,但含义却是充满歧义的,不同的学者在不同的意义上使用这三个词。"科学研究作为人类认识活动的典范,是最富有创造力的活动,同时也是富有规范性的活动。"[②]按照科学研究的规范性要求,本文首先必须对这三个关键词进行界定。

第一节 转型时期的界定

本文研究宏观调控中的政府信用问题是在转型时期这个特殊的背景下进行的。"转型"决定着目前我国政府宏观调控的环境,我们论述宏观调控的政策选择、宏观调控中的政府信用制度建设,都是在"转型"环境中进行的。布罗姆利指出:"不存在单一有效率的政策选择,只存在对应于每一种可能的既定制度条件下的某种有效率的政策选择。"[③]离开转型时期的具体

---

① [美]博登海默:《法理学—法哲学及其方法》,邓正来、姬敬武译,华夏出版社1987年版,第465页。

② 李涛、邵大宏:《理解科学:科学知识的生长及意义》,江苏人民出版社2001年版,第6页。

③ [美]丹尼尔·W.布罗姆利:《经济利益与经济制度——公共政策的理论基础》,陈郁等译,上海三联书店、上海人民出版社2006年版,第5页。

制度环境去谈宏观调控中的政府信用问题,必然不能解决我国转型时期的特殊问题。一般来说,在转型时期,可能存在三种情况,产生三个方面的问题:(1)旧制度打破了,新制度没有建立起来,存在制度的空白,从而导致无序和失范;(2)旧制度还没有退场,新制度又进来了,产生新旧制度的矛盾和冲突;(3)不同的新制度之间存在不协调,相互矛盾和冲突。三个方面的问题都会对转型时期宏观调控中的政府信用产生重大影响。

一、转型的含义

"转型"本是一个生物学范畴,以后逐渐地被移植到社会发展过程中,指社会制度的重大变迁。转型不是仅仅通过改进运行方式来完善原有制度,而是实质性的改变和引入全新的制度安排,即以新制度取代旧制度。[①]转型时期是指社会制度从一个时期向另一个时期过渡的阶段,我们把前一个时期称为转型前期,后一个时期称为转型后期,即转型时期是从转型前期向转型后期过渡的阶段。转型时期是一个被使用得相当广泛的概念,在不同语境下使用,其含义也不同。一般认为,转型时期是指计划经济向市场经济转型的过渡时期。但也有许多其他的理解,如郑杭生认为:社会转型是"从传统型社会向现代型社会的转变,或者说由传统型社会向现代型社会转型的过程,说详细一点,就是从农业的、乡村的、封闭的半封闭的传统型社会,向工业的、城镇的、开放的现代型社会的转型"[②]。本文所称的转型时期包括四大转型的过渡时期:(1)从计划经济向市场经济转型的时期;(2)从人治向法治转型的时期;(3)从集权经济向分权经济转型的时期;(4)从传统意识形态向现代意识形态转型的时期。

二、从计划经济向市场经济的转型

市场经济是宏观调控的前提,没有市场,宏观调控就失去了对象。所以

---

①　[波兰]格泽戈尔兹·W.柯勒德克:《从休克到疗法:后社会主义转轨的政治经济》,上海远东出版社 2000 年版,第 2 页。

②　郑杭生:《中国社会转型中的社会问题》,中国人民大学出版社 1996 年版,第 1 页。

本文关注的第一个转型是计划经济向市场经济的转型。计划和市场是两种不同的资源配置方式。计划经济是通过国家计划来配置生产要素的经济体制;市场经济是通过市场竞争机制来配置生产要素的经济体制。纯粹的计划经济,只有计划,没有市场竞争;纯粹的市场经济,一切生产要素的配置都通过市场完成,没有国家计划。从计划经济向市场经济转型,不是要建立纯粹的市场经济,而是建立市场在资源配置中起基础性作用的经济体制。在这种经济体制下,国家计划仅仅是作为市场机制的必要补充,用以弥补市场机制之不足。

我国在 20 世纪 80 年代开始实行有计划的商品经济,1992 年党的十四大提出建立社会主义市场经济体制,1993 年党的十四届三中全会做出《关于建立社会主义市场经济体制若干问题的决定》,2003 年党的十六届三中全会做出《关于完善社会主义市场经济体制若干问题的决定》。从有计划的商品经济到建立市场经济体制,再到完善市场经济体制,应当说,我国已经建立了市场经济体制。那么,是不是说,转型已经完成了呢? 如果转型已经完成,现在再说转型时期就不合适了。转型完成的标志,是市场在资源配置中起基础性作用。我国现阶段,直接配置资源的国家指令性计划被废止了,但各种国家权力演化成其他形式干预、扭曲资源的配置的现象仍然极其严重地存在,市场在资源配置中的基础性作用没有得到充分体现和保障。无论是俄罗斯转型的"休克疗法",还是我国转型的渐进方式,培育真正的市场机制都是一个长期的过程,因此转型也是一个长期的过程。有学者正确地指出:"在 21 世纪相当长的时期内,转型仍然是中国、俄罗斯社会政治经济的主题。"[1]

从计划经济向市场经济转型的时期,就是一个在生产要素的配置中,不断减少国家干预,不断增加市场作用的过程。在这个过程中,一方面,国家权力对经济的直接干预必须减少,另一方面,国家必须扶持、培育市场机制,

---

[1] 胡键:《转型经济新论——兼论中国俄罗斯的经济转型》,中共中央党校出版社 2006 年版,导言第 2 页。

并弥补市场机制的不足。由此带来的问题是:(1)哪些干预是必须退出的,哪些干预是必须保留的,哪些干预是必须增加的,所有这些并没有预先确定的答案,需要不断摸索,这种摸索的过程,会影响到宏观调控中的政府信用;(2)转型意味着利益格局的调整,各种利益受影响的团体必然通过各种途径进行争夺,这也是影响宏观调控中的政府信用的重要因素。

三、从人治向法治的转型①

市场经济是法治经济。研究宏观调控中的政府信用问题,不能忽视人治向法治转型的重大社会制度变革背景。人治向法治的转型属于治国方略的转型。

所谓人治,就是贤人之治,指要选用有德有才的贤能之人治理国家。在人治论者看来,社会和国家的统治说到底最终要通过人来进行,当然应当选任贤人和智者,而社会中也存在这样的贤人和智者,社会应当有而且确实有办法将这些贤人智者选拔出来,赋予他们以决断事物的最终权力。人治的核心就是选拔具有德能的人来治理国家。从经验看,人的智力和远见事实上是有差别的,人的道德水平和责任感也是不同的,人们不仅需要一些贤人智者来指路,并且人们也往往非常信赖、高度尊敬这些贤人智者;贤人智者的判断往往确实比常人的判断更好,更可能正确。此外,这种决策方式往往可以当机立断、快刀斩乱麻,不仅节省了时间,而且省去了其他许多麻烦。

所谓法治,又称法律的统治(rule of law),按照亚里士多德的解释,法治包含两重含义:(1)已成立的法律获得普遍的服从;(2)而大家所服从的法律又应该本身是制定得良好的法律。② 准确理解法治要注意两点:第一,不能只强调法律得到遵守,而忽视法律本身的正当性,如将法治做以下定义是欠准确的:"法在国家与社会生活中是统治权威和行为基准,居于支配一切

---

① 关于人治和法治的含义、联系和区别,参见朱苏力:《认真对待人治——韦伯〈经济与社会〉的一个读书笔记》,中国理论法学研究信息网(http://www.legaltheory.com.cn/info.asp? id=3160),2007年12月10日访问。

② [古希腊]亚里士多德:《政治学》,吴寿彭译,商务印书馆1965年版,第199页。

的地位,任何社会主体都必须遵守法律,在法律面前人人平等,不得有超越法律的特权。"①第二,法治的核心是政府及其官员守法。恩格斯说:"即使是在英国人这个最尊重法律的民族那里,人民遵守法律的首要条件也是其他权力机关不越出法律的范围;否则,按照英国的法律观念,起义就成为公民的首要义务"。② 亚里士多德在谈到人治与法治的优劣时指出:"至于谁说让一个人来统治,这就在政治中混入了兽性的因素。因为人的欲望中就有那样的特性。热忱也往往会使拥有职权者滥用其权力,尽管他们是芸芸众生之中的最优秀者。由法律遂行其统治,这就有如说,惟独神祇和理智可以行使统治。法律恰恰正是免除一切情欲影响的神祇和理智的体现。法律是最优良的统治者。因此,为政最重要的一个规律是,一切政体都应订立法制并安排他的经济体系,使执政和属官不能假借公职,营求私利。任何统治者都必须受到法律的约束、依法治理国家。"③人的理性是有限的,只有依据一代代人的智慧累积而成的制度,依据长期形成的规则和前例,人类才可能相对恰当地处理自己的事务。法治论者认为,世界上没有在一切重要关头都能高瞻远瞩、不犯错误的贤人和智者;退一万步说,即使有,也不能保证能够通过某种方式发现并使这样的人处于适当的治理国家的位置上。法治要求一切人都要按照既定的、普遍为人们知晓的规则办事,不违背已经确定的规则,不凭着个人的主观看法行事,即使是身居高位的统治者也是如此,特别是在一些重大的原则问题上,更要严格遵循社会中已经确定的规则,以此来防止和减少统治者犯错误,防止统治者滥用权力。

人治论者不反对法律的作用,他们只是把法律当作工具,儒家的"德主刑辅"比较准确地表达了这种思想。法治论者也并不反对贤能之人在治理国家中的作用,社会治理尽管需要法律、规章,但是任何法律总是会存在许多照顾不到的地方,因此仅仅有法律,即使是好法律也不能保证结果就好,还必须有贤人和能人来运用法律。由此可见,法治和人治实际上也并非只

---

① 郭道晖:《法理学精义》,湖南人民出版社 2005 年版,第 340 页。
② 《马克思恩格斯全集》第 22 卷,人民出版社 1956 年版,第 91 页。
③ 前引[古希腊]亚里士多德:《政治学》,第 167 页。

强调法律或只强调圣人,那么两者的区别何在呢? 主要包括三个方面:第一,在统治者的选择方面,人治是由现任统治者选任接班人,法治是按照既定的规则选任统治者;第二,在治理方式上,人治的统治者拥有无限的权力,按照其自身的道德、好恶、知识、理性治理国家,无论是干好事,还是干坏事,都不受限制;法治的统治者按照法律确定的规则行使权力,既不能超越法律干坏事,也不能超越法律规定干好事;第三,最根本、最典型的区别在于,当统治者的个人意志与法律发生冲突时,按统治者的意志办事就是人治,按法律办事就是法治。

人治与法治两种治国方略,究竟孰优孰劣,争论了几千年。在柏拉图的理想国里,最好的统治是"哲学王"的人治,但无法实现,只好退而求其次,选择法治。但人治的理想,始终未在很多人脑海中幻灭。这里无意对这个争论了几千年的难题给出正确的答案,但是,必须强调,现代市场经济只能是法治经济。理由有四:

1. 现代市场经济是与现代民主政治相适应的。民主政治意味着主权在民,人民通过社会契约委托统治者管理公共事务,统治者应当由人民推举。人民人数众多,如何推举能够得到公众信服的统治者呢? 这必须按照事先确认的规则来确认,否则难以取得正当性,难以为公众所信服。

2. 每个人都是自身利益的最佳判断者,这是市场经济的基本假设之一,再贤能的人也没有权力为他人做出判断,因此,必须对统治者的权力加以约束,以防止统治者过于"热心",干预私人生活。

3. 按照公共选择理论,统治者也是追求自身效益最大化的经济人,即便是最具道德的人,也不能保证其个人效益始终与社会效益相一致,如果统治者可以不受法律约束,他们在追求自身效益最大化时就可能损害到社会公益。

4. 人治不能使社会公众对政府政策形成稳定的预期,从而不能给人民的经济行为以有效的指引。

我国正确地认识到了市场经济是法治经济,并提出了依法治国、建设社会主义法治国家的目标。但是法治国家的建设不是一朝一夕的事情,不是颁布几部法律就能解决问题的,这是一个长期的过程,这个长期的过程就是人治向法治转型的过程。在这个过程中,人治的残留会影响宏观调控的法治化,进而影响宏观调控中的政府信用。忽视人治向法治转型这一特点研究政府信用问题,对很多问题的解析就忽视了重要的约束条件,提出的对策就不具有可行性。

四、从集权经济向分权经济的转型

集权与分权是指中央政府与地方政府的关系问题。在国家结构形态上,有联邦制和单一制两种形态。长期以来,我们将联邦制等同于分权制,单一制等同于集权制,这实际上是一种误解。第一,适度的分权是民主制度的基本保证,现代民主社会,无论联邦制,还是单一制,都应当实行分权制。柯武刚、史漫飞指出:"只要公共政策较少集中于中央集权制政府之手,就会有更好的机会抑制寻租活动、压力集团和代理人机会主义。"①第二,适度的分权是公共事物本身得到适当处理的要求。托克维尔早就指出:"有些事务,依其本身的性质来说是全国性的,即只归作为一个整体的国家管辖;另有一些事务,依其本身的性质来说是地方性的,即只归各地方政府管辖,只能由该地方政府相应处理。还有一些事务,依其本身的性质来说是混合性的,即从它们涉及全国各地的个人或单位方面来说,它们是全国性的,而从不必由国家本身出面处理方面来说,它们又是地方性的……这些事物即不完全属于国家,又不完全属于地方,而是根据联合成国家的各省或各州达成协议,在不损害联合的目的和条件下,分别交出全国政府或地方政府去处理。"②

中国是一个单一制国家,历史上从秦统一中国、实行郡县制以来,一直是一个中央集权的国家。新中国成立后,实行计划经济,中央集权有利于保证国家计划的落实,与计划经济具有天然的适应性。但是,中国幅员辽阔,

---

① 〔德〕柯武刚、史漫飞:《制度经济学》,韩朝华译,商务印书馆2000年版,第492页。
② 〔法〕托克维尔:《论美国的民主》,董果良译,商务印书馆1988年版,第425页。

人口众多,地区差异明显,过度的中央集权,不利于调动地方的积极性。更为重要的是,计划经济下的中央集权存在严重的信息不对称,中央政府需要处理的信息量大,超出了中央政府的承受能力,在这种情况下,上报中央的信息不得不经过层层过滤、简化,许多信息无法到达中央,中央政府无法一一甄别信息的真实性,而对于隐瞒的重要信息更是无法发现。这样,微观经济主体和地方政府为了自身的利益,隐瞒信息、虚构信息等机会主义容易得逞。如果实行分权,将投资活动和企业交给地方政府直接负责监督管理,中央政府只负责监督管理各地方政府的行为,就可能缩小中央政府的管理幅度和长度,减少所负担的公共经济管理任务,并发挥地方政府和微观单位的信息优势。这就构成了分权的客观基础。① 20 世纪 80 年代,小平同志高瞻远瞩地指出,要适当向地方放权,调动中央和地方两个积极性。1994 年的分税制改革,根据财权和事权适当分开的原则,建立了分税制。分税制的确立,标志着我国分权制体制的建立。

但是,必须指出的是,我国实行分税制的初衷,并不是为了实行分权。上世纪 80 年代至分税制改革前的十余年间,中国经济出现持续性的高速增长,国内生产总值年均增幅在 10% 左右,但国家财力并未同步增长。公开数据显示,从 1979 年到 1993 年,我国的财政收入占 GDP 的比重逐年下降,1979 年这一数字为 28.4% ,但 1993 年已经下降到 12.6% ,年均下降超过一个百分点。更为严重的是,中央财政收入占全国财政收入的比重逐年下降,由 1979 年的 46.8% 下降为 1993 年的 31.6% ,中央财政的收支必须依靠地方财政的收入上解才能平衡。在这种背景下,为了增强中央财政的财力,1994 开始实行分税制。由于实行分税制不是为了实行分权,不注重事权的划分,导致事权区分不清;由于实行分税制主要是为了增强中央财政的财力,划分税收收入归属时,过于偏重中央财政,导致地方财权过少。分权之后,中央政府的权威有所削弱,为了增加中央政府的影响力和权威,中央

---

① 参见胡书东:《经济发展中的中央与地方关系——中国财政制度变迁研究》,上海三联书店、上海人民出版社 2001 年版,第 45—49 页。

政府又不断地将一些已经下放的权力收归中央政府,使得中央政府和地方政府的分权不稳定。总的来说,我国并没有完全形成分权经济体制,目前处于集权经济向分权经济过渡的时期。

以分税制为标志的分权制,对政府行为产生巨大的影响。就宏观调控来说,中央的宏观调控政策必然遭到地方政府基于地方利益考虑所采取的博弈行为的制约。这种制约至少产生两个方面的影响:(1)当中央政府不守信用而改变宏观调控政策时,如果影响了地方政府的利益,会受到地方政府的抵制,从而敦促中央政府守信用;(2)地方政府并不会毫无保留地执行中央政府的宏观调控政策,当中央政府的宏观调控政策有利于地方利益时,地方政府就积极执行,反之,就消极抵制,搞"上有政策,下有对策",从而使中央的宏观调控政策绩效受到影响。因此,从集权经济向分权经济的转型,将对宏观调控中的政府信用产生重大影响。

五、从传统意识形态向现代意识形态的转型

意识形态是一种特殊的有组织的理论信念体系,这种理论信念体系以逻辑的方式,通过一系列理论概念符号的特定结合,来论证某种体制与秩序的合法性,以及实现某种特定的理想目标的途径的合理性。意识形态在社会生活中承担着特殊的功能,通过意识形态的教化作用,社会成员获得了自己在社会上的角色定位,形成一种社会体制所需要的态度与价值。

意识形态支配人们的思想,继而支配人们的行为。诺思分析指出"维持现存秩序的成本反而与现存制度的明显的合法性有关,在参与者相信制度是合理的范围内,实施规章和产权的成本由于以下简单的事实而大幅度下降,这就是甚至当私人成本收益算计认为不服从规章或违反产权式合算时,个人也不会这么行动。如果人人都信奉个人住宅'不可侵犯',房屋便用不着关闭,即便空闲也不必担心盗窃或有人故意破坏。如果一处优美的乡村被认为是一种公共'产品',人们便不会去搞乱它。如果人人信奉政治民主

的价值,他们便会出于公民的义务去投票。……"①。

我国在计划经济、人治、集权体制下,形成了与之相适应的意识形态,要转型到市场经济、法治和分权经济,意识形态也必须进行相应的转型。正如郑杭生所言:"社会转型不仅意味着社会结构的转换、机制的转换,还包括人们的价值观、行为方式的转换。"②而意识形态作为一种观念的东西,在人民的脑海里根深蒂固,要改变较之于任何有形的制度改变更为困难。旧的意识形态是由一系列特定的理论概念符号,彼此联结而形成的一个有机整体。这个整体内部的每一个基本概念符号,都受到其他概念的支持。这些概念之间的互相紧密依存、补充与制约,在逻辑上形成一个有机整体。任何偏离教条主义原则的改革举措与尝试,均会在这一意识形态框架中,被定位为负面的、消极的、甚至反动的东西而加以口诛笔伐与攻击。中国推进以发展生产力为目标的市场经济改革,本质上是改革原有的传统意识,自然会遭到传统意识形态的顽固抵抗。正因为如此,许多在发达市场经济国家行之有效的制度,拿到中国来实施,都会遇到严重的阻力,或者实施的效果差强人意,有的甚至被"中国化"得面目全非。诺思说,"成功的意识形态必须是灵活的,以便能赢得新团体的忠诚,或随着外部条件的变化也得到老团体的忠诚。"③从中国改革开放历程中可以看到,主管共产党领导层,在意识形态上所采取的基本战略,正是这种灵活的战略,即通过对意识形态作出创造性的重新解释,使传统意识形态逐渐转化为对市场经济、法治具有论证功能的、与改革开放新时期相适应的意识形态的理论话语。这样做的结果,一方面保持了意识形态的历史连续性,另一方面,又实现了意识形态对新体制的保护、辩解和动员。党的十六大以来,以胡锦涛为总书记的新一代领导集体,提出科学发展观,就是要进行意识形态的创新,并使这种创新被广大社会公众所接受,成为主流的意识形态。

---

① [美]道格拉斯·C.诺思:《经济史上的结构和变革》,厉以平译,商务印书馆1992年版,第62页。

② 前引郑杭生:《中国社会转型中的社会问题》,第3页。

③ 前引[美]道格拉斯·C.诺思:《经济史上的结构和变革》,第61页。

影响宏观调控的旧的意识形态主要包括全能政府的观念、管制万能的观念、官本位的观念等,这些观念导致政府的过多干预、不负责任的干预,当然也是没有信用的干预。

六、质疑与回应

本文提出"四大转型",对此,有学者提出质疑:人们通常说的转型,就是指从计划经济向市场经济的转型,把转型定义成"四大转型",脱离了人们对转型约定俗成的理解,是不合适的,也是不必要的①。对此,笔者的回应是:第一,我们正在经历的转型不单单是计划经济向市场经济的转型,其他三大转型也正在进行中,我们不能对其视而不见。第二,计划经济向市场经济的转型,客观上也要求其他三大转型,但是,计划经济向市场经济的转型并不能包含其他三大转型。如果我们只强调计划经济向市场经济的转型,忽视其他三大转型,对中国经济问题的解读,就可能"差之毫厘,谬以千里"。第三,就宏观调控中的政府信用问题研究来说,必须正视人治向法治的转型、集权经济向分权经济的转型、传统意识形态向现代意识形态的转型形成的约束条件。本文将在后文的阐述中进一步说明,"人治"、"集权"和"传统意识形态"如何制约着宏观调控的绩效和政府信用的水平,以及如何通过加强"法治"、科学"分权"、树立"现代意识形态"来改善宏观调控的绩效和提升政府信用水平。

第二节　宏观调控的界定

一、关于宏观调控含义的不同理解

在我国,"宏观调控"是随着经济体制改革而出现的一个概念。1984 年

---

① 在笔者的博士后出站报告答辩会上,福建师范大学经济学院博士生导师林卿教授就尖锐地提出了这一问题。

《中共中央关于经济体制改革的决定》中首先使用了"宏观调节"概念。1989 年 1 月,中共中央十三届三中全会的决议指出:"进一步完善各项改革措施,逐步建立符合计划经济与市场调节相结合原则的经济、行政、法律手段综合运用的宏观调控体系。"之后,宏观调控这一概念被广泛使用于中共中央和国务院的有关文件中。1993 年,"宏观调控"一词被写入《宪法》,当年通过的《宪法修正案》第 15 条明确规定:"国家加强经济立法,完善宏观调控。"但是,究竟什么是宏观调控,很多官员搞不清楚,经济学家的理解也各不相同。于是,政府的一切经济政策决策都成了宏观决策和宏观调控,宏观调控成了最时髦和使用频率最高的字眼,以至于出现"宏观调控是个筐,什么都往里面装"的现象。

综合国内学术界及实践中对"宏观调控"的界定和使用情况,有四种不同的理解,笔者在此按照其外延的大小,分别用"小"、"中"、"大"、"全"来概括。

1. "小"。该种观点认为,宏观调控是指国家运用货币政策和财政政策调节社会总需求的行为。如许小年认为,宏观调控指的是运用宏观政策调节社会总需求,这里需要强调的是"宏观政策"和"总需求"。宏观政策有且只有两类,即货币政策与财政政策,政府控制货币供应总量、税收与财政开支,调节以国内消费与投资为主的社会总需求。宏观调控从来不以供给为目标,从来不以产业结构为目标。[①] 樊纲认为:"宏观调控不是指'经济计划',也不是指产业政策和收入政策,而是指通过政府支出与货币供给政策,对经济运行的总量关系进行调节。"[②]吴敬琏也指出:"现在认识和实践上还有一种误区,就是把产业政策等同于宏观调控。这种说法完全混淆了宏观调控的概念。宏观调控是总量的调控,指用货币政策、财政政策等总量手段调解社会总需求,而不是指具体部门的发展、企业的运营。"[③]

---

① 参见许小年:《什么是宏观调控? 如何进行宏观调控?》,经济观察网(www. cnfol. com),2007 年 12 月 23 日访问。

② 樊纲:《双轨过渡与"双轨调控"》,《经济研究》1993 年第 10、11 期。

③ 吴敬琏:《呼喊法治的市场经济》,三联书店 2007 年版,第 274 页。

2. "中"。该种观点认为,宏观调控是指国家为了熨平经济波动、保证经济稳定增长,运用财政政策、货币政策、收入政策等经济政策,以及必要的行政措施对国民经济总供给、总需求以及总价格、总就业量等进行调节,促进总需求和总供给的基本平衡。宏观调控的主体是政府或国家,客体是国民经济的总量,主要是指总供给、总需求以及总价格、总就业量等。手段是货币、财税等宏观经济政策,不包括产业政策、结构优化标准和环境政策等。①

3. "大"。该种观点认为,宏观调控是指国家为了促进国民经济协调、稳定和发展,综合运用经济手段、法律手段和行政手段,间接调节供给与需求,以及国民经济结构,使供给与需求达到平衡、国民经济结构得到优化。②

4. "全"。该种观点认为,有学者认为,经济学上的宏观调控就是国家干预,是国家为了克服市场失灵,促进国民经济协调、稳定和发展所采取的一切干预措施。"为了实现所谓的宏观性经济目标,必须采取必要的经济政策。在斯蒂格利茨和萨缪尔森等西方著名经济学家看来,宏观调控相当于宏观经济政策的运用。这些经济政策不仅包括计划、财政、税收、金融、价格、产业政策等经济杠杆,也包括反垄断和国有化等政策。"③"可见,在西方经济学中,宏观政策工具(调控)几乎可与国家干预通用;国家为弥补市场缺陷对国民经济进行调节和控制的各种措施都可归纳为宏观政策工具,包括反垄断、国家投资、各种宏观经济手段。所以,在西方经济学中,市场规制和国家投资经营(国有化)也是西方经济学所谓的宏观政策工具。目前非常流行的西方经济学的经典教材除了涉及到财政、税收、金融、价格、产业政策等宏观政策工具外,对反垄断、国有化和私有化也都有涉及。"④

---

① 参见耿利航等:《"中国财经法律论坛·2004"综述》,《中央财经大学学报》2005 年第 1 期。
② 参见漆多俊:《经济法基础理论》,武汉大学出版社 2000 年第 3 版,第 351 页;潘静成、刘文华主编:《经济法》,中国人民大学出版社 2000 版,第 291—292 页;王全兴主编:《经济法基础理论专题研究》,中国检察出版社 2002 年版,第 620 页。
③ 漆思剑:《剔除附庸性:经济学之宏观调控的经济法改造——兼论国家投资经营法与宏观调控法的区别》,《政治与法律》2009 年第 3 期。
④ 前引漆思剑文。

二、对不同理解的分析

第一种观点将宏观调控限定在运用货币政策和财政政策对总需求的调节,范围极其狭窄。但这却是与西方宏观经济学中宏观经济政策最为契合的界定。在西方宏观经济学中,宏观经济政策实际上只是一种总量控制,追求和实现的经济平衡属于总量平衡。在 20 世纪 80 年代以前,宏观经济政策专指政府利用财政政策和货币政策控制总需求水平,以减缓或消除经济活动水平波动的政策。第二种观点与前一种观点相比,范围有所扩展,认为宏观调控不仅调整总需求,也调整总供给;不仅使用经济政策,而且使用行政措施。这种观点也是将宏观调控等同于西方宏观经济学中的宏观经济政策,20 世纪 80 年代以后,有些西方经济学家(新凯恩斯主义学派)主张增加有效供给的办法稳定经济。因此,从总体上来说,第二种观点与第一种观点是一致的,都是为了实现总供给与总需求的平衡。简单来说,这两种观点的宏观调控是宏观经济学意义上宏观经济政策,着眼于国家对国民经济总量的调节。

与前两种观点相比,第三种观点大大扩展了宏观调控的范围:(1)将国民经济结构的调整纳入宏观调控的范围;(2)扩展了对供给与需求的调节范围,将对局部供给和局部需求的间接影响措施都纳入宏观调控的范围,不限于社会总供给和总需求。就结构调整来说,包括城乡结构调整、区域结构调整、产业结构调整、需求结构调整、投资消费结构调整、进出口结构调整、国民收入分配结构调整等。就局部供给和局部需求的调整来说,如专门针对证券市场的宏观调控、专门针对房地产市场的宏观调控。这是我国实践中理解的宏观调控,见于党政机关的文件和政府官员的讲话,也得到部分经济学者的认同。但是,这显然不是宏观经济学意义上的宏观经济政策,当代著名的宏观经济学家、诺贝尔经济学奖获得者罗伯特·卢卡斯 2004 年 5 月访华时对中国的一些宏观调控政策作出评论:中国出台了这么多措施,没有一项是宏观政策,全部都是微观政策。① 那是不是说,该种观点错了呢? 这需要进一步的分析。

在西方宏观经济学中,并没有"宏观调控"这一范畴,"宏观调控"是我国经济体制改革中产生的一个概念,最初是为了给扩大企业自主权提供依据,强调政府不能过于干预企业的微观管理,而只应当从宏观上调控经济;到了建立社会主义市场经济阶段,更是明确了要发挥市场在资源配置中的基础性作用,政府不直接干预企业的内部事务,实行"政府调控市场,市场引导企业"。因此,尽管政府对宏观调控的内涵并没有做过专门的规定,但宏观调控始终是作为与国家对企业的直接干预相对应的一个概念而存在的,宏观调控与宏观经济学中的宏观经济政策并不能划等号。用西方宏观经济学中的宏观经济政策来框定宏观调控,难免有削足适履之嫌。而指责学术界和实务界对宏观调控的理解"与'宏观经济政策'的原有之意则越来越远"②,显然是犯了将"宏观调控"等同于"宏观经济政策"的错误。

至于第四种观点,将宏观调控等同于国家干预,定义过于宽泛,与我国的实践也不相吻合,只是有些政府官员为了给直接干预经济提供借口的一种故意混淆行为。学术界很少有此种观点,实践中也受到人们的批判。

三、本文对宏观调控的界定

本文基本赞同第三种定义。宏观调控既然是中国转型时期产生的一个概念,就只能从中国的实际去理解它,不能用西方宏观经济学的宏观经济政策的概念去限定它。有法学学者意识到把宏观调控限定在宏观经济学中的宏观经济政策不妥,但又不知道问题出在哪里,只好另辟蹊径,做出别样的解释:"由于'宏观调控'一词的本源是经济学,而经济法是对经济现象的法律规制,因此,法学对经济学概念应当给予充分的尊重,在内涵和运作机制层面上,要保持一致。但是,由于法学有着自己独立的研究体系,如果保持

---

① 转引自钱颖一:《宏观调控不是市场监管》,中国网(http://www.china.com.cn/zhuanti/115/hgtk/txt/2005 - 04/14/content_5837842.htm),2008 年 10 月 19 日访问。

② 魏加宁:《对宏观调控的反思与探讨》,《经济界》2005 年第 4 期。

完全一致,势必打破法学长期以来形成的研究路径,因此,在构建一个子部门法体系时,不必拘泥于经济学的严格界定。比如:宏观调控法的体系问题。如果严格按照经济学语境下'宏观调控'的内涵,宏观调控法体系只应当包含利用货币政策进行调控的金融政策法和通过财政政策调控的财税政策法。但法学出于研究行为的学术传统,从宏观调控行为的整个流程来考虑,将规划法也纳入其体系之中。从经济学上讲,'产业政策的实质是政府根据自己确定的经济变化趋势和目标设想来干预资源在产业间的配置,其资源配置方式与计划经济是相同的……'①,它并不是宏观政策工具或宏观调控针对的直接对象。但是,调控主体通过财政和货币政策,可以影响产业结构的优化,因此,宏观调控法也将'产业政策法'或'产业调节法'纳入其中。"②无独有偶,漆思剑虽然对"经济学语境下'宏观调控'的内涵"有着与以上学者完全不同的理解,认为经济学上的宏观调控就是指国家干预,但也同样认为法学上宏观调控的含义不能照搬经济学对宏观调控的界定。"经济学之宏观调控明显不同于经济法之宏观调控。经济学的宏观政策是从广义上理解的,其前提是自由经济。因此,大凡国家对经济的干预都是宏观经济政策。对应经济法领域,不仅包括宏观调控法,还包括国家投资经营法,也包括市场规制法。如果把经济学概念照搬到经济法学领域,那经济法也应更名为宏观调控法了。这一点,经济法学界是不可能接受的。在经济法学界看来,宏观调控只是国家调节社会经济关系的一种方式,是与市场规制和国家投资经营具有同等地位的概念,是从狭义上理解的。再者,经济学之宏观经济政策着眼于提高经济总量,而经济法之宏观调控不仅要提高经济总量,还要促进国民经济整体(包括区域之间、行业之间)协调、健康发展;经济学之宏观经济政策立足于充分就业、价格稳定、经济增长和国际收支平衡四个目标,而经济法之宏观调控融入了价值判断,引入了社会经济公平,

① 吴超林:《宏观调控的制度基础与政策边界分析——个解释中国宏观调控政策效应的理论框架》,《中国社会科学》2001 年第 4 期。
② 郑少华、吴晓晖:《论宏观调控法的理论前提及方法》,《东方法学》2008 年第 2 期。

立足于社会经济总体效率和社会经济总体公平。这些差异非常显著。"①

　　以上两种来自经济法学界的解释可谓煞费苦心，虽然也富有创意，但并不可取：法律对宏观调控的规制是以经济生活中的宏观调控行为为对象的，如果规划、产业政策不属于宏观调控，又有什么必要把调整规划、产业政策的法律称为宏观调控法呢？这样不是徒增纷争吗？直接叫规划法、产业调节法不是更好吗？如果宏观调控就等于国家干预，那么经济法就是宏观调控法，经济法学界又有什么理由不接受呢？

　　实际上，问题本没有这么复杂，概念的使用有一个约定俗成的问题，上述第三种观点对宏观调控的理解是为中国官方和社会公众所普遍接受的一种理解。我们可以在我国政府的文件中、国家领导人和中央政府部门负责人的讲话中看到在这种意义上使用宏观调控的概念。下面以国务院发改委官员归纳的 2004 年和 2005 年中央政府对投资的宏观调控措施为例，说明实践中宏观调控的含义：

表 2 – 1　2004 年针对投资的主要调控措施②

时间	政策调整
3 月	5 月，温家宝总理《政府工作报告》中指出，今年政府将更加注重加强和改善宏观调控，主要运用经济、法律手段等综合措施保持经济平稳较快发展，防止通货膨胀和经济大起大落。 　　国家发改委宣布，原则上不再批准新建钢铁联合企业和独立炼铁厂、炼钢厂。 　　除淘汰自焙槽生产能力置换项目和改造项目外，原则上不再审批扩大电解铝生产能力的建设项目。严格禁止新建和扩建机立窑、干法中空窑、立波尔窑和湿法窑水泥项目。 　　24 日，央行宣布 4 月 25 日将实行差别准备金率。 　　25 日起，对用于金融机构头寸调节和短期流动性支持的各档次再贷款利率，在现行再贷款利率基础上加 0.63 个百分点，再贴现利率在现行再贴现基准利率的基础上加 0.27 个百分点。

　　①　前引漆思剑文。
　　②　张海鱼主编：《宏观调控下的经济运行与产业发展》，人民出版社 2006 年版，第 17—18 页。张海鱼及该书其他作者均系国家发展和改革委员会经济体制与管理研究所研究人员。

4月	11日,央行宣布将从4月25日起上调存款准备金率0.5个百分点。 　　3日,银监会发出通知,决定在银行业金融机构自查和各银监局检查的基础上,由银监会组成5个检查组,对广东、浙江等7个省部分银行业金融机构对部分行业贷款情况进行重点检查。 　　5日,国务院发出通知,提高钢铁、电解铝、水泥、房地产开发 固定资产投资项目资本金比例。 　　中央政治局会议明确提出"关注固定资产投资过大等问题"。
5月	银监会发表三条"窗口指导精神",抑制贷款。
7月	25日,国务院《关于投资体制改革的决定》。其核心内容是确定企业的投资主体地位,真正实现企业自主投资、自负盈亏、银行自主审贷、自担风险。
10月	21日,国务院发布《关于深化改革严格土地管理决定》。决定中规定:实行强化节约和集约用地政策。 　　29日起上调金融机构存贷款基准利率,并放宽人民币贷款利率浮动区间和允许人民币存款利率下浮。本次上调人民币基准利率的主要内容包括:1年期贷款利率上调0.27个百分点,由现行5.31%上调到5.58%,其他各档次贷款利率也作了相应调整,中长期贷款利率下浮幅度大于短期;1年期存款利率上调0.27个百分点,由现行1.98%上调到2.25%,中长期存款利率上调幅度大于短期;同时,进一步放宽金融机构贷款利率浮动区间。金融机构(不含城乡信用社)的贷款利率原则上不再限定上限,贷款利率下浮幅度不变,贷款利率下限仍为基准利率的0.9倍。对金融环境尚不完善的城乡信用社,贷款利率仍实行上限管理,最高上浮系数为贷款基准利率的2.3倍,贷款利率下浮幅度不变。允许存款利率下浮,即金融机构对其吸收的人民币存款利率,可在不超过各档次存款基准利率的范围内浮动。存款利率不能上浮。

表2-2　2005年针对投资的主要调控措施①

调控内容	方式	具体政策措施
控制投资的过快增长	控制房地产投资的过快增长	从3月17日起,央行对住房贷款利率实行下限管理,并提高最低首付款比例。 　　5月9日,经国务院批准,国务院办公厅发出通知,转发建设部、财政部、国家税务总局等7个部门制定的《关于做好稳定住房价格工作的意见》。意见提出:要充分运用税收等经济手段调节房地产市场,加大对投机性和投资性购房等房地产交易行为的调控力度。
调整投资结构	向公共基础设施领域倾斜,并鼓励投资主体多元化	财政部日前公布《中央预算内固定资产投资贴息资金财政财务管理暂行办法》,根据《办法》,财政部将通过贴息方式带动和引导社会投资,用于需要政府鼓励和引导社会投资的竞争性、经营性项目。 　　6月,国家发改委发布《中央预算内投资补助和贴息项目管理暂行办法》,对于市场不能有效配置资源、需要政府支持的经济和社会领域的投资项目进行补助。 　　国务院1月13日召开常务会议,讨论并原则通过《国务院关于鼓励支持和引导个体私营等非公有制经济发展的若干意见》。会议指出,要进一步放宽市场准入,鼓励和支持非公有资本进入基础设施、垄断行业、公用事业及法律法规未禁止的其他行业和领域;加大财税金融支持,拓宽企业融资渠道;完善对非公有制经济的社会服务。

---

① 　前引张海鱼主编:《宏观调控下的经济运行与产业发展》,第54页。

从以上调控措施来看,我国实践中的宏观调控不仅调整总量,也调整结构,不仅使用经济手段,也使用行政手段,是与第三种观点契合的。当然,这种论证方式可能受到循环论证的指责:先假定了宏观调控调整结构,然后把调整结构的措施纳入到宏观调控中来,并反过来论证宏观调控包括对结构的调整。对此,笔者的回答是,上述关于宏观调控措施的列表并不是要论证宏观调控的科学含义就是如此,而是说明一个事实:实践中采取了这些措施,且采取这些措施的机构就是认为这些措施是宏观调控措施。

笔者赞同第三种观点对宏观调控的界定。不过,在法治时代,一切经济手段和行政手段都必须在法律允许的范围内使用,将经济手段、行政手段和法律手段并列并不合适。"不论是经济手段还是行政手段,其运用都必须采取一定的法律的形式,法律与它们之间实际上是一种规范和被规范的关系,或者说是法律调整形式与其内容之间的关系。"①因此,将宏观调控的定义修正为:政府为了促进国民经济协调、稳定和发展,依法调整运用其掌握的某些经济变量(如财政支出、货币供给)和行政权力,来影响市场经济中各种变量的取值,从而影响微观经济行为的政策过程。该定义包括三个要点:

1. 宏观调控既调整总量,也调整结构。宏观调控的目标是促进国民经济协调、稳定和发展,影响国民经济协调、稳定和发展的,既可能是总量不平衡,也可能是结构不合理。因此,宏观调控既调整总量,也调整结构。

2. 宏观调控必须依法进行。实施宏观调控,必须依法享有宏观调控权,宏观调控机构必须在法律规定的范围内行使宏观调控权,不能超越法律进行非法调控;宏观调控的方式、程序也都必须依法进行。

3. 宏观调控不是直接对市场主体经济行为的干预,而是通过影响市场经济中各种变量的取值来影响微观经济行为,是一种间接干预。需要指出的是,这里所说直接与间接是一个相对的概念,在转型时期,一切不是针对单个市场主体采取的措施,都视为间接干预,例如,为了抑制房价过快增长,中央政府采取了许多宏观调控措施,均收效甚微。在这种情况下,国务院

---

① 王先林:《试论宏观调控与法治》,《法学杂志》1995年第3期。

2010 年 4 月 17 日发出《关于坚决遏制部分城市房价过快上涨的通知》,采取了较以往的宏观调控措施更为直接的手段,该通知规定:"实行更为严格的差别化住房信贷政策。对购买首套自住房且套型建筑面积在 90 平方米以上的家庭(包括借款人、配偶及未成年子女,下同),贷款首付款比例不得低于 30%;对贷款购买第二套住房的家庭,贷款首付款比例不得低于 50%,贷款利率不得低于基准利率的 1.1 倍;对贷款购买第三套及以上住房的,贷款首付款比例和贷款利率应大幅度提高,具体由商业银行根据风险管理原则自主确定。"这种限定首付比例和贷款利率的做法,较之调整基准利率、税收制度等在转型时期能够产生比较明显的效果。但随着市场经济体制的完善和国家宏观调控水平的提高,这种手段将被视为直接手段而不得作为宏观调控的措施。

第三节　政府信用的界定

一、信用的含义

(一)对信用的不同定义

"信用"一词在社会生活中被广泛的使用,但要对其进行明确的界定,又是有很多分歧的。英文中的"信用"——"Credit"一词来源于拉丁语"Credo",原意是"我相信"。后来演化成专指"以偿还为条件的价值运动形式",如《新帕格雷夫经济大辞典》对信用(Credit)的解释是:"把对某物(如一笔钱)的财产权给以让渡,以交换在将来的某一特定时刻对另外的物品(如另外一部分钱)的所有权。"《牛津法律大辞典》的解释是:"信用(Credit),指在得到或提供货物或服务后并不立即而是允诺在将来付给报酬的做法。"在中国,《辞海》给出了"信用"的三种含义:一是"信任使用";二是"遵守诺言,实践成约,从而取得别人对他的信任";三是"以偿还为条件的价值运动的特殊形式,多产生于货币借贷和商品交易的赊销或预付中,其主要形式包括国家信用、银行信用、商业信用和消费信用"。但经济学的教科书和经济学词典对信用的定义均只采取第三种含义。

由此,我们大体可以对信用做广义和狭义两种分类。狭义的信用是指"以偿还为条件的价值运动形式";广义的信用,"是一种主观上的诚实守信和客观上的偿付能力的统一。"[①]包括遵守诺言、实践成约的意愿和能力,通过遵守诺言、实践成约而取得他人的信任,以及基于他人信任取得的诸如借贷、赊账等经济利益。

(二)信用与诚信、信任、信赖、资信和信誉的联系和区别

诚信、信任、信赖、资信和信誉是与信用相关的概念,它们既有联系,又有区别。就区别来说,它们各自的含义和侧重点不同:诚信,是指诚实守信,是一种行为规范和道德准则,反映的是在人与人的关系中应当遵循的行为规范;信任和信赖是同义词,是指在人与人的关系中,对他人采取的影响本人利益的行为存在不确定性时,基于相信他人而采取某种行动;资信,是在信用基础上发展起来的概念,是指与信用活动相关的各类经济主体自主履行其相关经济承诺的能力和可信任程度;信誉,指声望和名誉,是社会对行为主体守信状况及守信能力的一种评价。

它们的联系表现在都有一个"信"字,包含相信的含义,都是基于相信而产生的人们的交互关系。实践中,他们经常相互替代使用。如"讲诚信"与"讲信用"是同一含义;"资信好"与"信誉好"通常也可以互换使用。在学术研究方面,研究信用、信誉,都要搜集研究信任方面的文献资料,研究信任,也要搜集研究信用、信誉方面的文献资料。更明确一点说,信用与诚信、信任、信赖、资信和信誉原本就是·回事,只是角度不同、侧重点不同而已。以合同关系为例,如甲乙订立一个甲向乙借款的合同,以上相关概念可以分别做如下表达:(1)甲的资信状况、信誉是影响乙是否信任(信赖)甲的因素,并据以决定是否与甲订立借款合同;(2)甲凭借自己的良好资信或信誉取得乙的信任,从而取得信用,获得借款;(3)合同订立后,甲、乙均按约定履行合同,被称之为讲诚信、讲信用,这种讲诚信、讲信用增添了对方对自己

---

① 孙智英:《信用问题的经济学分析》,中国城市出版社 2002 年版,第 9 页。

的信任,被社会公众知晓后,也增加了其资信或信誉。

　　郑也夫先生在论述信用与信任关系时指出,"诚实和信用属于被观察者的属性,而相信和信任属于主体的属性"、"信用是一种特定的诚实,它强调的是守约重诺"、"信用与信任互为表里:信用是名词,表达静态的属性,即可信任的,信任多为动词,出发点是主体,即判断对方有信用与否。"。① 郑先生的论述抓住了信任与信用形成对应关系的本质,不过,没有体现信用的"用"。富兰克林说,"切记,信用就是金钱。……假如一个人信用好,借贷得多并善于利用这些钱,那么他就会由此得到相当数目的钱。""影响信用的事,哪怕十分琐屑也得注意。如果债权人清早五点或晚上八点听到你的锤声,这会使他半年之内感到安心;反之,假如他看见你在该干活的时候玩台球,或在酒馆里,他第二天就会派人前来讨还债务。而且急于一次全部收清。"②富兰克林在此强调了信用是一种财富,因此,仅仅被信任并不就是信用,只有这种被信任能够为信用方利用,才能称其为信用。

　　(三)本文中信用的含义

　　本文从人们的相互关系中定义信用,在人们的交互行为中,一方行为具有不确定性,隐含着对另一方造成不利影响的风险,另一方有选择相信与不相信一方不会做出损害自己利益行为的自由,并可以根据相信与不相信做出合作与不合作的选择,而另一方的合作能给一方带来利益,另一方相信、并选择合作的,我们称双方产生了信用关系,一方为受信方(信用方),另一方为授信方(信任方)。也就是说,另一方给予了一方信任,一方从另一方处取得了信用。这是从广义上理解信用,但与对信用的一般的广义理解又有所不同,准确把握这一定义,需要注意四个要点:(1)信用产生于人与人的交互关系中,是一种人与人之间的关系,在物与物、人与物之间不存在信用问题。(2)交互关系中的人们行为存在不确定性,这种不确定性蕴含对他方利益损害的风险,不存在不确定性,或者不确定性不存在对他方利益损

---

① 郑也夫:《信任论》,中国广播电视出版社 2001 年版,第 8—9 页。
② 转引自〔德〕马克斯·韦伯:《新教伦理与资本主义精神》,三联书店 1987 年版,第 33—34页。

害的风险,不涉及到信用问题。查尔斯·蒂利认为:"信任是把利害攸关之事置于他人的失信、失误或失败的风险之中"①,信用来源于信任,而对于授予信任的一方来说,意味着要承受他方失信的风险。(3)交互关系中的人们存在行为选择的自由,没有选择自由,就谈不上信用。(4)信用是一种财富,信用关系反映着一种利益关系。对于取得信用的一方来说,其获利毋庸置疑;对于授予信任的一方面来说,也是为了从合作中获取利益。查尔斯·蒂利指出:"人们并非因为偏爱风险关系而将重大的事业托付给信任网络,而是相反,当人们弥足珍贵的长期事业面临严峻的风险时,才转而寻求信任网络的支持。"②

如此理解信用与学术界对信用的广义理解是存在差异的,较广义的理解范围要窄一些。按照广义的信用定义,如果甲信任乙,那么乙就从甲处取得了信用;但按照本文的定义,甲信任乙是乙从甲处取得信用的必要条件,而不是充要条件,只有同时具备乙具有利用甲的这种信任取得利益的可能性,才能说,乙从甲处取得了信用。简言之,信用是具有利用价值的被信任。

之所以要对信用做这样的限定,主要是基于三个方面的考虑:(1)经济学是研究资源配置的,其着眼点是利益,没有利用价值(利益)的被信任,属于道德的范畴,不属于经济学研究的范围。(2)与经济学上狭义的信用概念保持一致性。狭义的信用概念,指的是以偿还为条件的价值运动,如借贷、延期付款、延期交货等,这些都是因被信任而取得一定的经济利益。将信用定义为具有利用价值的被信任,就狭义的信用来说,仅仅是扩展了信用价值的范围,经济学上关于狭义信用研究的成果都可以运用到本文的研究上来;而如果按照学术界对信用的广义理解,将没有利用价值的被信任也包括在内,其运行原理将会超出经济学所能研究的范围,并且,经济学关于狭义信用研究的诸多成果无法被运用,使研究增加不必要的困难。(3)从本文的研究主题来看,宏观调控目的的实现,与政府的宏观调控政策以及政府

---

① ［美］查尔斯·蒂利:《信任与统治》,胡位钧译,上海世纪出版集团 2010 年版,第 15 页。

② 前引［美］查尔斯·蒂利:《信任与统治》,第 15 页。

本身被信任的程度密切相关,宏观调控中政府及其调控政策的被信任,对政府是有利用价值的,也就是说,本文主题仅涉及有利用价值的被信任。

二、政府信用的含义

(一)政府的含义

"政府信用"一词由"政府"和"信用"两个词复合而成,也就是"政府的信用"的意思。要准确界定政府信用的含义就必须对"政府"和"信用"两个词分别作出界定。前文已经对信用的含义做出界定,这里再对"政府"一词进行界定。

人们使用政府一词,有狭义、中义和广义之分。狭义是指中央和地方各级政府,不包括政府工作部门,在我国就是指国务院,省级人民政府,市、县、乡级人民政府;中义是指各级各类国家行政机关以及法律、法规授权行使行政权力的事业单位和组织;广义是指一切国家机关和法律法规授权行使行政权力的事业单位和组织,包括立法机关、司法机关、行政机关和法律法规授权行使行政权力的事业单位和组织。本文是从广义使用政府的概念。

(二)学术界对政府信用的定义

学术界基本上是从政府与公众的相互关系上定义政府信用。如有人认为:"政治委托—代理关系中的政府信用,一方面是指政府(信用方)是否具有值得公众(信任方)信任的因素(包括诚实、守信的良好品格等政府人格方面的因素)及其履行契约的能力在客观上能为信任方所信任的程度,既来自信任方的评价;另一方面是指政府对信任方的责任感以及实际上对公众的期待和信任的回应。简言之,即政府对公众在委托契约中赋予的期待和信任的责任感及其回应。对信任的责任感及其回应是政府信用中的关键因素。政府信用源于公众与政府之间的政治委托—代理关系,其核心部分就是公众对政府的信任和政府对公众的信用。"①还有人认为:"所谓政府信用是指国家行政机关在社会经济管理活动中能够履行约定而取得的信任,它

---

① 张旭霞:《现代政府信用及其建构的对策性选择》,《南京社会科学》2002 年第 11 期。

主要表现为两个方面:一方面,政府通过与相对人达成协议,签订行政合同,并且能够以实际行动履行这一合同,因而取得对方当事人的信任。另一方面,政府在法律、法规、规章、政策的制定和执行时,能够正确履行自己的职责、执行正义、维护公共的利益而取得社会的信任。"①有人将政府信用言简意赅地表述为:"政府认真恪守并有效地履行其法定职责及其对公众的承诺而赢得公众信任的状况。"②还有人认为:"政府信用是指政府对法定权力和职责的履行程度,表明政府在自身能力限度内的实际'践约'状态。"③

从以上定义可以看出:第一,政府信用的主体包括政府和公众两方,政府是信用方,公众是信任方;第二,政府取得公众信任的方式是履行承诺和法定职责。应当说,以上定义抓住了政府信用的本质。按照社会契约论的观点,公众通过社会契约形成政府,并将一部分权力赋予政府,政府拥有和行使公共权力的目的"只是为了公众福利"④。公众与政府之间形成委托—代理关系,公众是委托人,政府是代理人。作为代理人的政府得到作为委托人的公众的信任为公众服务,自然应当诚实守信、恪尽职守,不辜负委托人的信任;而一旦政府不讲信用,不履行对公众的承诺及为公众服务的法定职责,失去公众的信任,也就失去了存在的合法性。但问题并不这么简单,政府一旦成立,就有其独立的价值目标追求,这种独立的价值目标追求,可能和公众的利益一致,也可能不一致。因此,政府并不总是具有履行承诺和职责的动力。罗素·哈丁指出:"如果我们对政府的理解是它必须建立在信任合法的基础上,那么没有哪个现代的主要政府是合法的。"⑤另外,政府信用并不只存在于政府与公众之间,政府机构相互之间也存在政府信用问题。

---

① 沈海军:《政府信用在社会主义现代化中的作用》,《社会主义研究》2003 年第 1 期。

② 何显明:《信用政府的逻辑——转型期地方政府信用缺失现象的制度分析》,学林出版社 2007 年版,第 46 页。

③ 刘光明等:《企业信用——伦理、文化、业绩等多重视角的研究》,经济管理出版社 2007 年版,第 27 页。

④ [法]约翰·洛克:《政府论》下篇,叶启芳、瞿菊农译,商务印书馆 1964 年版,第 4 页。

⑤ 前引[美]罗素·哈丁:《我们要信任政府吗?》,第 29 页。

(三)本文对政府信用的理解

笔者认为,既然信用是信用方的财富和资源,那么,对信用的理解,不能至少主要不能从信任方的角度去理解,而需要从信用方自身的角度去分析。也就是说,得到他人的信任对自己是有利的,这种"被信任"才能被称之为信用。因此,结合前文对"信用"的界定,政府信用可以定义为:在以立法机关、司法机关、行政机关和法律法规授权行使行政权力的事业单位和组织(统称政府)为一方主体的交互行为中,政府行为具有不确定性,隐含着对另一方造成不利影响的风险,另一方有选择相信与不相信政府不会做出损害自己利益行为的自由,并可以根据相信与不相信做出与政府合作与不合作的选择,而另一方的合作能给政府带来利益,另一方相信并选择合作的,则政府取得了信用。这一定义包含三个要点:

1. 政府信用产生于以政府为一方主体的交互关系中。政府信用关系中,有一方主体但不限于一方主体是政府,政府信用可能发生在政府与公众之间,也可能发生在政府机构之间,如中央政府与地方政府之间,不同地方政府之间,等等。为什么政府之间的信用关系也要纳入政府信用分析的视域呢?这是因为,政府不仅需要得到公众的信任,而且也需要得到其他政府机构的信任。本文在后面将论述到,中央政府的宏观调控政策,只有得到地方政府的信任,才能充分有效地发挥作用。探讨政府信用问题,局限在政府与公众的信用关系上,必将难以深入。

2. 政府信用关系存在于双方的互动关系中,且信任方有基于信任与不信任做出不同选择的自由。如果相对一方没有选择的自由,信任与不信任政府,都只能做出同样的行为,则不存在信用问题。我国在计划经济时期,国家计划是指令性的,相对一方只有服从的义务,没有做不同选择的权利,在这种情况下,谈是否信任政府或者政府是否有信用,都没有意义。

3. 政府信用是政府的资源和权利,能给政府带来利益。在双方的交互关系中,一般来说,信任带来合作,能给双方带来利益。但是,信任对信任方来说存在风险,如果信用方辜负信任方的信任,不守信用,就会造成信任方的损害,所以,信任方要判断信用方是否值得信任。如果认为信用方不值得信任,就会选择不合作,这样,双方都得不到合作的利益。信用方信守承诺,是为了赢得信任方的信任,取得信用,从而得到信用利益。如果信任方是否信任对信用方的利益不会产生影响,则不存在信用方的信用问题。例如,免费的保管合同,委托人信任保管人或者不信任保管人,只会影响到委托人的利益,而不会给保管人带来利益或者损害,则不存在保管人的信用问题。政府信用也是如此,只存在于相对方信任政府能给政府带来利益的情况下,也就是说,政府可以利用相对方的信任获得利益。如果相对方是否信任政府,对政府来说没有意义,则不存在政府信用问题。

三、政府信用的特点

特点是一事物区别于它事物的特殊规定性,是相比较而产生的。对特点的归纳,出发点不同、对比的对象不同以及对事物的认识不同,归纳的结果也不同。有人总结了政府信用的四大特点,分别是:(1)政府地位的特殊性与政府信用关系的非对等性;(2)政府的非竞争性与政府信用关系的不可选择性;(3)政府信用关系中信息不对称现象的绝对性;(4)政府信用社会影响的广泛性。并据此认为,"同其他社会行为主体相比,政府更有可能发生失信行为;而且政府一旦发生失信问题,将会造成广泛的社会负面影响。"①本文以社会信用为参照,从信用主体、内容、评价、影响四个方面总结政府信用的特点,以期全面、深刻地把握政府信用的特殊规定性。

(一)信用关系主体的非对等性和模糊性

在一般的社会信用关系中,契约是信用的主要表现形式,契约建立在平等的基础之上,由此产生的信用关系中,信用双方的地位是平等的。政府信用关系建立在政府履行公共职能的过程中,政府履行公共职能行使的是公权力,其与管理相对人的地位是不对等的。政府信用主体有三种情况:(1)一方主体是政府,另一方主体为非政府组织、企事业单位或社会公众,双方

---

① 前引何显明:《信用政府的逻辑——转型期地方政府信用缺失现象的制度分析》,第49—54页。

的地位明显不对等,政府处于优势地位。(2)政府信用关系还存在与政府机关之间,包括上下级国家机关之间的信用关系和平行机构之间的信用关系。上下级国家机关之间的地位是不对等的,平行国家机关之间的地位虽然是对等的,但也和社会信用中的地位对等不一样。(3)政府作为契约当事人一方与相对人建立信用关系,在这种关系上,双方地位在形式上是平等的,但由于政府拥有强大的公权力,双方地位在实质上是不平等的。

在一般的社会信用关系中,信用关系的主体是明确的。但在政府信用中,信用关系的主体变得模糊不清了。就授信主体来说,政府信用的授信主体主要是人们,这是一个笼统、不确定的集合概念;就信用主体来说,政府信用的信用主体是政府,这是一个包括整个国家机器的概念,同时,政府部门又由政府工作人员组成,由政府工作人员具体践行政府信用。

由于政府信用关系主体存在非对等性的特点,为政府失信埋下了伏笔。当践行政府信用有违政府利益时,政府就会选择不守信,而作为授信方的相对人,往往难以追究政府失信的责任。例如,我国2003年在对"网吧"的专项治理行动中,全国很多城市责令本地所有"网吧"停业整顿,要求对其经营场所的安全情况进行自查,在自查期间不得对外经营;对证照齐全的"网吧"等互联网上网服务营业场所,须经公安机关安全检查合格后方可重新营业。这些规定实际上就是行政处罚中的"责令停产停业",且不说在未发现经营者存在违法行为的情况下,对其予以"责令停产停业"的行政处罚是行政违法行为。单从政府信用的角度来看,这属于典型的政府失信行为。政府颁发营业执照许可经营者开办"网吧",经营者信任政府的许可投资开办了"网吧",政府有义务履行承诺保障经营者经营"网吧"的权利。政府强令经营者停业整顿,必然造成经营者的损失。但是,由于政府较之经营者地位的强势性,经营者因政府失信所遭受的损失,难以向政府追偿。

政府信用关系主体的模糊性也给政府信用的授予与践行带来困难。政府以受人民之托的名义从事活动,人民对政府的授权是通过法律来完成的。但是,当政府超越法律行使权力时,人民很难给予有效的约束。这样就会出现政府信用的"自我加冕"的情况,从而使政府并不关心人民是不是信任它。政府的践约行为要由不同政府部门、不同工作人员共同完成,某些部门、某些人不践行政府信用的行为,并不能及时地被发现和受到制裁,这种模糊性就隐含了政府不践行政府信用的道德风险。例如,公共机构在处理某些事务时的相互"踢皮球",就是如此。

(二)信用内容的刚性和复杂性

在私人信用关系中,授信主体在不信任对方的情况下,可以选择不与之发生信用关系。正是这种选择的自由,构成对信用主体的一种约束,使之恪守承诺。欧洲中世纪的商人信用就是这样建立起来的。唯利是图的商人之所以能够不惜成本践行信用,乃是因为害怕一旦失信,就再也得不到交易相对人的信任,从而失去交易机会,也就失去了未来获益的机会。但在政府信用关系中,由于政府是唯一的、无可替代的,相当于一个垄断组织,并且其提供的公共管理和服务是不可替代的。这样,即使不信任政府,也必须与政府发生关系(如接受政府的管理),也就是说,政府信用具有刚性,在很多情况下,相对人无法选择。由于政府信用的刚性,政府对相对人是否信任它就缺少私人信用那样的深切关注,因为不守信用并不能导致被相对方抛弃的后果。

与政府发生关系并不等于信任政府,相对人仍然可以选择信任或者不信任政府,并根据信任与否做出应对的行为。但是,当政府不可信时,无论是否授予政府信用,相对人都面临巨大的风险。例如,无论纳税人是否信任税务机关会严格执行税法,都负有依法纳税的义务。如果税务机关严格执行税法(政府守信),依法纳税就是最优的选择;如果税务机关不严格执行税法(政府失信),偷漏税就可能是纳税人的占优战略,但偷漏税始终面临被追究法律责任的风险。尽管理性的纳税人可以进行计算:当偷漏税的收益大于偷漏税的成本(偷漏税时被查处的损失乘以被查处的概率)时,就选择偷漏税,反之,选择依法纳税。但即便如此,还是会让偷漏税的纳税人始终背上违法的包袱,失去安全感。而政府,特别是政府官员却反而可以利用这一点赢得更多的权威。例如,江苏的"铁本案",铁本公司违背中央宏观调控政策上钢铁项目,调控政策对之无可奈何,查它的偷税问题,已经上马的项目就不得不停止了。

当然,政府信用的刚性也不是绝对的,诺思指出:"统治者总存在对手:与之竞争的国家或本国内部的潜在统治者。后者相对于一个垄断者的潜在竞争对手。"①除了诺思所说的两类竞争者外,一国境内的不同地区政府也存在竞争,以地方政府担负的促进本地经济发展的职能为例,生产要素的自由流动对地方政府的行为构成约束。但这种约束是促进政府守信的因素,还是妨碍政府守信的因素,还要具体问题具体分析。例如,地方政府为了吸引外来投资,大搞税收优惠,并兑现税收优惠政策,从这个层面上说,是守信的;但是,超越法律规定的税收优惠,是对国家法律信用的极大破坏。

"信任属于与知识相关联的认知范畴。说'我信任你'意味着我知道或者我认为我知道你的有关情况,尤其是你对我的动机。"②但是,政府信用的复杂性,政府信用包括合法性信用、规则信用和承诺信用,涉及的内容很广、很复杂。如规则信用涉及到的法律、法规、规章以及规范性文件数量庞大,内容繁杂。就承诺信用来说,政府在执行公共职能的时候,需要不断做出承诺,承诺的内容也多种多样。由于这种复杂性,加上相对人缺少关于政府官员或政府总体的知识,难以全面了解政府信用的内容,往往难以做出是否应当信任政府的决断,而对于政府是否践行了信用,更是难以做出客观的判断,这就为政府失信的败德行为提供了诱因。另外,政府信用的复杂性也对政府能力提出了挑战,有些规则和承诺,政府没有能力践行。

(三)信用评价的模糊性

信用评价在信用关系中起着承前启后的作用,既是对先前信用关系的总结,又是开启新的信用关系的基础。对私人信用的评价,随着征信体系的建立,日趋科学化和精确化。但在政府信用关系中,由于信用关系主体的模糊性和信用内容的复杂性,使得政府信用评价具有模糊性。人们很难对政府信用给出评价。例如,商人在遭遇对方背信行为后,往往会得出对方不守

---

① 前引[美]道格拉斯·C.诺思,《经济史上的结构和变革》,第27页。
② 前引[美]罗素·哈丁:《我们要信任政府吗?》,第22页。

信的结论,但遭遇了一次不公正的裁判,是不是就丧失对司法公正的信任?这是实践中人们面临的困惑。政府机构有很多,政府机构中又有很多的工作人员,人们可能同时遇到甲政府部门守信、乙政府部门失信,或者同一个政府部门昨天失信、今天守信,或者同一个政府部门的甲工作人员守信、乙工作人员失信,……等等。人们面对充满矛盾、不断变化的政府行为,常常会茫然不知所措,发出"我们能信任政府吗?"的疑问。

由于信用评价的模糊,政府或政府工作人员的守信行为和失信行为都得不到信用评价的激励和约束,其结果是失信行为的泛滥。

(四)信用影响的广泛性

私人信用关系发生在特定的私人关系中,守信或者失信,其影响主要在当事人之间发生,虽然也波及周围环境,但总体来说,属于私人之间的事。政府信用关系却不同,其中的规则信用,涉及非特定多数人,政府失信,将会影响很多人的利益。例如,政府失信不严格执行税法,一方面导致国家税收收入减少,从而影响政府的公共服务能力;另一方面,使守法经营者由于担负税收,在与违法的经营者的竞争中处于劣势地位,出现"劣币驱逐良币"现象。

另外,私人信用在很大程度上依赖政府的法制保障,如当事人能自觉履行合同,那是有合同法的保障。如果政府失信,对违约行为不依法追究违约责任,当事人履行合同的自觉性就会大打折扣。例如我国目前有大量欠款纠纷案件诉至法院,从表面上看,不具有合理性,当事人违约,要承担违约金,败诉要承担诉讼费。但实际上,由于地方保护主义、司法腐败等原因,欠款不一定败诉、败诉也不一定要履行法院判决等,使违约欠款反而成为理性的选择。

不过,也不能过于夸大政府信用在整个信用体系中的地位,把我国社会信用缺失的原因都归咎于政府信用的缺失,认为不搞好政府信用建设就不能搞好私人信用建设的观点是过于偏激的。政府信用和私人信用虽然有密切的联系,但毕竟是两个独立的体系,政府信用不能代替私人信用,政府信用建设也不能代替私人信用建设。如欧洲中世纪的商人信用,正是在缺乏政府信用的条件下建立起来的。

四、政府信用的意义

福山指出:"法律、契约、经济理性只能为后工业化社会提供稳定与繁荣的必要却非充分基础,唯有加上互惠、道德义务、社会责任与信任,才能确保社会的繁荣稳定。"①福山所说的信任包含了本文中信用的含义,也就是,信用是社会繁荣稳定所必备的条件之一。政府信用是信用的核心构成部分,其作用和意义更是重大。王和平指出,政府信用"既包括民众对政府整体形象的认识、情感、态度、情绪、兴趣、期望和信念等,也体现为民众自愿地配合政府行政,减少政府的公共管理成本,以提高公共行政效率"。② 下面从政治和经济两个方面简单阐述政府信用的意义。

(一) 政府信用的政治意义

古今中外,政府信用都被用作解释统治正当性、合法性的依据。如"信"一直是中国儒家主张的"德政"的核心内容。在西方,如前所述,按照社会契约论的观点,公众通过社会契约形成政府,并将一部分权力赋予政府,政府行使权力为社会公众服务。公众与政府之间形成委托—代理关系,公众是委托人,政府是代理人。作为代理人的政府得到作为委托人的公众的信任为公众服务,自然应当诚实守信、恪尽职守,不辜负委托人的信任;而一旦政府不讲信用,不履行对公众的承诺及为公众服务的法定职责,失去公众的信任,也就失去了存在的合法性。恩格斯深刻地指出:"政治统治到处都是以执行某种社会职能为基础的,而且政治统治只有在它执行了这种社会职能时才能维持下去。"③社会主义新中国是人民民主专政的国家,人民政府是人民当家作主的组织形式,政府及其工作人员得到人民的信任,应当"执政为民"。如果政府辜负了人民的信任,也就失去了存在的基础。美国

---

① [美]弗兰西斯·福山:《信任:社会道德与繁荣的创造》,李宛蓉译,远方出版社1998年版,第18页。
② 王和平:《论政府信用建设》,《政治学研究》2003年第1期。
③ 《马克思恩格斯选集》第4卷,人民出版社1995年版,第166页。

社会学家彼德·布劳指出:"一个合法政府的政治权威由它的支持者们所给予的对权力'信用'的某种批准而构成。这意味着,该政府具有使用权力的委任状,它是在社区中暂时随它的意思被批准的,不需要解释每一项单项决定。运用它的权力委任状或信用卡对它的支持者们的福利作贡献的政府,倾向于加强他们对它的合法化赞同,而滥用他的权力批准书的统治者有可能失去使它的统治合法化的政治支持,因此也有可能失去他的政治统治,除非他诉诸维持它的强制。"①

前苏联和东欧的巨变为政府失信导致其统治权的丧失提供了一个很好的注解。前苏联和东欧的社会主义国家的公有制经济在建立之初隐含一个社会契约:即人们把所有的资产(乃至人身自由)都交给政府来管理,政府则承诺给人们带来比私人经营更好的生活水平。但是,由于计划经济先天的不足,政府无力兑现其承诺,人民的生活水平并没有得到很好的改善甚至还下降了。由于政府的失信,人们不再信任政府,采取各种抵触手段。政府为了维护其统治,只好诉诸暴力,斯大林时代对人们的抵制行为(如旷工、怠工)进行严厉的管制,对反对集体农庄者甚至使用了死刑。但最终仍然挽救不了政府的统治,对政府彻底失去信任的人们抛弃了政府。②

(二)政府信用的经济意义

从经济的角度看政府信用,则它是一种利益、资源和权利,是政府的社会资本,政府可以利用它去完成政府的目标,实现政府的职能。"合法政府可以利用政治支持和权力的信用去加强人们对他们的服从——如果有必要的话——这种信用就像一个威慑物一样在起作用并加强它们获得服从的权威,因此产生一种乘数效应,并把政治控制扩大到超出可以被获得的东西之外,尽管它实际上需要依靠潜在的强制权力。"③政府信用可以降低政府执行其职能的成本,提高执行其职能的效率。

---

① 〔美〕彼德·布劳:《社会生活中的交换与权力》,孙非、张黎勤译,华夏出版社1988年版,第246页。

② 参见龙游宇:《信用的博弈演化研究》,西南财经大学出版社2008年版,第113页。

③ 前引〔美〕彼德·布劳:《社会生活中的交换与权力》,第246页。

政府信用不只是对政府具有意义,对相对人也具有重要意义。信任导致合作,合作对双方来说,都是帕累托改进。当政府是值得信任的时候,相对人就可以从信任政府中获得效益。例如,政府承诺一个良好的投资环境,并且践行信用保障良好的投资环境,则投资者可以在该地区投资,并从中获得收益;相反,如果政府不保护投资环境,投资者会撤出,新的投资者不会进来,政府受损,同时投资者也不能从该地区获得投资收益。

第四节 本章小结

转型时期、宏观调控、政府信用是本文的三个关键词,由于人们对这三个次的理解见仁见智,莫衷一是,为了本文立论的需要,不得不首先对这三个关键词进行界定。

转型时期通常被认为指计划经济向市场经济转型的时期,但本文认为,除了这一重大转型外,在中国,与之同时发生的,还有人治向法治的转型、集权经济向分权经济的转型、传统意识形态向现代意识形态的转型,即本文中转型时期所指的转型,包含了四大转型。

学术界对宏观调控的理解异常混乱,归纳起来,有"小"、"中"、"大"、"全"四种不同观点。宏观调控是中国经济体制改革过程出现的一个概念,其初衷是指政府不应干预企业的内部事务,只应从宏观的方面引导企业发展,它与西方宏观经济学中的宏观经济政策不是一回事,两者不能等同。对宏观调控的界定,必须从中国宏观调控的实践出发。基于以上认识,本文认为"大"的观点比较可取,但其将法律手段和行政手段、经济手段并列式欠科学的。宏观调控可界定为:"政府为了促进国民经济协调、稳定和发展,依法调整运用其掌握的某些经济变量(如财政支出、货币供给)和行政权力,来影响市场经济中各种变量的取值,从而影响微观经济行为的政策过程。"

"政府信用"一词由"政府"和"信用"两个词复合而成,即"政府的信用"。政府的含义有广义、中义和狭义之分,本文取广义,即政府是指一切国家机关和法律法规授权行使行政权力的事业单位和组织,包括立法机关、司法机关、行政机关和法律法规授权行使行政权力的事业单位和组织。信用是信用方的财富和资源,对信用的理解,不能从信任方的角度去理解,而需要从信用方自身的角度去分析。也就是说,得到他人的信任对自己是有利的,这种"被信任"才能被称之为信用。政府信用可以定义为:在以立法机关、司法机关、行政机关和法律法规授权行使行政权力的事业单位和组织(统称政府)为一方主体的交互行为中,政府行为具有不确定性,隐含着对另一方造成不利影响的风险,另一方有选择相信与不相信政府不会做出损害自己利益行为的自由,并可以根据相信与不相信做出与政府合作与不合作的选择,而另一方的合作能给政府带来利益,另一方相信并选择合作的,则政府取得了信用。

最后需要指出的是,以上对转型时期、宏观调控和政府信用三个关键词的界定,并非标新立异的自说自话,以至于无法与学术界形成共同话语。相反,本文是根据我国的实际,在已有学术成果的基础上正本清源、适度创新和完善。

第三章 宏观调控原理及
其与政府信用的关系

第一节 宏观调控权

政府实施宏观调控,是运用公共权力对社会资源的配置,这里有一个基本的前提条件:政府必须拥有实施宏观调控的权力,即宏观调控权。政府并不天然地享有宏观调控权,政府的一切权力,包括宏观调控权,均来自人们通过法律的授权。我国转型时期政府采取宏观调控措施时,关注的往往是调控措施是否能达到预期的目的,即宏观调控的绩效,很少甚至没有关注政府本身有没有采取宏观调控措施的权力这一更为根本性的问题。越权、滥权的情况时有发生。宏观调控权是政府实施宏观调控的前提和基础,研究宏观调控原理,首先必须研究宏观调控权。

一、宏观调控权的含义

与对宏观调控的理解千差万别不同,对宏观调控权的定义,学者们的表述虽然略有差别,但基本一致。如有人认为,宏观调控权是有关国家机关基于"市场失灵"对宏观经济适用法律加以干预的权力。[①] 还有人认为,宏观调控权是国家宏观调控机关运用经济、法律和行政的手段对国民经济进行

---

① 邢会强:《宏观调控权运行的法律问题》,北京大学出版社 2004 年版,第 12 页。

调节与控制的权力。[①]

根据前文对宏观调控的界定,本文认为,宏观调控权是政府为了促进国民经济协调、稳定和发展,依法享有的调整国民经济的结构和运行的权力。准确理解这一概念,有三个基本要点:(1)宏观调控权的权力主体是政府。行业协会等非政府组织、大型企业和企业集团虽然也通过一定形式影响宏观经济的结构和运行,但都不享有宏观调控权。(2)行使宏观调控权的目的是为了促进国民经济协调、稳定和发展。由于市场固有的缺陷,国民经济会出现周期性的波动,严重时会发生经济危机,出现经济停滞和萧条,宏观调控正是为了解决这一问题而出现的。因此,宏观调控权的行使只能是为了实现国民经济协调、稳定和发展的目标,才具有正当性。当然,由于政府理性的局限,善良的动机不一定带来美好的结果,为了促进国民经济协调、稳定和发展的宏观调控措施,可能不一定达到国民经济协调、稳定和发展的目标,但这并不影响宏观调控权的存在。(3)宏观调控权是一项法定权力,政府行使宏观调控权必须有法律依据。

二、宏观调控权的性质

宏观调控权,是现代市场经济阶段新出现的国家权力。那么,它是什么性质的权力呢? 孟德斯鸠将国家权力划分为立法权、行政权和司法权,以孟德斯鸠的"三权分立"理论为指导,现代西方国家实行"三权分立"的国家权力结构模式;我国虽然实行"议行合一"的国家权力结构模式,但也可以将国家权力划分为立法权、行政权和司法权。那么,宏观调控权属于什么性质呢?

按照孟德斯鸠的理论,凡是由立法机关行使的公权力,全部属于立法权;凡是行政机关行使的公权力,全部属于行政权;凡是由司法机关行使的公权力,全部属于司法权。宏观调控权的性质由其行使主体的性质决定,由于立法机关、行政机关和司法机关均可以行使宏观调控权,宏观调控权也就

---

① 杨三正:《宏观调控权论》,厦门大学出版社 2007 年版,第 34 页。

分别具有立法权、行政权和司法权的性质。

有人认为,国家调节权①是区别于立法权、行政权和司法权的第四种权力形态。② 对此,笔者是不能赞同的。虽然宏观调控权是现代市场经济的产物,但宏观调控权的行使主体仍然是政府,孟德斯鸠的"三权分立"理论是将公共权力部门分为立法机关、行政机关、司法机关三大类,分别行使立法权、行政权和司法权三种权力。在孟德斯鸠的理论体系里,无论立法机关、行政机关或司法机关的权力发生怎样的变化,它们都仍然还是立法权、行政权和司法权,绝对不可能存在第四种权力,除非出现了与立法机关、行政机关、司法机关并列的"第四部门"。因此,在孟德斯鸠的理论体系中谈"第四种权力形态",无异于缘木求鱼。

当然,"立法权、行政权、司法权也许并未穷尽一个国家所有的公权力形式,也未必是所有国家都必须遵循的理想的公权力结构模式"。③ 自 19 世纪末以来,发达国家的政府机构出现了一些新的变化,如美国出现了一种被称为"独立管理机构"(Independent Regulatory Angencics)的机构,这种机构集部分立法权、部分司法权、部分行政权三权于一身,被称为拥有"第四种权力"(合称"管理权")。④ 美国有 50 多个独立管理机构,如 1887 年成立的州际商业委员会、1914 年成立的联邦贸易委员会、1934 年成立的证券交易委员会、1972 年成立的消费者产品安全委员会等。"这些新型的国家机关具有较强的独立性,且具有与传统的立法、行政、司法机关不同的法律属性,难以划入传统的国家机关之列。"⑤并且,其行使的权力已经不是传统意义上的行政权,而是复合了立法权、行政权和司法权的一种复合性权力,因此

---

① 国家调节权是国家调节经济的权力。根据漆多俊教授的阐述,国家调节有三种基本方式:市场规制、国家投资经营和宏观调控三种基本方式,国家调节权相应地包括市场规制权、国家投资经营权和宏观调控权。因此,国家调节权包括但不限于宏观调控权。
② 陈云良:《国家调节权:第四种权力形态》,《现代法学》2007 年第 6 期。
③ 胡建淼:《公权力研究》,浙江大学出版社 2005 年版,第 1 页。
④ 龚祥瑞:《比较宪法与行政法》,法律出版社 1985 年版,第 488 页。
⑤ 赖朝晖:《论经济法与行政法划分悖论的破解——以"第四部门"和社会中间层为突破口》,《广西政法管理干部学院学报》2003 年第 3 期。

有人将之称为"无头的第四部门"①。相应地,将"第四部门"行使的这种集合了部分立法权、部分行政权和部分司法权的复合性权力称之为"第四种权力"也是可以的。

但需要指出的是,尽管现实生活中出现了"第四部门"和"第四种权力",并不等于说宏观调控权就是"第四种权力"。(1)"第四种权力"含有但不限于宏观调控权。被称为"第四部门"的独立管理机构并不都是宏观调控机构,担负的并不都是宏观调控职能,行使的并不都是宏观调控权。从独立管理机构的机构类别来看,范围广泛,有些明显不属于宏观调控机构。如美国的医疗、卫生、劳动保障管理的机构都被列入独立的管理机构系列。医疗、卫生、劳动保障管理不属于宏观调控是显而易见的,医疗、卫生、劳动保障管理机构当然也不属于宏观调控机构,行使的权力也不能被称为宏观调控权。从独立管理机构担负的职权来看,独立管理机构"大体上都具有以下三种管理权:一是核发许可证。……二是规定运费和价格。……三是核准大公司企业组织的内部规章。……"②这三个方面的职权,可能涉及到宏观调控权,但显然不全是,或者说主要不是宏观调控权。(2)宏观调控权含有但不限于"第四种权力"。既然"第四种权力"是"第四部门"行使的集合了部分立法权、部分行政权和部分司法权的复合性权力,那么不是由"第四部门"行使的权力就不能叫"第四种权力",宏观调控权虽然可以由"第四部门"行使,但并不由其专享,立法机关、行政机关和司法机关也行使宏观调控权。由立法机关、行政机关和司法机关行使的国家调节权,显然不能称为"第四种权力"。归纳起来,宏观调控权与"第四种权力"是交叉关系。我们可以说宏观调控权中包含有"第四种权力",或者说"第四种权力"中包含有宏观调控权;但不能说宏观调控权是"第四种权力",或者宏观调控权属于"第四种权力"。

从部门法的角度看宏观调控权的性质,经济法学者与行政法学者有着

---

① 王名扬:《美国行政法》,中国法制出版社1995年版,第178页。
② 前引龚祥瑞:《比较宪法与行政法》,第489页。

不同的看法。行政法学者一般认为,宏观调控权是行政权的一部分,是行政权膨胀的结果。而经济法学者则认为,宏观调控权与传统行政权存在诸多区别,是经济法的一个特有的范畴。如果认为宏观调控权是传统行政权的发展,"则可能会与传统行政法的理论存在不相一致的地方,从而可能损害行政法即存理论内在逻辑的严密性。"①

以上争论是"中国特色"的部门法之争在宏观调控权的性质上的延续,在笔者看来,双方争议的命题就是一个伪命题。宏观调控权除了有行政权性质的外,还有立法权性质的和司法权性质,在出现了"第四部门"的国家,还有"第四种权力"性质的,这与部门法无关;行政权并不是部门法上的概念,并不专属于行政法,除了行政法涉及行政权以外,宪法、经济法、劳动法、环境法、商法等也都涉及行政权。因此,断言"如果认为宏观调控权是传统行政权的发展,'则可能会与传统行政法的理论存在不相一致的地方,从而可能损害行政法即存理论内在逻辑的严密性。'"是武断的、欠科学的,带有明显的部门法偏见。

当然,以上是在孟德斯鸠的三权分立理论下对宏观调控权性质的认识,如果按照别的分类标准,宏观调控权或许是一种独立的国家权力,对宏观调控权的性质也可以做不同的表述。如有学者从决策权和执行权的分类进行研究,得出宏观调控权是决策权,不包括执行权的结论。② 虽然笔者不赞同宏观调控权仅限于决策权、不包括执行权的观点,但对其另辟蹊径的研究方法还是大加赞赏的。

三、宏观调控权的配置

(一)宏观调控权属于政府

如前所述,宏观调控是政府的职能,宏观调控权只能由政府行使。虽然在权力社会化的大背景下,诸如行业协会等非政府组织及大型企业集团等

---

① 张守文:《宏观调控权的法律解析》,《北京大学学报》(哲社版)2001 年第 3 期。
② 参见前引邢会强:《宏观调控权运行的法律问题》,第 16 页。

私人部门的内部政策、规划或战略安排等,也会对国民经济的结构和运行产生影响,并且这种影响越来越明显。在很多情况下,它们的行为甚至可以挫败政府的宏观调控。但并不能因此说非政府组织和企业也享有宏观调控权。因为它们对国民经济的影响只是一种客观影响,是它们对市场调节和政府宏观调控措施的适应或者回应,就其目的来说,非政府组织是为了实现其自身的宗旨,如行业协会是为了维护行业整体利益,环保组织是为了保护环境;企业是为了实现自身利益的最大化,它们不是为了促进国民经济的协调、稳定和发展;它们没有宏观调控的职责,也不应享有宏观调控的权力。因此,宏观调控权专属政府,宏观调控权的配置,是政府内部关于宏观调控权的划分,包括横向配置和纵向配置两个方面。

(二)宏观调控权的纵向配置

1.关于宏观调控权纵向配置的争论

宏观调控权的纵向配置是指宏观调控权在中央政府和地方政府之间的划分。关于宏观调控权是专属中央政府,还是中央政府与地方政府分享,是有争议的,存在两种不同的观点。一种观点认为,宏观调控权应当集中由中央政府行使[1],如:有学者认为:"根据目前的认识,人们一般认为,尽管在现实中'宏观调控'一词被泛化和滥用,但是它在经济学和法学上是有较为明晰的边界的,即宏观调控是国家站在全社会的总体立场上对宏观的经济运行所实施的调节和控制;宏观调控的主体应当是国家,应当是国家的最高政权机构,而不是基层的政权机构,否则就不能说是'宏观'调控;因此,对于宏观调控权的配置应当有一个合理的界定:实施宏观调控的主体,不能是地方政权,而只能是国家的最高政权"。[2] 另一种观点认为,中央政府和地方政府共享宏观调控权。[3] "地方政府也作为宏观调控主体而同中央政府一起发挥宏观调控主体的作用,只不过是它们在宏观调控中的地位与作用有

---

① 参见程抱年主编:《现代化建设的指路明灯——学习江泽民〈正确处理社会主义现代化建设中的若干重大关系〉》,中南工业大学出版社1996年版,第218页。

② 前引张守文:《宏观调控权的法律解析》。

③ 参见宋养琰主编:《社会主义市场经济学》,北京出版社1994年版,第289页。

所不同而已。因此,就宏观调控主体来看,我们要建立的应该是双层次宏观控制体制,即中央政府与地方政府协同作用的宏观控制体制。"①还有学者采取折中的观点,认为:"地方政府必须拥有对其管辖范围内可能关涉国民经济的事务的管理、调控权;鉴于宏观调控的间接性、层次性和相对性,地方的这种调控权就是一种宏观调控权,但为了与中央'宏观调控权'相区别,也不妨称为'中观'或地方的调控权……地方这种调控也具有相对独立性。"②这种折中观点实际上属于后一种观点,即承认地方政府享有宏观调控权。

支持第一种观点的主要理由有:(1)政策依据。《中共中央关于建立社会主义市场经济体制若干问题的决定》指出:"宏观经济调控权,包括货币的发行、基准利率的确定、汇率的调节和重要税种税率的调整等,必须集中在中央"。(2)中央领导人的权威支持。江泽民同志在论述中央和地方的关系时强调:"必须加强中央的统一领导,维护中央的权威。宏观调控权必须集中在中央,……"③(3)理论依据。"宏观调控是经济总量的调控,它是国民经济管理的一个环节,但不同于国民经济管理。而作为经济总量调控,只有中央政府有这一职能,地方政府则无此职能和能力。"④"市场经济本质上是一种分散决策的经济,不仅各微观经济单位拥有充分的自主权,而且各级地方政府拥有管理本地区社会经济事务的广泛权力,并有本地区特殊经济利益,它们的行为和活动都会影响宏观经济运行,却都不可能对宏观经济运行状况负责,它们不可能在追求各自利益的同时,通过自觉调整各自行为达成一致行动来维持宏观经济的健康运行,实现国家全局利益和长远利益最大化。分散的宏观调控权与地方利益结为一体,将形成具有很大独立性的政治和经济实体,妨碍国家政治经济统一和稳定,阻碍全国统一市场的形成,难以保持经济总量平衡;宏观调控权分散化,使政府在紧急事态面前因

---

① 魏杰:《市场化的宏观调控体制》,陕西人民出版社 1992 年版,第 78 页。
② 史际春、肖竹:《论分权、法治的宏观调控》,《中国法学》2006 年第 4 期。
③ 《江泽民文选》第 1 卷,人民出版社 2006 年版,第 472 页。
④ 李树义等编:《社会主义市场经济教程》,山东大学出版社 1994 年版,第 108—109 页。

缺乏强有力的宏观调控手段而束手无策,从而也不利于地方经济健康发展。因此,宏观调控权只能集中,不宜分散,而且主要由中央政府掌握,特别是货币的发行、基准利率的确定、汇率的调节和重要税种税率的调整等权力,必须集中在中央政府。宏观调控权集中于中央政府,宏观决策更多地着眼于全局利益和全民福利,较少受地区局部利益左右;集中掌握宏观调控手段能够有效地处理国内重大经济问题和抵御国际经济波动的冲击,消除地区间利益冲突。所以宏观调控权集中于中央政府是保证全国经济健康发展的客观需要。宏观调控权分散所形成的两级调控甚至多级调控是不符合宏观调控权的性质和现代市场经济内在要求的,如果没有其他强有力的政治措施作补充,就可能导致严重后果。"①

支持第二种观点的主要理由有:"鉴于中国经济发展的不平衡,东西南北中差异很大,要建立中央和省、直辖市分层的调控结构。这就是说,在明确宏观管理目标的前提下,划分中央与地方的权利范围,明确各自的责任,承认中央与地方、地方与地方的利益差异。"②

2.地方政府享有宏观调控权

从表面上看,以上两种观点针锋相对、截然不同,但仔细研读就会发现,两者的主张是基本一致的:第一,两者都重视中央的权威,认为涉及到总量、全局的事项,只能由中央政府宏观调控。第二,地方政府享有对本地区经济发展一定的调控权。关于中央与地方的关系,毛泽东早在1956年发表的《论十大关系》一文中就曾指出:"应当在巩固中央统一领导的前提下给地方更多的独立权,让地方办更多的事情"③。这成为处理中央与地方关系的准则。《中共中央关于建立社会主义市场经济体制若干问题的决定》在肯定了中央的宏观调控权的同时强调:"我国国家大,人口多,必须赋予省、自治区和直辖市必要的权力,使其能够按照国家法律、法规和宏观政策,制订地区性的法规、政策和规划;通过地方税收和预算,调节本地区的经济活动;

---

① 张小斐、李宝元主编:《宏观经济分析》,中国经济出版社1994年版,第435—436页。
② 前引宋养琰主编:《社会主义市场经济学》,第288—289页。
③ 《毛泽东著作选读》下册,人民出版社1986年版,第731页。

充分运用地方资源,促进本地区的经济和社会发展。"江泽民同志在论述中央和地方的关系时除了强调中央的宏观调控权外,还指出:"中央在制定政策时要充分考虑地方合理的利益和要求,地方要自觉服从和顾全大局,正确运用国家赋予的必要权力,调节好本地区的经济活动。"[1]显而易见,两种观点的区别在于对宏观调控的界定不同,第一种观点将宏观调控局限于对总量和全局的调控;第二种观点将地方政府对本地经济的调节也纳入到宏观调控的范围之内。

　　笔者认为,既然各级地方政府负有管理本地区社会经济事务的义务,拥有管理本地区社会经济事务的广泛权力,那么地方政府就不可能不利用其拥有的权力来促进本地经济的发展。地方政府利用其拥有的权力促进本地经济的发展的行为,可能是直接干预,也可能是调整运用其掌握的某些经济变量和行政权力来影响市场经济中各种变量的取值,从而影响微观经济行为的行为,按照前文对宏观调控的界定,这后一种行为属于宏观调控行为。因此,地方政府也行使宏观调控权。有学者注意到了地方政府也行使宏观调控权的事实,但认为相较于中央政府的宏观调控权,地方政府的宏观调控权可称之为区域经济调控权[2]或中观调控权。如邢会强认为:"地方税收调节权、地方财政投资和支出的决策权,以及地方产业政策的决策权实际上是一种'中观调控'"。[3]确实,中央政府的宏观调控与地方政府的宏观调控是有差异的,用不同的名词来分别表达也并无不可,甚至更为精确。但是,必须指出的是:(1)如前所述,宏观调控是中国改革中产生的一个中国特色的概念,与西方经济学的宏观经济政策的含义是不同的,不能简单地将西方经济学的宏观经济政策理论作为理论依据来论证宏观调控权的配置;(2)地方政府参与中央宏观调控政策和措施的执行和监督;(3)从宏观调控的含义来看,所谓的"中观调控",其性质属于宏观调控,即属于使用间接手段对

---

①　前引《江泽民文选》第 1 卷,第 472 页。

②　参见董玉明:《论宏观调控法对区域经济发展的科学调整》,《山西大学学报》(哲学社会科学版)2005 年第 3 期。

③　前引邢会强:《宏观调控权运行的法律问题》,第 24、25 页。

经济的引导、促进。"中观调控"这一概念属于宏观调控的属概念,用以指称与中央宏观调控相区别的地方宏观调控。(4)中央政府和地方政府调控经济的目的、手段虽然有较大差异,但其性质、遵循的原则、权力行使规则、作用机制等是相同的或者相似的。基于以上理由,本文对中央政府对经济的调控和地方政府对经济的调控,统称为称为宏观调控,不做中央宏观调控和中观调控的进一步区分,这并不是要否认两者的差异,主要是本文的研究对象既包括中央的宏观调控,也包括地方宏观调控;本文的研究成果既适用于中央的宏观调控,也适用于地方宏观调控。

　　3.地方政府之间的宏观调控权划分

　　在肯定了地方政府的宏观调控权之后,又一个问题是:地方政府有不同层级,是不是每级地方政府行使宏观调控权呢?这需要根据政府的法定职权来确定。《中华人民共和国地方各级人民代表大会和地方各级人民政府组织法》①第7条规定:"省、自治区、直辖市的人民代表大会根据本行政区域的具体情况和实际需要,在不同宪法、法律、行政法规相抵触的前提下,可以制定和颁布地方性法规,报全国人民代表大会常务委员会和国务院备案。省、自治区的人民政府所在地的市和经国务院批准的较大的市的人民代表大会根据本市的具体情况和实际需要,在不同宪法、法律、行政法规和本省、自治区的地方性法规相抵触的前提下,可以制定地方性法规,报省、自治区的人民代表大会常务委员会批准后施行,并由省、自治区的人民代表大会常务委员会报全国人民代表大会常务委员会和国务院备案。"第8条规定:"县级以上的地方各级人民代表大会行使下列职权:(一)在本行政区域内,保证宪法、法律、行政法规和上级人民代表大会及其常务委员会决议的遵守和执行,保证国家计划和国家预算的执行;(二)审查和批准本行政区域内的国民经济和社会发展计划、预算以及它们执行情况的报告;(三)讨论、决定本行政区域内的政治、经济、教育、科学、文化、卫生、环境和资源保护、民

---

　　①　为行文简洁,以下引用的法律文件中的"中华人民共和国"字样均省略,如《预算法》即指《中华人民共和国预算法》。

政、民族等工作的重大事项；……"第9条规定："乡、民族乡、镇的人民代表大会行使下列职权：(一)在本行政区域内，保证宪法、法律、行政法规和上级人民代表大会及其常务委员会决议的遵守和执行；(二)在职权范围内通过和发布决议；(三)根据国家计划，决定本行政区域内的经济、文化事业和公共事业的建设计划；(四)审查和批准本行政区域内的财政预算和预算执行情况的报告；……"第59条规定："县级以上的地方各级人民政府行使下列职权：(一)执行本级人民代表大会及其常务委员会的决议，以及上级国家行政机关的决定和命令，规定行政措施，发布决定和命令；(二)领导所属各工作部门和下级人民政府的工作；(三)改变或者撤销所属各工作部门的不适当的命令、指示和下级人民政府的不适当的决定、命令；……"第60条规定："省、自治区、直辖市的人民政府可以根据法律、行政法规和本省、自治区、直辖市的地方性法规，制定规章，报国务院和本级人民代表大会常务委员会备案。省、自治区的人民政府所在地的市和经国务院批准的较大的市的人民政府，可以根据法律、行政法规和本省、自治区的地方性法规，制定规章，报国务院和省、自治区的人民代表大会常务委员会、人民政府以及本级人民代表大会常务委员会备案。……"第61条规定："乡、民族乡、镇的人民政府行使下列职权：(一)执行本级人民代表大会的决议和上级国家行政机关的决定和命令，发布决定和命令；(二)执行本行政区域内的经济和社会发展计划、预算，管理本行政区域内的经济、教育、科学、文化、卫生、体育事业和财政、民政、公安、司法行政、计划生育等行政工作；……"

根据上述规定，省级地方政府(含享有地方法规和地方规章制定权的市级地方政府，下同)享有地方法规和地方规章制定权，各级政府均享有一定的执行权、本地区经济事务的管理权和决定、命令的发布权。这些权力都可以用来间接影响市场微观经济行为，故包括宏观调控权。但是，市(不包括享有地方法规和地方规章制定权的市)、县、乡级政府没有法规和规章制定权，所能采取的影响经济的措施只能是执行法律、法规、规章和上级的指示、命令，这种权力还属于宏观调控权吗？这里我们有必要把宏观调控行为分为宏观调控决策行为、宏观调控执行行为和宏观调控监督行为；相应地，宏观调控权分为宏观调控决策权、宏观调控执行权和宏观调控监督权①。就省级地方政府来说，其宏观调控行为既包括宏观调控决策行为，也包括宏观调控执行行为和宏观调控监督行为；行使的宏观调控权既包括宏观调控决策权，也包括宏观调控执行权和宏观调控监督权。其他地方政府只能实施宏观调控执行行为和宏观调控监督行为，仅享有宏观调控执行权和宏观调控监督权。但不论行使的是宏观调控决策权、宏观调控执行权还是宏观调控监督权，都属于宏观调控权，其行为主体均属于宏观调控主体。有人认为，"地区也应享有一定的经济调节权，这种经济调节权不是宏观调控决策权，从某种程度上说，应当是宏观调控执行权。"②这种不对地方政府的宏观调控权进行深入分析，笼统地一概称之为宏观调控执行权的观点，笔者是不能赞同的。

4. 中央政府和地方政府之间的宏观调控权划分及两者之间的关系

在中央政府和地方政府共同行使宏观调控权的情况下，就涉及到中央和地方的分权问题。有关这个问题，在理论上并不存在争议。宋养琰主编的《社会主义市场经济学》对中央政府与地方政府调控权的分权原则和各自的权力范围做了正确的阐述："在确立分层调控结构时，应坚持以下原则：第一，中央和地方调控权的划分以不影响全国统一市场的形成和发展为前提。目前我国的统一市场还没有真正形成，地区分割和封锁的事还时有发生；全国统一的市场经济形不成，就不可能有平等的竞争环境，也难以实现通过市场发展先进的技术和生产力。第二，由于中央和地方的权利范围不同，凡属于宏观经济总量的指标调控权应集中在中央，包括财政收支总量、信贷收支总量、外汇收支总量、货币发行流通总量等。"③"中央调控的内容应包括：制定全国经济发展的战略目标和中长期计划，并以此作为调控依据，各地区安排各自的经济发展计划；根据综合国力和财力，确定不同时期

---

① 有关宏观调控权由决策权、执行权、监督权三项权能组成的详细阐述，见第五章中关于宏观调控权的控制的论述。
② 王全兴主编：《经济法前沿问题研究》，中国检察出版社 2004 年版，第 240 页。
③ 前引宋养琰主编：《社会主义市场经济学》，第 289 页。

的总投资规模、消费基金增长速度、信贷总规模和货币发行总量,制定保证总量平衡的财政政策、货币政策、产业政策;通过各项立法和必要的少量行政干预,促进统一、开放、竞争和有序的大市场的形成。地方调控的主要内容有:依据全国统一的法律,制定地方法规;确立地区经济发展战略,确定地区产业优势;落实中央的产业政策,并制定实施的补充政策和细则;完善地方调控的监督服务机构等。"①但是,这种权力划分必须法律化,不能停留在政策层面。有学者深刻地指出:"中央与地方权力的纵向配置与划分,要进一步明晰化和合理化。中央与地方之间的权力配置和划分,必须通过成文宪法作出明文规定,可是目前我国宪法只规定了中央政府与地方政府的政权组织形式,而没有更明确规定中央政府与地方政府的职权划分,这是我国宪法的一大缺陷。这一缺陷使得中央向地方放权时缺乏法律依据,放权与收权往往仅凭中央下发一纸文件。因此,有必要通过修改宪法来明确划分中央与地方之间的职责权限,明确哪些权力归中央所专有,哪些权力归地方所专有,哪些权力归中央与地方所共有,以及中央与地方、上级与下级权力出现矛盾冲突时的裁判解纷机制。"②

从宏观调控权在中央政府和地方政府之间的划分可以看出,在中央政府和地方政府分层调控的结构中,处于主导地位的是中央政府。从中央政府的立场出发,地方政府的调控应当与中央政府的调控保持一致,不能在同一问题上中央政府采取紧缩政策,而地方政府却采取扩张政策,以相反的方法和手段来弱化中央政府的调控力度,保护地方的不正当利益。

但是,地方政府并不是从中央政府的立场而是从地方政府自身的立场出发的,地方政府的立场是由地方政府的利益决定的。当地方政府与中央政府的调控保持一致不符合地方政府利益时,就可能采取相反的调控政策。这样,在分权状况下,地方政府采取相反政策对抗中央政府宏观调控的事例比比皆是。在分权没有法律保障的情况下,中央政府将宏观调控权视为自

---

① 前引宋养琰主编:《社会主义市场经济学》,第289页。
② 孟祥峰:《法律控权论——权力运行的法律控制》,中国方正出版社2008年版,第107页。

己的权力,可以通过授予和收回任意扩大或缩小地方政府的宏观调控权。这样,在我国的宏观调控实践中,中央政府多次扩大和缩小地方政府的宏观调控权,出现过几次"放"与"收"的循环。不授予地方政府宏观调控权,由于中国地区经济发展差异大,中央政府"一刀切"的宏观调控不仅抑制了地方政府的积极性和创造性,而且不符合中国经济发展的实际需要;而授予地方政府宏观调控权,地方政府又会利用宏观调控权与中央政府博弈,对抗中央的宏观调控政策。这就产生了"一放就乱,一乱就收,一收就死"的问题。邓小平同志在谈到中央和地方关系时指出中央要有权威,但中央的宏观管理只在大的方面:"中央要有权威。改革要成功,就必须有领导有秩序地进行。没有这一条,就是乱哄哄,各行其是,怎么行呢? 不能搞'你有政策我有对策',不能搞违背中央政策的'对策',这话讲了几年了。党中央、国务院没有权威,局势就控制不住。"[1]"我们讲中央权威,宏观控制,深化综合改革,都是在这样的新的条件下提出来的。过去我们是穷管,现在不同了,是走向小康社会的宏观管理。……现在中央说话,中央行使权力,是在大的问题上,在方向问题上。"[2]但是,如何既保证中央政府对经济全局的掌控,又充分发挥地方的积极性,并且地方的积极性不对中央政府的调控造成弱化,仍然是一个需要深入研究的问题。

(三)宏观调控权的横向配置

广义的政府包括立法机关、行政机关和司法机关,立法机关是人民代表大会及其常务委员会;行政机关包括狭义的政府、政府组成部分以及其他法律授权行使行政权力的组织[3];司法机关包括审判机关和检察机关。宏观调控权的横向配置就是指宏观调控权在以上国家机关之间的分配。

---

① 前引《邓小平文选》第 3 卷,第 277 页。
② 前引《邓小平文选》第 3 卷,第 278 页。
③ 法律授权行使行政权力的单位或组织不包括行政机关,因此,它们均属于非行政机关,如中国银行业监督管理委员会就属于国务院直属的事业单位。但是,它们在法律授权范围内行使行政权力,与国家行政机关并无二致,为行文方便,本文将之纳入行政机关的范畴。

1. 立法机关享有宏观调控权

立法机关享有并行使立法权①,立法权可用于宏观调控,当立法权用于宏观调控时,立法机关也就享有了宏观调控权。(1)法律法规制定权。立法机关可以通过制定法律来引导、促进国民经济的发展,调整收入分配,调整经济结构等。这在我国的诸多法律中有体现。如:《中小企业促进法》在促进中小企业的发展方面起积极作用,再如《政府采购法》第9条规定:"政府采购应当有助于实现国家的经济和社会发展政策目标,包括保护环境,扶持不发达地区和少数民族地区,促进中小企业发展等。"使政府采购发挥宏观调控功能。最为典型的,美国为了应对金融危机,由国会通过了《2008年紧急经济稳定法案》。(2)批准权。立法机关行使的预算批准权、国民经济和社会发展规划批准权,是行使宏观调控权的重要表现形式。(3)监督权。立法机关行使的法律执行情况的监督权、预算执行情况的监督权等,也包含有宏观调控权。

2. 行政机关的宏观调控权

行政机关是最主要的宏观调控主体,一方面,作为立法机关的执行机构,负责法律的执行,执行具有宏观调控性质的法律,本身就是在实施宏观调控;另一方面,行政机关享有法规、规章和规范性文件的制定权,行政机关可以通过制定法规、规章和规范性文件来进行宏观调控。但是,必须强调两点:(1)行政机关制定的法规、规章和规范性文件不得与宪法和法律相抵触,也就是说,行政机关不得超越职权进行宏观调控。(2)行政机关作为执法机关,应当严格按照法律规定执行法律,不能为了配合宏观调控政策而怠于执法,或者改变执法的尺度。例如,不能为了经济发展而弃环保法于不顾,不执行或不严格执行环保法。

3. 司法机关的宏观调控权

司法机关担负着法律监督、打击犯罪和处理纠纷的职能。这些职能的

---

① 立法权不是仅指制定法律、法规的权力,而是包括由立法机关行使的一切权力,如由立法机关行使的预算批准权、任免权、监督权等,均属于立法权。

行使对于国民经济的稳定和发展是不可或缺的。但不能因此就简单说司法机关也有宏观调控权,也进行宏观调控。从宏观调控权的决策权、执行权和监督权的三项权能来看。司法机关行使一定的宏观调控监督权是最没有争议的;至于决策权和执行权,尚需进一步探讨。有学者将宏观调控权限定为宏观调控决策权,并认为:"司法机关没有宏观调控权。因为宏观调控是相关机关审时度势对宏观经济加以干预的权力,是一种无须相对人申请就于事前、事中、事后主动地提供公共物品,主动地保护国民,主动地维护公共利益。此与具有被动性的司法权大异其趣。"[1]也有学者认为司法机关有宏观调控权,如有学者论证了最高人民法院在宏观调控中的角色定位。[2]

笔者认为,宏观调控并不以调控主体的主动行为为构成要件,不能以司法权行使的被动性来否认司法机关享有宏观调控权,而应当从司法权的职能及其运行的实际效果看其是否能起到对国民经济的结构和运行产生影响,从而判断其是否享有宏观调控权。下面从法院职能的演变角度分析一下法院是否享有宏观调控权。

法院是天生的裁判者,它是在纠纷的处理中逐渐独立出来的专门从事纠纷处理的机构。奴隶制社会、封建社会没有独立的司法,有实行纠纷处理机关与行政机关合一,司法职能与行政职能合一的;也有设立独立法院,司法职能和行政职能分离的,但这种情况仅仅是机构之间有分工,并不是现代意义的司法独立。[3] "就在近代之初,统治和司法也还如同公法和私法一样,区别甚微。那时的法庭只不过是君主统治的部分,甚至常常是这种统治的最重要标志。它的职责要么由君主自己行使,要么出邦国法庭和司法委员会代行其职。它们既是现代意义的司法机构,又是行政机构的前身。"[4]但由于司法追求公正的天然属性,不可否认,司法机构的独立以及为保障这

---

[1] 前引邢会强:《宏观调控权运行的法律问题》,第 26 页。

[2] 参见鲁篱:《论最高法院在宏观调控中的角色定位》,《现代法学》2006 年第 6 期。

[3] 中国封建社会时期的基本模式是,地方司法和行政合一,而在中央,却有专施司法职能的机关。

[4] [德]弗里德赫尔穆·胡芬:《行政诉讼法》第 5 版,莫光华译,法律出版社 2003 年版,第 21 页。

种独立,已经有了一定的制度安排①。此时,司法和行政共同担负国家的政治职能,是典型的国家暴力工具,解决纠纷的职能服务于国家的政治职能。

资本主义革命后,新兴的资本主义国家普遍推行孟德斯鸠的三权分立理论,司法取得了独立于行政的地位②,法院的职能是解决纠纷,并通过解决相对人与行政机关的纠纷监督行政机关。法院虽然仍然还起着作为国家暴力工具的作用,如审理刑事案件、制裁犯罪,但这种作用已明显削弱,更多地扮演不偏不倚的居中裁判者的角色,即便是刑事案件,也强调了对被告人权利的保障,强调给被告人以公正的待遇。

19 世纪末,随着政府大量的干预经济,新类型的纠纷不断产生。法院在执行纠纷解决职能和司法监督职能的时候,遇到了新的情况:其一,适应政府干预经济的需要,行政权力空前膨胀,议会在授予行政机关权力的时候,采取了更笼统、更抽象的形式,行政机关有了更大的自由裁量权;在某些时候、某些方面,议会干脆采取委任立法的方式,直接将立法权授予行政机关,这样,在行政机关的自由裁量权范围,按照三权分立的原则,法院鞭长莫及;其二,一些纠纷的处理,往往涉及到公共政策或者对公共政策的评判,而这在传统上被认为不属于司法的范围。面对这种状况,法院一方面固守消极、克制的传统,以纠纷不属于法律问题、不适于审判为由,将某些纠纷排除在自己的管辖范围之外;另一方面又自觉不自觉的在处理纠纷的时候形成公共政策。"一方面,带有高度的政治色彩,并意图将一定政策目的反映到一般规范中或目的在于直接形成这种规范的纠纷,以'法律上纠纷'的外观出现在诉讼、审判中。例如,当日美安全保障条约将来是否应当废除在国民之间成为争议的焦点,并作为政治上重大的论题时,与此紧密相关的诉讼案件(如关于美军基地是否违宪的砂川诉讼等)就把围绕该问题的激烈对立直接带进了审判,要求法官对这样具有高度政治性敏感的问题做出权威的

---

① 参见宋冰编译:《程序、正义与现代法——外国法学家在华演讲录》,中国政法大学出版社1998 年版,第 31 页。

② 由于历史的原因,法国、德国的行政法院是隶属于行政系统的。但这仅仅是隶属关系而已,事实上,它们是独立于其他行政机关的,和普通法院并没有质的区别。

判断。另一方面,与上面对法官做出政治性决定的要求相对应,特定当事者之间进行诉讼的结果,判决超越了解决这一具体纠纷的层次,对政治的一般状况也产生重要影响。"①也就是说,法院有了制定公共政策的职能。并且,这项职能发挥越来越重要的作用。

按照马克思主义的理论,经济基础决定上层建筑。法院的职能根源于社会经济生活,随着社会经济条件的改变而改变。人类进入社会化市场经济时期后,大量新型纠纷不断涌现,有些纠纷的解决,超出了解决当事人之间权利义务之争的范围,影响到社会公共政策,包括经济政策,法院在解决这些新型纠纷时也拓展了自己的职能,形成了制定公共政策(当然也包括经济政策)的职能。既然法院可以通过审判制定包括经济政策在内的公共政策,当然也就具有了宏观调控的职能,审判权中也就包含了宏观调控权。

与行政机关的宏观调控一样,需要特别强调的是,司法机关行使宏观调控权必须依法进行,不能滥用司法权力来干预经济或者配合行政机关的宏观调控行为。司法实践中,通过不受理依法应当受理的案件、不适用依法应当适用的法律、不执行(或暂缓执行)依法应当执行的判决来配合行政机关的宏观调控行为的事例很多,这不属于宏观调控,而是怠于行使职权或者滥用职权的失职行为和违法行为,属于严重的司法失信。

第二节　宏观调控原理

一、宏观调控关系的主体
(一)宏观调控关系的主体概述

宏观调控关系的主体包括实施宏观调控的主体——调控主体和受宏观调控影响和作用的主体——调控受体两类。我们是在政府——市场二元结

---

① 〔日〕棚濑孝雄:《纠纷的解决与审判制度》,王亚新译,中国政法大学出版社1994年版,第159页。

构中探讨宏观调控的,其基本理念是"政府调节市场,市场引导企业"。因此,宏观调控的主体主要是政府和企业,其中,政府是调控主体,企业是调控受体。另外,政府的调控政策也会对消费者的消费行为产生影响,消费者也是调控受体。拉动经济增长的"三驾马车"包括投资、消费和出口。然而,中国经济的增长主要靠投资和出口,消费需求严重不足。这不仅导致经济结构的失衡,更严重的是,人们的福利增长赶不上经济增长的速度。也就是说,经济增长没有给人们带来更多的福祉。这与社会主义生产"以满足广大人民日益增长的物质文化需要"的宗旨相背离。因此,宏观调控必须注重调动消费者的消费需求,消费者应作为重要的调控受体予以关注。受到政府宏观调控影响的企业和消费者通过市场的供应和需求变化,形成相互影响。由此,我们可以描绘出宏观调控中政府、企业和消费者的关系图(图3-1):

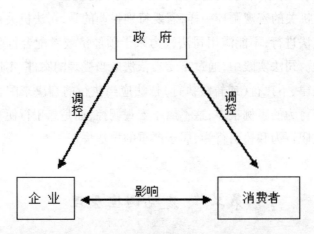

图3-1:宏观调控主体关系图

(二) 调控主体

关于调控主体,主要存在两个问题:(1)政府之外,是否还存在调控主体;(2)地方政府是不是调控主体。下面分别加以阐述。

1. 政府是惟一调控主体

宏观调控权专属于政府,只有政府才具有宏观调控权,政府是惟一的调控主体。但有人认为,企业也是调控主体,如范恒山在《双重控制主体:宏观经济管理的动态考察》中指出:"(国家)并非唯一的宏观经济控制主体。……从企业应有的地位和基本行为看,必须认定,企业和国家一样,亦是宏观控制的主体。"①还有人认为,社会中间层也是宏观调控的调控主体。② 这些观点均是错误的。如前所述,社会中间层和企业均不享有宏观调控权,因此,它们均不属于调控主体。

2. 地方政府是调控主体

政府分为中央政府和地方政府,中央政府是当然的调控主体毋庸置疑,但地方政府的地位,却颇有争议。这实际上是与宏观调控权划分相一致的一个问题。既然我们肯定了地方政府的宏观调控权,地方政府当然是调控主体。地方政府的宏观调控,是从地方利益出发的,由于局部利益与全局利益既存在一致性的一面,也存在矛盾性的一面,因此,地方政府的宏观调控行为有些是有利于整个国民经济的协调、稳定和发展的,有些却可能是阻碍国民经济的协调、稳定和发展的。但不管这种权力行使的结果如何,都不能否定地方政府的调控主体地位。

在地方政府是不是调控主体问题上,有一种所谓"一级主体、两级调控"的观点。该观点所谓的"一级主体"是指中央政府,"两级调控"的两级是指中央政府和省级政府。该观点认为:"调控主体只有一个,即中央政府,地方政府是执行国务院政策的一级政府机构,它可以代表国务院在本地区贯彻中央的方针政策,行使局部调控的职能,但不可以有违背全局利益的局部利益。"③这种观点是很奇怪的,既然不承认省级政府是调控主体,却又认为它是一级调控,那它是以什么身份参与调控的呢? 另外,在分税制的财政体制下,各省级政府都代表本省的利益,简单认为它是代表中央政府行使调控权、并"不可以有违背全局利益的局部利益"的想法是过于天真的。因

---

① 转引自肖林编著:《中国市场经济体制·模式·政策》,上海中医学院出版社1993年版,第54页。

② 参见前引王全兴主编:《经济法前沿问题研究》,第240页。

③ 王乃学:《宏观调控失效与微观基础建设》,经济科学出版社2001年版,第13—14页。

此,这种观点是不足取的。

在肯定了地方政府是调控主体之后,又一个问题是:地方政府有不同层级,是不是每级地方政府都是调控主体呢?根据前文关于宏观调控权的划分,省级政府既享有宏观调控决策权,也享有宏观调控执行权和宏观调控监督权,因此,省级政府既是宏观调控决策主体,也是宏观调控执行主体和宏观调控监督主体;其他地方政府享有宏观调控执行权或宏观调控监督权,故仅仅是宏观调控执行主体或宏观调控监督主体。

明确省以下地方政府(不含省级政府)只有宏观调控执行权或宏观调控监督权,没有宏观调控决策权;只是宏观调控执行权主体或宏观调控监督主体,不是宏观调控决策权主体,这至关重要。在中国的地方政府之间的竞争中,很多都是超越权限的违法竞争,这是导致中央政府宏观调控失效的重要原因。解决这个问题是改善我国宏观调控绩效的主要方面。

(三)调控受体

在"政府调节市场,市场引导企业"的二元结构中,调控受体似乎就只能是企业和消费者。但是,政府是由各级政府组成的,正如前文对调控主体的分析,调控主体除了包括中央政府外,还包括各级地方政府。地方政府针对经营者和消费者来说,是调控主体;但相对中央政府和上级地方政府来说,情况就要复杂些:其执行中央政府和上级地方政府有关宏观调控的法律、法规、规章和指示、命令等,是作为调控主体的身份出现的;但同时,地方政府代表本地区的利益,在面对中央政府和上级地方政府的调控措施时,从本地区利益出发,采取应对措施,这属于对中央政府和上级地方政府调控措施的反应。相应地,中央政府和上级地方政府在采取宏观调控措施时,必须要考虑下级地方政府的反应。从这个意义上说,地方政府也是调控受体。明确这一点,对于保证宏观调控的有效性具有重要意义。长期以来,我国宏观调控中"上有政策,下有对策"的问题一直比较突出,其结果是影响了宏观调控政策的有效性。对此,通常是把矛头指向下级政府。但问题是:(1)下级政府有搞"下有对策"的利益驱动,不会因为中央政府和上级政府不允许其搞"下有对策"就停止该行为;(2)下级政府作为地方利益的代表,从本地区利益出发,搞"下有对策"也具有正当性。

另外,在政府与企业、消费者之间,还有诸如行业协会、消费者保护协会等中介组织,他们是联系政府与企业、消费者的纽带与桥梁。他们也是政府宏观调控的受体。因此,宏观调控的调控受体包括:企业、消费者、地方政府和社会中介组织。根据以上对调控受体的分析,我们可将"宏观调控主体关系图(图3-1)"细化为分层调控中各方主体的关系图(图3-2)。政府实施宏观调控时,要综合考虑对这些调控受体的影响,以及他们所作出的反应。

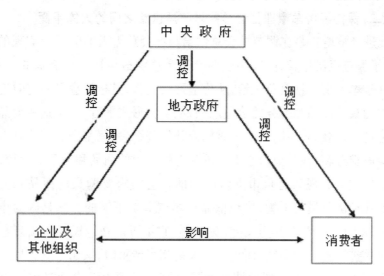

图3-2　分层调控关系图

二、宏观调控的目标

政府对宏观经济调控的目的,就是弥补市场调节的不足,校正市场调节可能出现的偏差。宏观调控的主要任务,是保持经济总量平衡,抑制通货膨胀,促进经济结构的优化,实现经济稳定增长。党的"十六大"报告指出:"要把促进经济增长,增加就业,稳定物价,保持国际收支平衡作为宏观调控的主要目标。"具体来说,宏观调控目标包括:

（一）促进经济增长

经济增长是经济和社会发展的基础。持续快速的经济增长是实现国家长远战略目标的首要条件，也是提高人民生活水平的首要条件。因此，促进经济增长是宏观调控的最重要的目标。我国作为发展中国家，要实现工业化和现代化，赶上发达国家，必须保持一个较高的增长速度，但经济增长速度一定要合理。所谓合理的经济增长速度，是指既要保持较高的速度，又要避免经济的大起大落。这要求政府实行一系列刺激经济增长和防止经济过热的政策措施，以使国民经济持续快速健康发展。①

（二）保持经济总量即社会总需求与总供给之间的大体平衡

促进经济增长是在调节社会总供给与社会总需求的关系中实现的。因此，为了促进经济增长，政府必须调节社会总供给与社会总需求的关系，使之达到基本平衡。社会总供给，从价值形式上看，是指社会在一定时期提供的可供购买的商品和劳务的价值总额；从实物形式上看，是指这些商品和劳务的总量。社会总需求，是一定时期内补偿基金、积累基金和消费基金形成的社会需求总和，在价值形态上表现为有购买力的商品和劳务的价值总额，在实物形式上表现为有货币支付能力的社会需求要购买的商品和劳务总量。实现经济总量的平衡，单纯依靠市场调节是不够的。这是因为市场调节是一种事后调节，并且力度差、见效慢，它不可能在国民经济出现总量失衡的时候进行及时的调整，而当这种失衡相当严重时，又由于其力度不够而不能在较短的时间里达到预期的效果，因此，必须由政府通过宏观经济政策，保持国民经济总量基本平衡，避免出现需求不足、生产过剩、市场疲软或需求膨胀、经济过热，物价飞涨的状态。

（三）增加就业

就业是民生之本，是人民群众改善生活的基本前提和基本途径。就业的情况如何，关系到人民群众的切身利益，关系到改革发展稳定的大局，关系到全面建设小康社会的宏伟目标，关系到实现全体人民的共同富裕。促

---

① 参见朱会生主编.：《邓小平理论教程》，北方交通大学出版社 2003 年版，第 99—102 页。

进充分就业是我国政府的责任。我国面临严峻的就业形势,一方面劳动供给数量庞大,另一方面劳动力需求显得有限。因此必须坚持实行促进就业的长期战略和政策,长期将增加就业的宏观调控目标落到实处,并严格控制人口增长。2007年十届人大常委会第29次会议通过了《就业促进法》,第一次以法律的形式对促进就业作出专门规定。

(四)稳定物价

在市场经济中,价格的波动是价格发挥调节作用的表现形式。但价格的大幅度波动对经济生活是不利的。如果物价大幅上升和通货膨胀,会刺激盲目投资,重复建设,片面追求数量扩张,经济效益下降;如果物价下降和通货紧缩,则会抑制投资,生产下降,失业增加。在社会主义市场经济条件下,绝大多数商品和服务的价格由市场决定,但政府可以运用货币政策等经济手段对价格进行调节,必要时也可以采用某些行政手段,以保持价格的基本稳定,避免价格的大起大落。《价格法》将"稳定价格总水平"作为重要的立法目标,并专章规定了价格总水平调控。

(五)优化产业结构

国民经济健康发展,要求有一个合理的产业结构和区域结构,尽管市场可以合理配置资源,可以推动技术进步、促进高新技术的产业化,进而实现产业结构的合理化。但市场配置资源容易导致短期行为,追求眼前利益,难以避免经济不合理的波动,更不能自发实现区域经济协调发展,所以,必须由国家制定产业政策来加快产业结构和区域结构的优化。

(六)保持国际收支平衡

在经济全球化的社会前景下,保持国际收支平衡对国内经济持续快速健康发展关系极大,因而是一项有重要意义的宏观经济目标。国际收支是指一个国家或地区与其他国家或地区之间由于各种交易所引起的货币收付或以货币表示的财产的转移。国际收支失衡,特别是持续和大量的国际收支赤字,会给国民经济带来十分不利的影响。这会导致国家的外汇储备减少,政府开支被迫削减,失业率增加,经济增长率下降。但国际收支盈余过大,也会增加国内通货膨胀的压力,并会引起国际上不利的反应,从而对国民经济造成不利后果。近年来,我国外汇储备持续高速增长,国际收支严重失衡,带来了一系列严重的问题。① 因此,政府必须采取相应措施维持国际收支平衡。

以上论述的宏观调控目标是中央政府的宏观调控目标,就省级地方政府来说,其宏观调控目标不包括经济总量的平衡、国际收支平衡和稳定物价,大体可以表述为:促进本地经济的发展、促进本地就业和优化本地经济结构。

三、宏观调控的手段

(一)概述

一般认为,宏观调控的手段包括经济手段、法律手段和行政手段。经济手段是指按照客观经济规律的要求,实施各种经济政策和运用各种经济杠杆,来调控经济的手段。它是一种间接调控手段,是主要的调控手段。法律手段是指依靠经济立法和经济司法来监督管理经济的手段。行政手段,是指国家行政机关按照行政区划、行政系统、行政层次通过行政命令、指示、决定、通知等形式来实现对国民经济进行管理的手段的,是一种对国民经济进行直接调控的手段。也有人认为宏观调控使用法律手段是不可能的。如钱颖一认为:"宏观调控是不能用法律手段的。虽然我一直主张建立以法治为基础的市场经济,但那是在微观层面。事实上,我不知道有哪个市场经济中的政府是用法律手段进行宏观调控的。"②

笔者不同意钱颖一的观点,如果说法律手段是指通过立法、执法和司法方式来调控经济的话,现代成熟市场经济国家不是不用法律手段进行宏观调控,而是大量使用法律手段进行宏观调控,如 2008 年美国应对金融危机

---

① 关于我国高额外汇储备的负面影响,可参见王凡:《我国外汇储备过多问题及建议》,《东方企业文化》2010 年第 14 期;刘崇献:《我国外汇储备的风险和损失问题探讨》,《新金融》2010 年第 11 期;李晓博:《我国巨额外汇储备的原因与负面影响分析及解决对策》,《中国市场》2010 年第 35 期。

② 前引钱颖一:《宏观调控不是市场监管》。

就是政府提请国会通过《2008 年紧急经济稳定法案》来调控的。但是,笔者也不赞成将法律手段与经济手段、行政手段并列的提法。在法治社会,政府的权力是法定的,政府的一切经济手段和行政手段都必须有法律的授权,在法律之外,不存在经济手段和行政手段。因此,法律不是宏观调控的手段,而是宏观调控手段的基础和保障。

(二)宏观经济规划

宏观经济规划是社会化大生产发展的必要管理手段。由于市场机制的运行是与逐利的分散决策相联系的,这些分散的决策虽然有助于在微观上实现均衡,但却可能对宏观的总量平衡产生不利影响,必须用宏观经济规划加以弥补。宏观经济规划的总体任务是合理确定国民经济和社会发展的战略,规定宏观调控的目标和产业政策,搞好经济和社会发展的中长期预测,规划重大的经济结构和生产力的布局。

宏观经济规划在整个宏观调控手段体系中居于核心和龙头的地位,其他调控手段都围绕着实现宏观经济规划展开,以宏观经济规划为指导。

(三)财政政策

财政政策是指政府运用国家预算和税收等财政手段,通过对国民收入的分配和再分配,来实现社会总供给和总需求平衡的一种经济政策。就其作用方向的不同来说,可以分为扩张性财政政策和紧缩性财政政策。扩张性财政政策以降低财政收入、扩大财政支出为特点,目的在于刺激需求的增加;紧缩性财政政策,以增加财政收入、缩减财政支出为特点,目的在于抑制需求的增加。在经济停滞和衰退时期,由于总供给大于总需求,企业开工不足,工人失业增加,经济发展缓慢,这时,政府可采取扩张性财政政策。例如,政府可通过降低税率或减免税收的措施来刺激企业和个人投资;可通过增加建设投资和集团消费支出来刺激社会需求;可通过增加转移支付来刺激个人消费。这些财政政策的实施,不仅可以直接增加社会需求,而且可以带来工资和利润的增加,提高开工率,降低失业率,从而间接促进了社会需求的增加,这往往数倍于财政支出的增加。相反,在经济过热时期,由于总供给小于总需求,需求膨胀造成供应紧张、通货膨胀,经济增长超过国力所能承受的限度。这时,政府应采取紧缩性财政政策。例如,政府可采取提高税率、增加税收的措施来减少企业和个人的收入,抑制投资需求和消费需求;可通过减少建设投资和控制集团消费来抑制社会需求;可通过减少转移支付来降低个人消费。这些财政政策的实施,不仅可以直接减少社会需求,而且可以减少企业和个人的收入,抑制投资需求和消费需求,从而有效地减少社会总需求。

(四)货币政策

货币政策是指政府通过控制和调节货币供应量以保持社会总供给和总需求平衡的一种经济政策。《人民银行法》第3条规定:"货币政策的目标是保持币值稳定,并以此促进经济增长。"货币政策也可分为扩张性货币政策和紧缩性货币政策两类。扩张性货币政策以放松银根、扩大货币供应量为特点,目的在于刺激需求的增加;紧缩性货币政策以抽紧银根,减少货币供应量为特点,目的在于抑制需求的增加。政府可根据不同的经济发展状况,分别采取这两种不同的货币政策。运用货币政策进行宏观调控,中央银行起着决定性的作用。中央银行通过货币政策工具,调节和控制着货币供应量,从而缓解经济的周期性波动。

(五)产业政策

产业政策是政府为优化产业结构所采取的手段和措施的总和,主要包括产业结构政策、产业组织政策和产业布局政策。产业结构政策的目标是产业结构的合理化和高级化,一是纠正产业结构扭曲;二是推动产业结构升级。产业组织政策与产业结构政策是密切相关的配套政策,是产业政策的重要组成部分。产业组织政策的目标,就是要使产业组织合理化,以提高产业内企业的活力和效率。产业布局政策就是政府调节产业区域分布的政策。它要解决的问题,主要是如何利用生产的相对集中所引起"集聚效益"和尽可能缩小由于地区间经济活动的密度和产业结构不同所引起的地区间经济发展水平的差距,以保持区域经济的协调发展。

(六)行政手段

宏观调控本应该是间接干预,而行政手段是直接干预,两者本是不相容的。但是,当出现紧急情况时,间接干预的效用具有延后性,难以立即产生效果,这就需要通过行政手段来解决。由于这种行政手段的目的是为了抑制经济的异常波动,因而属于宏观调控的范畴。世界各国均允许政府在紧急情况下对经济活动采取一些临时处置措施。如我国《价格法》第30条规定:"当重要商品和服务价格显著上涨或者有可能显著上涨,国务院和省、自治区、直辖市人民政府可以对部分价格采取限定差价率或者利润率、规定限价、实行提价申报制度和调价备案制度等干预措施。省、自治区、直辖市人民政府采取前款规定的干预措施,应当报国务院备案。"第31条规定:"当市场价格总水平出现剧烈波动等异常状态时,国务院可以在全国范围内或者部分区域内采取临时集中定价权限、部分或者全面冻结价格的紧急措施。"

除了紧急情况外,一般不宜使用行政手段。但在转型时期,由于宏观调控发挥作用的客观环境不理想,间接调控有时难以充分发挥作用,不得不辅之以一些行政手段。例如,地方政府与中央政府的博弈,地方政府采取各种措施对抗中央政府的宏观调控政策或者抵消中央政府宏观调控政策的效果。"当形势非常严峻时,中央政府一方面加大宏观调控力度,另一方面还需要靠行政措施配合,从而使宏观调控政策带有强烈的行政色彩。"①

四、宏观调控的运行机理

(一)宏观调控的运行方式

宏观调控是政府调整运用其掌握的某些经济变量(如财政支出、货币供给)和行政权力,来影响市场经济中各种变量的取值,从而影响微观经济行为的政策过程。宏观调控不同于直接干预,不是直接使用命令和禁止的手段,而是通过调整变量,影响调控受体的预期来达到目的,其作用机理如图(图3-3):

宏观调控的目标能否达到,就看调控受体做出的反应是否与调控主体

---

① 钟晓敏等:《中国经济宏观调控中的地方政府行为选择》,《财贸经济》2007年第2期。

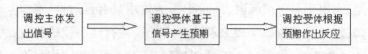

图 3 - 3　宏观调控作用机理图

所希望的调控受体的反应一致。如政府为了稳定物价,抑制通货膨胀,希望企业减少投资,采取提高利率的措施,提高利率加大了企业投资的成本,企业预期投资收益减少,自觉减少投资,这样,宏观调控的目的就达到了。宏观调控的目的能否达到,主要取决于调控信号和调控受体的预期两个方面的因素。

(二) 调控信号

调控信号是指调控主体以某种方式向调控受体传达的希望调控受体做什么或不做什么的信号。作为信号的工具是其掌握的某些经济变量(如财政支出、货币供给)和行政权力。调控信号对调控目标的影响表现在两个方面:

1. 调控信号与调控目标的一致性程度

调控信号本身不是调控目的,而是要通过信号的作用达成调控目标。这里就有一个调控信号与调控目的是否相符的问题。也就是通常所说的手段与目的的关系问题,手段必须能够促成目的的实现。如果调控信号与调控目标南辕北辙,就不能促成调控目标的实现,相反,还会比没有调控更糟。诺斯悖论中所讲的政府也是经济停滞的原因,政府发出不恰当的调控信号,就属于这种情况。调控信号与调控目的越相符,调控目的越容易实现。这就是宏观调控中要寻找适当的宏观调控方式的原因。

2. 调控信号的强弱

如果调控信号与调控目标的方向一致,则调控信号与调控目标的对应关系是调控信号是调控目标的增函数,调控信号越强,调控的目标越容易实现。不过,需要指出的是,这并不等于说调控信号越强越好。调控信号越强,自然所追求的目标容易实现。但是,一方面,调控信号是对利益的调整和再分配,超出了必要的限度,这种调整和再分配就失去了正当性,属于国家权力的滥用;另一方面,宏观经济是一个密切联系的整体,针对某一项调控目标所采取的措施,可能影响经济的其他方面,超过必要限度的调控措施,对宏观经济的危害是很大的。这也是笔者认为宏观调控不能只靠宏观调控措施(调控信号),还必须依靠政府信用的原因之一。

(三)调控受体的预期

1. 预期的含义及其与信用的关系

预期是指主体对未来不确定事务的预测,并由这种预测指导当前的行动。经济学上的预期是指经济活动者为了谋求其利益最大化,对与经济决策有关的不确定因素进行预测,并依据这种预测来决定当期采取的经济活动。预期包含了对不确定性因素的预测和根据预测来采取行动两个方面。只强调预测这一个方面——如有人认为"预期是指经济活动者为了谋求个人利益最大化,对与经济决策有关的不确定因素进行预测。"[①]这是不准确的。仅有预测,没有根据预测采取行动(包括做出不采取行动的决策),不会产生经济后果,经济学是不关心这种预测的。如商品生产者在进行生产决策时,要对未来的商品生产价格和市场需求进行预测,然后根据预测决定生产什么,生产多少以及如何生产,这是一种预期;而人们闲聊时对某种商品未来价格的预测,则仅仅是预测,不是预期。

预期与主体自身对预测的信心有关。凯恩斯说:"我们所依据的作出决策的长期预期状态,不只取决于其可能性最大的预测,也取决于我们对预测的信心,也就是说,我们自己对自己作出的预测的可靠性有多大的把握,……。"[②]但凯恩斯并没有注意到,预期所面临的不确定性包括其他主体行为的不确定性,因而涉及到了信用问题。主体对他人未来行为做肯定性预测,并根据该预测采取行动,则主体对他人产生了信任,他人从主体处取得了信用。例如,在延期付款的买卖合同中,卖方预测买方会按期付款,并根

---

① 黄国石:《预期与不确定性》,厦门大学出版社 2004 年版,第 1—2 页。

② 〔英〕约翰·梅纳德·凯恩斯:《就业、利息和货币通论》,宋韵声译,华夏出版社 2005 年版,第 115 页。

据该预测与买方订立了延期付款的买卖合同,则卖方信任买方,买方从卖方处取得了信用。再如,在宏观调控中,政府发布了宏观调控信号,市场主体预测政府的宏观调控信号将会执行、执行之后将会导致社会经济出现某种变化,并根据该预测决定自己的经济行为选择,则市场主体对政府产生了信任,政府取得了信用。

2.预期理论

在西方经济学中,对预期的关注由来已久,凯恩斯在《就业利息及货币通论》一书中以就业水平的分析,对货币需求、投资水平与经济周期的考察都是基于预期范畴进行的。目前学术界流行的预期理论,主要有美国经济学家菲利普·卡根提出的适应性预期理论和约翰·穆斯提出、由罗伯特·卢卡斯发扬光大的理性预期理论。

(1)适应性预期

适应性预期(Adaptive expectations),是指人们在对未来会发生的预期是基于过去(历史)的,认为预期仅由过去经验所形成,预期将随时间推移缓慢发生变化。例如,如果过去的通货膨胀是高的,那么人们就会预期它在将来仍然会高。

(2)理性预期

理性预期(Rational Expectations),是指经济当事人是理性的,为避免损失和谋取最大利益,会最大限度地利用所得到的信息来采取行动而不会犯系统性的错误,因此,平均地来说,人们的预期应该是准确的。

理性预期学派认为,市场经济本身是完善的和能够自行调节的,经济如果不反复遭到政府的冲击,就会基本上是稳定的。政府干预愈少,经济效率就愈高。他们否认政府干预经济的作用,认为政府的干预经济的行为总能被市场主体的理性预期所感知,并事先采取措施加以应对,从而使政府政策归于失败。政府的经济调控政策只有出乎人们的意料,使人们不能事先预料到,才能通过出奇制胜产生效果,但这必然对政府信用产生不利影响。按照理性预期学派的观点,宏观调控不仅是没有必要的,而且是有害的。

受卢卡斯"政府的经济调控政策只有出乎人们的意料才能产生效果"

的观点"启迪",中国政府还真进行了一次出奇制胜的宏观调控。2007 年初,中国的股市过热,在管理层连续加息、调高存款准备金率后,过热现象仍然得不到遏制,市场预期政府将上调印花税,开始流传"印花税率将上调"的传闻,这本是一种良性的预期,与宏观调控的方向一致。但是,同年 5 月 14 日,财政部相关部门答复"未听说近期将调整印花税";5 月 22 日,财政部及国家税务总局澄清,中国将要上调证券交易印花税的传闻是谣言;5 月 24 日,财政部、国税总局有关部门负责人表示,未听说近期将调整证券交易印花税。但 5 月 29 日夜 12 点,财政部却突然宣布从 2007 年 5 月 30 日起,证券交易印花税税率由 1‰上调至 3‰。财政部的这种作法引起社会的广泛不满,舆论界戏称为"半夜鸡叫",政府信用遭到严重破坏。① 财政部"半夜鸡叫"的奇招果然取得了效果,5 月 30 日当日,两市收盘跌幅均超 6%,跌停个股达 859 家。但具有讽刺意义的是,随后几天,股指又恢复暴涨,直至当年 10 月。

　　1995 年,理性预期学派的主要代表卢卡斯因其"理性预期假说"获得诺贝尔经济学奖,理性预期学派的思想也风靡全球。但是,理性预期以人类的完全理性为基础,克瑞普斯(Kreps)指出:"一个完全理性的个体有能力预测到可能发生的所有事件,并可以在各种可行的行为中进行评价和作出最佳选择,所有这一切都可以在一眨眼的时间内完成,不存在任何成本。"②基于完全理性,理性预期学派的这种观点是以存在自然率的假说和价格具有完全弹性,从而以所有市场及时出清的假定为前提来进行经济分析的,而这种假说被实践证明并不成立。因为虽然人类拥有理性,但人类的理性是有限理性,受到时空条件制约,它"既不能预见未来,亦不可能经由审慎思考而建构出理性自身的未来"。③ 从现代市场经济国家的实践来看,世界各市场

---

　　① 　吴睿鸫:《印花税"半夜鸡叫"凸显法定原则失灵》,红网,http://hlj. rednet. cn/c/2008/03/03/1451707. htm. 2008 年 6 月 1 日访问。

　　② 　转引自[美]菲吕博顿、瑞切特:《新制度经济学》,蒋建强等译,上海三联书店 2006 年版,第 4 页。

　　③ 　哈耶克:《自由秩序原理(上册)》,邓正来译,上海三联书店 1997 年版,第 67 页。

经济国家没有任何一个国家奉行彻底的自由主义思想,不对宏观经济进行干预。2008 年,面对由美国次级债引发的金融危机,美国政府采取了国家干预措施,欧盟及欧盟各国也采取了国家干预措施,世界上许多国家都采取了相应的调控措施。

本文研讨宏观调控中的政府信用问题,前提当然是肯定政府宏观调控的价值和意义,显然不能建立在理性预期的基础之上。因此,虽然笔者由于能力所限,不能对理性预期理论进行系统的批判①,但还是选择接受了适应性预期理论,强调预期是主体对刺激的反应。

3. 宏观调控中预期的意义

在宏观调控中,调控受体的预期,是对调控主体的调控信号所作出的反应。我们假设调控信号和调控目标是一致的,也就是说,如果调控受体接受调控信号的指引,就会实现宏观调控目标。由于调控信号并不对调控受体构成直接强制,调控受体有是否接受调控主体的指引的自由,而是否接受调控主体的指引,不是基于调控主体的利益考虑,而是基于调控受体自身的利益考虑。有效的调控信号必须使调控受体相信,接受调控信号的指引是有利于调控受体的利益的。在调控信号和调控目标一致的情况下,调控受体对调控主体的预期情况,也就是调控主体的信用情况,影响到宏观调控目标的实现。

第三节　宏观调控与政府信用的关系

一、宏观调控中政府信用的含义

宏观调控是通过调控信号的发出达成调控目标,调控信号只是手段,是为调控目标服务的。那么,宏观调控中的政府信用,究竟是指调控信号的信用,还是调控目标的信用呢？ 这是首先必须明确的问题。

---

① 对理性预期理论的系统评述,请参见前引黄国石书。

（一）调控信号的信用

调控信号的信用是指政府发出某种调控信号并实际履行,该调控信号得到了调控受体的信任。在调控信号的信用中,政府承诺的仅仅是采取并实际执行某种调控信号,至于调控信号的发出对市场产生什么样的影响,政府并没有承诺。调控受体应当自主判断调控信号对市场的影响,并进而自主决定自己的对策。例如,政府降低证券交易印花税,表明了一个扶持股市的态度,但并不构成任何承诺,投资者需要自主判断该调控信号对证券市场的影响,自主选择自己的投资策略。

宏观调控中的政府信用首先是指调控信号的信用。如果没有调控信号的信用,根本就谈不上调控目标的信用。

（二）调控目标的信用

调控目标的信用是指政府宣布某种调控目标,并承诺为达成该调控目标采取措施,人们相信政府将对达成其宣称的调控目标采取措施。不能将调控目标的信用理解为政府承诺一定会实现某一项调控目标,并取得人们的信任。在市场经济条件下,经济运行有自身的规律,宏观调控可以影响经济的发展,平抑经济的波动,但并不能根本扭转经济发展的态势。实践证明,政府采取的调控信号并不能总是保证调控目标的实现。因此,所谓调控目标的信用,并不是说政府承诺实现某一调控目标,而仅仅是表明政府承诺将为实现某一目标采取措施。如果把调控目标的信用理解为政府必将实现某一调控目标,则没有任何政府的宏观调控是值得信任的。

认识这一点很重要。首先,政府不是万能的,我国正是认识到了政府的局限,才改计划经济体制为市场经济体制,市场在资源配置中起基础性作用,政府的宏观调控只起辅助作用。有人认为,"所谓宏观调控,说到底就是要让国民经济和社会发展在人们预先设计的轨道上运行,……"[①]这种以为人们可以为国民经济和社会发展预设轨道的观点是错误的。政府的调控

---

① 邱本:《经济法研究(下卷:宏观调控法研究)》,中国人民大学出版社 2008 年版,第 2—3页。

目标,有些是能够实现的,有些在现有条件下没有办法实现。在不能实现的情况下,宏观调控目标表明政府的努力方向,宏观调控措施只能接近宏观调控目标,而不能实现宏观调控目标。其次,政府的宏观调控并不总是正确的,这样,在市场调节与政宏观府调控的双向互动中,市场调节也可以纠正政府宏观调控的偏差。如上个世纪90年代以来,中国经济进入高速增长期,但中央政府对此显然缺乏足够的认识,从发达国家的经验出发,认为中国经济过热了,采取了许多抑制经济过热的宏观调控措施,均未起到明显效果,中国经济一直保持高速增长,这就是市场调节对政府宏观调控的矫正。最后,政府必须为践行调控目标的信用付出努力,采取一定的行动。政府宣布宏观调控政策,该政策是否可信,关键看政府是否采取了为了达成这一目标的行动。如果政府总是宣布调控目标,而没有采取相应的行动,就会失去信用。

二、宏观调控中的政府信用形式

政府信用形式包括合法性信用、规则信用和承诺信用三种形式。[①] 宏观调控中的政府信用形式也包括这三种形式。

(一)合法性信用

宏观调控中的合法性信用,是指政府基于宪法和法律的授权享有宏观调控权,人们相信政府采取宏观调控措施的正当性、合法性,自觉接受政府宏观调控政策的引导,政府因此所取得的信用。其意义在于:(1)赋予政府宏观调控行为的正当性、合法性,政府的宏观调控行为受到人们的一般认可,不会被当作对经济生活的非法干预,不会引起人们的反感和反对;(2)当人们缺少足够的信息对而政府宏观调控行为是否值得信任不能做出判断时,选择信任。也就是说,如无相反证据证明政府的某项宏观调控行为是不值得信任的,人们选择信任政府该行为。(3)当人们难以判断政府的宏观调控行为的正确性,或者难以判断政府宏观调控行为对经济的影响时,选择

---

① 有关政府信用形式的阐述,详见第四章第一节。

和政府的宏观调控政策保持一致,从而更有利于宏观调控目标的实现。(4)它也使政府在宏观调控中的犯错(如对经济形势的判断错误)、偶尔的失信(如不执行宣布的宏观调控政策)等不至于严重损害政府信用。

(二)规则信用

宏观调控中的规则信用是指人们相信政府制定的宏观调控规则具有正当性、合法性,并将严格执行。宏观调控中的规则包括两类:一类是关于宏观调控权的授予、划分以及行使程序的规则;另一类是关于具体宏观调控措施的规则。人们对第一类规则的信任,赋予政府宏观调控总体的合法性,这对于政府来说,至关重要。如果政府破坏了该类规则,使该类规则失去了信用,则人们对政府的宏观调控就会丧失最基本的信任,不会接受具体宏观调控行为的指引。例如,越权做出的宏观调控措施,由于缺乏合法性,难以使人们形成稳定的预期,不能取得人们的信任。当政府可以越权做出宏观调控行为时,由于政府可以随时越权改变宏观调控政策,一些合法的宏观调控措施的可信性也会受到影响。第二类规则的信用主要取决于其执行力。可执行并且得到严格执行的宏观调控规则就会有信用,不可执行的宏观调控规则,或者虽然是可执行的但没有得到严格执行宏观调控规则没有信用或者丧失信用。

(三)承诺信用

宏观调控主要是运用经济杠杆的调节作用引导经济的发展,经济杠杆调节作用的发挥效果与调控受体的预期有很大的关系,当调控受体对经济发展预期前景过于乐观时,紧缩性调控政策的效果往往不明显;当调控受体对经济发展预期前景过于悲观时,扩张性调控政策的效果也往往不明显。在这种情况下,辅之以政府承诺,效果会更明显。宏观调控中的政府承诺包括三种形式:(1)将采取某种调控措施的承诺,如预期经济将过热时,预先提示将采取紧缩性的调控政策,一旦经济出现过热,紧缩政策如期而至,这样,受控主体预期到这一点,自觉进行收敛,这种承诺就发挥了作用。(2)承诺给予补贴,如为了防止通货膨胀愈演愈烈,政府承诺对银行存款给予保值补贴,通过补贴政策的实施,人们对货币贬值的恐惧感得以消除,对于抑制进一步通货膨胀就会发挥作用。(3)承诺直接干预①,如宣布停止某类项目的审批等。政府做出承诺后,人们相信了政府的承诺,并自觉接受政府承诺的指引,政府就取得了承诺信用,并可以利用这种信用达到其宏观调控的目的。

三、宏观调控与政府信用关系模型

(一)调控受体的预期与政府信用的关系

调控受体的预期与政府信用是相互作用、相互促进的关系。如果调控受体选择信任政府,产生政府所希望的预期,就增添了政府的信用,政府可以利用该信用资源实现政府的目标;但同时政府必须用守信来回报调控受体,使调控受体的先前的预期得以证实;调控受体的预期被证实后,更加信任政府,如此形成良性循环,政府积累的信用资源就更多,政府守信的成本也就会降低。反之,如果政府不用守信来回报调控受体,使调控受体先前的预期被证伪,调控受体就不会再信任政府,从而使政府丧失信用资源,政府要达成预期目的就会更困难,并形成恶性循环。

巴曼和大卫·戈登通过建立数学模型对政府信誉与货币政策的关系作了深入的分析,并得出结论:如果政府的政策实行的结果与政策的预期目标一致,人们就会相信政府是按其宣布的政策去做;而如果政府的政策实行的结果与政策的预期目标不一致,且偏离的程度超过了某一极限,人们将不期望政府在未来期会遵守规则,也就是说,政府会失去信誉,人们不会相信政府会按预先制定的规则行事或兑现其承诺。失去信誉的危险对政府行为构成约束,政府出于保持信誉的需要,会抑制其相机抉择行为而选择遵守既定

---

① 政府对经济运行的直接干预,一般来说是有害的,宏观调控是作为直接干预的替代物出现的。因此,从本质上说,两者是不相融的。但在转型时期,由于宏观调控的微观基础的欠缺,在宏观调控措施无效或者效果不明显的情况下,政府不得不采取直接干预的措施。但必须明确,这种直接干预一定要在法律允许的范围内,并遵循有限、谨慎的原则。如果直接干预造成了相对人合法利益的损害,还必须给予补偿。

规则。①

以稳定物价为例,政府宣布稳定物价政策,调控受体信任政府,形成物价不会急剧上涨的预期,由于公众的这种普遍预期,物价趋于稳定;当物价出现异常波动时,政府必须采取调控措施,抑制物价的异常波动,使调控受体的预期得以证实,从而为政府赢得更多的信用资源。如果物价出现波动时,政府放之任之,调控受体的关于物价不会急剧上涨的预期被证伪,就不会再相信政府稳定物价的承诺,在物价急剧上涨时抢购物资,推动物价进一步上涨,政府要维持稳定物价的承诺变得更加困难。

(二)政府信用与宏观调控的关系

宏观调控的效果由调控信号和调控受体的预期决定,而调控受体的预期是对调控信号的一种反应,这种反应是否与调控信号希望的反应一致,取决于政府信用。因此,宏观调控的效果是由调控信号和政府信用决定的。用函数式表达为:

$$E = f(s,c)$$

式中 E 表示调控效果,s 表示调控信号,c 表示政府信用。

无论调控信号还是政府信用,都是政府资源,简言之,调控效果是由所动用的政府资源多少决定的。动用的政府资源越多,效果越好。

$$E = f(s) + f(c)$$

政府失信会损害宏观调控的效果。"由于公众对政府政策的不信任,政府制定并推行的宏观经济政策难以被社会利益主体(如企业、银行、居民、券商等)认可与遵循,各种市场信号遭到严重扭曲,其后果是企业不敢轻易投资,银行不敢轻易放贷,居民不敢轻易消费,虚拟资本无法扩充,外资不敢轻易进入,出现'企业惜投、银行惜贷'的不正常现象。因此,在政府失信的

---

① See Robert J, Barro and David B, Gordon. Rules Discredition and Ruputation in a Model of Monetary. Journal of Monetary Economics. VOL. 12(NO. 1983)pp. 101 – 121.

情况下,政府启动投资、扩大内需的宏观调控政策将难以发挥作用。"①

第四节　我国转型时期宏观调控与政府信用关系的特殊性

宏观调控是在一定的制度环境中进行的,制度环境是约束宏观调控与政府信用相互关系的一个重要因素。诺思指出,有关经济的宏观方面或微观方面的模型,必须将制度约束建立到模型中去。宏观经济理论要认识到政治进程对经济运作的影响,政治团体不仅通过界定和实施产权决定了一个经济体的基本激励结构,而且政府的收支以及实施的管制政策,是经济绩效好坏的关键问题。② 我国转型时期模糊的产权安排、"软化"的预算、不清晰的分权等等制度安排,使宏观调控与政府信用之间的关系呈现出一些特殊性。

一、调控信号与调控绩效的非一致性
(一)调控信号与调控绩效一致性的含义

宏观调控的传导机制是通过政策工具的运用作用于中介目标,再由中介目标实现最终目标。在这里,政策工具是调控信号,最终目标是宏观调控要达到的效果。调控信号与调控效果的一致性是指调控信号与调控目的之间存在因果关系,调控信号的发出具有达成调控目的的现实可能性。但是,由于调控信号不是直接作用于调控目的,而是通过作用中介目标来完成的,因此,调控信号与调控效果的一致性就要求:(1)调控信号能够有效实现中介目标;(2)中介目标的达成能够有效实现最终目标。

以金融宏观调控为例,金融宏观调控是中央银行运用货币政策工具,调节货币供求以实现宏观经济调控目标的方针和策略的总称。金融宏观调控的最终目标是中央银行制定和实施货币政策所期望达到的最终目的,我国

---

① 程选民等:《信誉与产权制度》,西南财经大学出版社 2006 年版,第 215 页。
② 参见[美]道格拉斯·诺思:《制度、制度变迁与经济绩效》,上海三联书店 1994 年版,第 149—150 页。

金融宏观调控的最终目标是"保持货币币值的稳定,并以此促进经济增长。"。金融宏观调控的中介目标是中央银行为实现金融宏观调控最终目标而选择作为调节对象的重要指标,我国金融宏观调控的中介目标有:货币供应量、信用总量等。金融宏观调控的货币政策工具是指中央银行为调控货币政策中介目标进而实现货币政策最终目标所采取的各种手段、方法和措施。我国现行的货币政策工具有法定存款准备金、公开市场业务、再贴现等。金融宏观调控的传导机制是:通过货币政策工具的运用,即调整法定存款准备金率、再贴现率或进行公开市场操作,达成中介目标,即使货币供应量、信用总量等发生预期的变化,通过这种变化实现最终目标,即保持货币币值稳定和促进经济发展。这个传导机制要有效,就必须做到:(1)法定存款准备金率、再贴现率的调整或公开市场操作能够导致货币供应量、信用总量等产生预期的变化;(2)货币供应量、信用总量等的变化能够导致货币币值的稳定和经济的发展。

(二)我国转型时期调控信号与调控绩效非一致性的原因

但在我国转型时期,经常出现的情况是,在中介目标的设定、政策工具的运用上,既不能做到中介目标与最终目标的一致,也不能做到政策工具与中介目标的一致,即政策工具的运用不能导致中介目标的实现,中介目标的实现不能导致最终目标的实现。也就是说,调控信号与调控绩效存在非一致性。导致这种不一致性的原因主要有两个:

1. 转型时期,对经济的管理刚刚从以直接管制为主转为以宏观调控为主,宏观调控的经验不足。政府对经济的直接管制,不仅手段直接作用于目标,而且使用的手段主要是命令和禁止,目标相对容易实现。宏观调控就不同了,它是间接作用,是引导促进,引导的方向对不对、促进的力度够不够,都影响到最终目标能否达成。由于经验不足,宏观调控的中介目标设定不合理、政策工具使用不合适都是难免的,这就导致了调控信号与调控绩效的非一致性。

2. 宏观调控的环境欠缺。转型时期,市场机制没有完全建立起来,而宏观调控必须在市场机制下才能发挥作用。例如,提高基准利率是想抬高投资的成本,达到抑制投资过热的问题,但如果市场主体不是市场化取向,不在乎投资成本,则该调控信号就不可能实现调控的最终目标。樊纲曾经深刻地指出:"在公有制预算软约束的特殊条件下,利率机制是不起什么作用的,市场经济条件下适用的货币政策是无效的,而只有通过对投资(对支出)的直接控制,才能达到宏观调控的目的。"①再如控制信贷总量,但没有有效地治理地下钱庄、非法融资,也无法抑制投资过热的问题。很多在完善市场体制下有效的调控手段,在转型国家无效,就是这种原因造成的。

(三)我国转型时期调控信号与调控绩效非一致性对政府信用的影响

由于调控信号与调控目标的不一致性,即使调控信号得到实施,预期的目标也不一定会出现,在这种情况下,要达成宏观调控的目标,就主要得依靠政府信用,即如果调控受体相信政府调控的目标会实现,从而顺应政府的调控方向,调控目标仍然会实现。但问题是,调控信号是政府信用的增函数,调控信号与调控目标越一致,政府的调控目标就容易被信任;反之,如果调控信号不具有达成调控目标的能力,调控受体又有什么理由相信政府的调控目标一定会实现呢? 也就是说,当调控信号失效时,政府信用也会跟着失效。

在这种情况下,为了达成调控目标,政府就不得不针对调控目标采取直接的干预措施,使用命令与禁止的手段来实现目标。同时,还要对敢于与政府宏观调控政策对着干的调控受体采取制裁措施,杀一儆百,以传达政府实现调控目标的决心,起到修复政府信用的作用。以2003年开始的控制投资过热的宏观调控为例,2003年我国出现投资过热,中央政府为防止投资过热态势进一步蔓延,采取了一系列的调控措施,如提高存款准备金利率、提高房地产企业的贷款门槛等,但这些措施并不能有效遏制投资过热情况。在这种情况下,2003年4月起,中央政府一方面采取了严厉的直接干预措施(如控制土地供应量),另一方面加大力度查处对抗中央政府宏观调控措

---

① 樊纲:《宏观经济学与开放的中国(序)》,载[美]杰弗里·萨克斯、费利普·拉雷恩:《全球视角的宏观经济学》,费方域等译,上海三联书店、上海人民出版社1997年版,序第15页。

施的调控受体的违法违规行为(如查处江苏常熟"铁本"案),最终扼住了固定资产投资快速增长的势头。

二、政府守信与政府信用的非一致性

(一)守信与信用一致性的含义

守信是指主体信守承诺的品质和行为,信用是指主体利用他人对自己的信任实现自己利益或其他目的的可能性。守信与信用的一致性是指,主体的守信行为增添主体的信用,相反,主体的背信行为减少主体的信用。正是守信与信用的这种一致性关系,构成了主体守信的一般诱因。按照经济人假设,主体信守承诺不是,至少主要不是基于善良的德性,而是基于利益的计算,守信能够增添信用量,而信用量的增加就是利益的增加。

如果守信与信用总是一致的,那就不会存在失信的问题,现实生活中失信现象大量存在,说明守信与信用也存在不一致的情况。所谓守信与信用的不一致,是指在某些情况下,主体守信并不增添其信用量,主体背信并不减少其信用量;或者主体守信的成本大于守信增添的信用收益,主体背信的收益大于守信增添的信用收益。

(二)我国转型时期宏观调控中政府守信与政府信用非一致性的原因

政府守信与政府信用存在一致性的一面,但在我国转型时期宏观调控中政府守信与政府信用的非一致性更值得关注。正是由于这种非一致性,政府守信不能增进政府信用或者增进的信用少于守信的成本,政府失信问题才表现得异常突出。因此,探讨我国转型时期宏观调控中政府守信与政府信用非一致性的原因,有积极意义。

1. 宏观调控中不当的政府承诺

转型时期的宏观调控,涉及到大量的利益调整,有人从中受益,也有人从中受损。如果政府信守的承诺只是有利于少数人的利益,那么,虽然受益的少数人对政府更加信任,但多数受损的人会质疑政府的正当性和合法性,从而从根本上动摇对政府的信任,在这种情况下,信守承诺不仅不会从总体上增加政府的信用量,反而会因失去多数人的信任而减少政府的信用量。

社会主义中国的政府是人民的政府,是为广大人民谋福利的,主观上不存在危害多数人利益的动机。但是,一方面由于转型时期调控经验的不足,好心办坏事的情况时有发生,另一方面,宏观调控政策的做出,是一个政治过程,会受到利益集团的影响,在某些时候会出现偏向少数利益集团利益、偏离最广大人民利益的现象。因此,出现不当的政府承诺是不足为奇的,这种情况下,政府守信就与政府信用不相一致。

2. 短期利益与长期利益的矛盾

在短期,不守信往往能够获益,但从长期来看,守信优于不守信,有关这方面的论述很多。但是,在转型时期的宏观调控,往往追求的是短期的效益,这一方面是因为转型时期政策多变的特点,没有顾及长期效益的能力,另一方面是政府官员的任期制,追求短期的效益,缺乏维护长期利益的动力。这样,由于短期利益的追求,守信与政府信用存在不一致性,即守信不能增进政府短期的信用,或者失信在短期不至于减少政府的信用量,或者失信减少政府的信用量在短期对政府效益影响不大。

(三)政府守信与政府信用非一致性对政府信用的影响

政府守信与政府信用的一致性为政府守信提供了动力机制,也为政府信用提供了获取的途径。当两者出现不一致时,政府守信就失去了动力机制,只能求助于道德和法律的约束,同时,政府也很难获得信任,难以建立信用资源。

三、政府之间利益的非一致性

宏观调控涉及到利益的调整,宏观调控决策的作出和执行都是由政府及其官员实施的,政府及其官员在作出和执行宏观调控政策的时候,都要进行利益的评估与计算,以最大化自身的利益。在分税制的财政体制下,中央和地方之间、不同地区之间存在利益的不一致性,而各级、各地政府是各级、各地利益的直接代表,因此,不同政府之间存在利益的不一致性。由于这种利益的不一致性,相同的宏观调控政策,对不同政府的利益影响是不同的,有的政府能从中受益,而有的政府会因此受损。受益的政府会支持宏观调控政策,而受损的政府却会阻碍宏观调控政策。还以中央政府 2003 年抑制投资过热的宏观调控政策来说,地方政府从地方利益角度出发,都积极推动投资的增长,而不是执行中央宏观调控政策抑制投资增长。这样,如果把中央政府的宏观调控政策当作一种承诺的话,地方各级政府执行宏观调控政策的行为就是履行承诺的行为,地方各级政府不执行中央的宏观调控政策,就是一种政府失信行为。

政府之间利益的不一致性不仅在我国转型时期将一直存在,只要实行分税制的财政体制,即使在转型完成之后也仍然会继续存在,因此,由于政府之间利益的不一致性所导致的政府失信问题也会一直存在。由于这种不一致性,调控受体预期宏观调控政策将不会被执行,因此,不会自觉主动的接受政府的宏观调控,导致政府的宏观调控不能发挥预期的作用。

第五节 本章小结

宏观调控权是政府进行宏观调控的前提和基础,政府必须在宏观调控权的限度内进行宏观调控,不得违法进行宏观调控。宏观调控权因行使主体不同,可以分别表现为立法权、行政权和司法权,并不是所谓的"第四种权力"形态。宏观调控权需要在不同类别、不同层级的政府机关之间进行配置,分为纵向配置与横向配置。就纵向配置来说,中央政府和地方政府分享宏观调控权。涉及到总量、全局的事项,只能由中央政府宏观调控,但地方政府享有对本地区经济发展一定的调节权,这种经济调节权符合宏观调控的定义,也属于宏观调控权的范畴。

宏观调控关系的主体分为调控主体和调控受体。中央政府是调控主体,经营者(企业)、消费者和社会中介组织是调控受体;地方政府既要接受中央政府的调控,又要对本地经济进行调控,即是调控主体,又是调控受体。地方政府的宏观调控,是从地方利益出发的,由于局部利益与全局利益既存在一致性的一面,也存在矛盾性的一面,因此,有些是有利于整个国民经济的协调、稳定和发展的,有些却可能是阻碍国民经济的协调、稳定和发展的。

但不管这种权力行使的结果如何,都不能否定地方政府的宏观调控主体地位。另外,也必须强调,地方政府也是中央政府宏观调控的对象,忽视这一点,尤其是忽视地方政府在应对中央政府宏观调控政策的对策,宏观调控必将达不到预期的效果。

政府对国民经济进行调控的目的是弥补市场调节的不足,校正市场调节可能出现的偏差。其目标包括:促进经济增长、保持经济总量平衡、增加就业、稳定物价、优化产业结构和保持国际收支平衡。宏观调控的手段是法律允许的各种经济手段和行政手段,主要包括宏观经济规划、财政政策、货币政策和产业政策等。

宏观调控与政府信用的关系表现为:政府信用是调控绩效的增函数。宏观调控是调控主体通过调整变量,影响调控受体的预期来达到目的,其运行机理是:(1)调控主体发出调控信号;(2)调控受体接到调控信号对宏观经济的未来发展产生某种预期;(3)调控受体根据自己的预期做出反应、采取行动。宏观调控的目的要实现,取决于宏观调控的信号是否能够使调控受体产生调控主体所希望的预期。这取决于两个方面的因素,一是调控信号与调控目标是否一致;二是调控受体对调控主体的信任程度。调控受体对调控主体越信任,越容易接受调控主体宏观调控措施的引导,从而是调控目标更容易实现;相反,如果调控受体对调控主体不信任,调控受体更可能逆宏观调控政策行事,这样可能挫败宏观调控措施,使宏观调控目标难以达成。

转型时期的宏观调控,由于市场经济的微观基础没有建立好,使宏观调控的效果难以发挥。政府信用与宏观调控的关系也呈现出一些特殊性:如调控信号与调控绩效的非一致性,政府守信与政府信用的非一致性,政府之间利益的非一致性等。针对这些特殊性进行研究,对于提升政府信用、改善宏观调控绩效具有重要意义。

第四章 政府信用原理及其
在宏观调控中运用

第一节 政府信用的构成要素

王淑芹对信用的构成要素进行了研究,提出信用的构成要素包括利益需求、信任心理、约定形式、规则要求、践行约定、价值评价六个要素①,为我们勾画了一幅从信用产生的原因到信用实现的分析图。政府信用的构成要素是政府信用从发生、发展到完成的完整的信用过程所包含的要素,分析政府信用的构成要素是我们认识政府信用运行机制的关键。参照王淑芹的分析,笔者将政府信用的构成要素表述为:政府信用原因、政府信用来源、政府信用形式、政府信用践行、政府信用保障和政府信用评价六个要素。

一、政府信用原因

政府信用原因是指导致政府信用产生的原因,也即为什么要有政府信用。前述政府信用的意义,也就是政府信用原因的阐述。从本质上说,政府信用是一种利益、一种资源,政府可以支配政府信用这种资源去实现政府的目标。政府取得更多的政府信用,也就拥有更多的资源,因此,政府有取得政府信用的动力。

认识政府信用原因很重要。首先,不是因为人们需要政府信用,所以政

---

① 参见王淑芹等:《信用伦理研究》,中央编译出版社2005年版,第7—12页。

府要有信用;而是因为政府自身的存在和发展需要政府信用。很多学者从人们需要政府信用的角度论证政府信用,强调政府应当守信,这当然也是很有意义的。从政治理论上说,政府是服务于社会大众的,既然人们需要政府守信,政府就应当守信。但问题是,怎样才能使政府守信? 如果守信不是从政府的利益出发,而是从人们的利益出发,那政府守信就不是自我实现的,必须依靠他律,这不利于政府信用建设。

其次,不是所有的对政府的信任都产生政府信用,只有能被政府利用的信任才导致政府信用。有些对政府的盲目信任,不仅不能为政府所利用,反而成为政府的一种负担,这不是政府信用。例如,证券市场上的投资者对政府"救市"的信任就是如此。部分股民以房产作抵押换得银行贷款入市炒股,对于可能面临的风险,他们自信地认为:中国的股市不可能大跌,因为有政府信用在,政府不会允许股市大起大落,因为政府知道,这涉及很多股民的身家性命,也事关社会的稳定。这种对政府的盲信,一方面是盲信者自己遭受损失,另一方面,也严重影响了证券市场的正常发展,导致证券市场的非正常波动,并迫使政府最后不得不采取一定的"救市"行动。再如,中国高校的债务危机也是强加给政府的"信用"。近年来,各高校在没有得到财政支持的情况下,纷纷扩建,扩建所需资金来源主要通过向银行贷款来筹得。高校是非营利性的,本身是没有能力偿还巨额债务的,那么是什么原因导致高校能从银行那里取得信用获得贷款呢? 不是高校自身的信用,而是"政府信用"在起作用。高校与银行达成默契:高校是国家的,国家大力发展高等教育,不可能让高校破产,高校所负之债,政府必然会承担。这样,政府在没有做出任何承诺的情况下,被强加了"信用"。这种所谓的"信用"对政府没有任何的价值,相反,成为一种负累。对社会来说,由于一些大学盲目扩张,造成资源的极大浪费。

最后,缺少政府信用的原因,也就是缺少政府守信的利益诱因,不能期待政府会自觉守信。守信是一种美德,但"只有当道德和美德最终有利于自己的利益时,才会遵循道德和美德。"①私人如此,政府也是如此。例如,执行法律是执法机关的职责,履行该职责是政府守信的表现形式之一。但是,实践中有大量的法律得不到执行,无论人们或上级政府部门如何呼吁或强调严肃执法,都没有效果。仔细分析其原因不难发现,多数与严格执法不符合执法者、执法机关或其所属部门的利益有关。也就是说,当守信不符合政府的利益时,政府缺少守信的动力。

二、政府信用来源

信用起源于人类在物质生产的相互作用中对利益的追求,人们基于利益需要而不得不与他人合作,合作在本质上是一种契约关系,而人们的承诺与践约在时间上、乃至空间上往往是分离的,这就存在一方对另一方的信任关系,从而产生了信用。孙智英对此描述说:"人们由于对某种利益的预期,基于信任的基础上选择与他人合作,若你不信任任何人,或不被他人所信任,就会丧失许多选择的机会而享受不到合作的好处。于此,我们也无需假设信用乃是因为宗教、道德或法律的原因,在人类社会初期,这些因素均可被忽略,但却可相信,'约定必须遵守'是由于纯粹实用原因。……劳动合作的实现,是通过对约定的默认和遵守方式促成的,从这种生产合作习惯安排中已经出现了以'遵守约定'为内容的信用之萌芽。"②在信任与信用的关系中,总是信任一方先行动,选择相信信用方,从而产生双方的交互行为。信任方选择信任时,是冒着信用方不讲信用的风险的。那么,信任方为什么要冒风险选择信任呢?卢曼指出,信任是社会复杂性的简化机制,面对复杂的社会,人们需要信任。"在许多情况下,某人可以在某些方面选择是否给予信任。但是,若完全没有信任的话,他甚至会次日早晨卧床不起。他将会深受一种模糊的恐惧感折磨,为平息这种恐惧而苦恼。他甚至不能够形成确切的不信任,并使之成为各种预防措施的基础,因为这又会在其他方向上

---

① [德]米歇尔·鲍曼:《道德的市场:对自由社会中法律与道德的社会学研究》,肖君、黄承业译,中国社会科学出版社 2003 年版,第 583 页。

② 孙智英:《信用问题的经济学分析》,中国城市出版社 2002 年版,第 25—26 页。

预先假定了信任。任何事情都会是可能的。在其最极端情况下,这种与世界复杂性的突然遭遇超出了人的承受力。"①

　　信用是与信任相对的,没有信任就没有信用。"国家没有丝毫的力量去创造信任,却拥有足够的力量摧毁社会中的信任。"②政府信用不能通过政府权力来取得,政府信用来源于人们或其他相对人对政府的信任。授予政府信用的主体包括人们和其他相对人。人们是指公民、私法人、非法人团体等,他们是政府信用的主要授信主体。按照社会契约论,人们基于公共生活的需要组成政府,授予政府权力,政府的一切权力都来源于人们通过法律的授权,人们授权给政府,也就同时授予了政府信用,即相信政府会运用人们授予的权力为人们服务。人们需要信任政府,如果缺少对政府的信任,就会因丧失基本的安全感而无法生活。但是,这并不等于说,人们在任何时候、任何地方对政府的任何行为均应该充满信任。政府权力虽然来源于人们,但这种权力一经取得就独立存在,既可以用来提供公共管理和服务,也可以反过来成为压榨人们的工具。为善,还是为恶,不取决于人们的需要或期待,而是取决于政府自身的利益。在近代以来,人们对政府从总体上是不信任的,政府权力被称为"必要的恶",孟德斯鸠指出,"一切有权力的人都容易滥用权力,这是万古不变的一条经验。有权力的人使用权力一直到遇有界限的地方才休止。"③,任何拥有权力的人至少部分地怀有为他们自身利益而滥用权力的动机。因此,公民不应该信任政府,并且要提防政府。孟德斯鸠提出用"三权分立"来对政府权力进行制约;大卫·休谟提出,我们应该设计一系列政府制度,以便即使在流氓占据政府职位时,也将为我们的利益服务,詹姆斯·麦迪逊及其他一些联邦主义者试图在美国宪法中构筑休漠所设想的制度来约束政府。

　　一方面,人们需要信任政府;另一方面,人们又缺乏对政府的信任,两者

---

　　① [德]尼可拉斯·卢曼:《信任——一个社会复杂性的简化机制》,瞿铁鹏、李强译,上海人民出版社 2005 年版,第 35 页。
　　② 郑也夫:《信任与社会秩序》,《学术界》2001 年第 4 期。
　　③ [法]孟德斯鸠:《论法的精神》上册,张雁深译,商务印书馆 1963 年版,第 156 页。

构成一对矛盾。解决矛盾的办法不是要么全然信任政府,要么完全不信任政府。全然信任政府,是愚信,其后果是可怕的、灾难性的;完全不信任政府,是彻底的怀疑主义,将会无所适从、无法生存。一般来说,人们会在某些时候信任政府,而某些时候不信任政府。信任与不信任的选择标准是,信任的预期收益(政府守信带给行为人的收益乘以政府守信的可能性)大于不信任的预期损失(政府失信带给行为人的损失乘以政府失信的可能性)。也就是说,政府能否获得信用,取决于政府守信带给相对人的利益以及政府的守信程度。

政府信用的另一授予主体是其他相对人,这包括与某政府机构发生关系的其他政府机构、国际组织、国家或地区、外国人和无国籍人、外国企业等。由其他政府机构授予的信用,也是政府信用的重要来源,这包括上级政府对下级政府的信任、下级政府对上级政府的信任、平行政府机构之间的信任。在我国目前财政联邦主义的体制下,中央政府和地方政府的互信问题,成为制约国民经济又好又快发展的主要因素。后文将会阐述到中央政府的宏观调控政策遭遇地方政府的抵抗、歪曲或变通等情况,其中一个重要的原因是地方政府不相信中央政府会严格执行宏观调控政策①。国际组织、国家或地区对一国政府的信任,影响到该国在国际社会的地位以及取得来自国际社会的资源情况。小平同志十分重视来自国际社会的信任,曾经多次向国际社会表明态度:中国政府是守信的。外国人和外国企业授予的信用,在经济全球化的大背景下,对内国政府来说,也是不可或缺的。我国改革开放之初,为了吸引外资进入,专门制定了《中外合资经营企业法》、《中外合作经营企业法》和《外资企业法》。其中,《中外合资经营企业法》还是我国第一部企业法,以争取取得更多的外国人或外国企业的信任,从而增加对我

---

① 由于受时间一致性的影响,中央政府最初宣布的规则或政策,随着时间的推移,不再是最优的了,中央政府就不会执行最初宣布的规则或政策。地方政府正是预计到了这一点,各显神通,把"生米煮成熟饭",造成既成事实。例如,中国一直实行严格的土地政策,控制农用地转为非农用地,但广东东莞在经济的高速成长中,明显突破国家的土地法律和政策,由于这种突破已即成事实,并且确实带来了地方经济的繁荣,中央政府也就默许了。

国的直接投资。

三、政府信用形式

政府信用形式是指政府信用的表征形式,即通过什么方式表征存在政府信用以及政府信用量的多少。政府信用的表征形式分为总体表征形式和具体表征形式两个方面,总体表征形式是指通过宪法、法律等规则以及人们对政府的总体评价等综合表征的政府的合法性,我们称之为合法性信用;具体表征形式有两种:一是规则,二是承诺,分别称为规则信用与承诺信用。分述如下:

(一)合法性信用

合法性与政治秩序有关,是指政治统治被社会认可和尊重。哈贝马斯指出:"合法性的意思是说,同一种政治制度联系在一起的、被认为是正确的和合理的要求对自身有很好的论证。合法的制度应该得到承认。合法性就意味着某种政治制度的尊严性。"[①]"只有政治制度才拥有或者才可能丧失合法性;只有它才需要合法性"。[②] 任何一种政治统治都要尽力设法把自己标榜为是"合法的",都要唤起人们对其统治的"合法性"的信仰。马克斯·韦伯指出:"一切经验表明,没有任何一种统治自愿地满足于仅仅以物质的动机或者仅仅以情绪的动机,或者仅仅以价值合乎理性的动机,作为其继续存在的机会。勿宁说,任何统治都企图唤起并维持对它的'合法性'的信仰。"[③]哈贝马斯更是深刻地指出,"在某种情况下,失去合法性对一个政权来说,具有产生生存危机的结果。如果这种合法性危机的结果,不仅使国家的基本结构发生变化,而且也使整个社会的基本结构发生变化,我们说,这就是革命。"[④]政治统治的合法性的程度由人们对统治的信任程度来衡量。

---

① [德]尤尔根·哈贝马斯:《重建历史唯物主义》,郭官义译,社会科学文献出版社2000年版,第262页。

② 前引[德]尤尔根·哈贝马斯:《重建历史唯物主义》,第262页。

③ [德]马克斯·韦伯:《经济与社会》上册,林荣远译,商务印书馆1998年版,第239页。

④ 前引[德]尤尔根·哈贝马斯:《重建历史唯物主义》,第262页。

"一个统治的合法性,是以被统治者对合法性的信任为尺度的。这涉及着'信任问题',即相信一个国家的结构、活动、活动方式、决策、政策,以及一个国家的官吏和政治领导人都具有正确性、合理性、善良道德的素质;并且相信由于这种素质而应得到承认。'"①为了赢得合法性,统治者往往需要将现行统治及其制度的合法性灌输给人们,无论是资本主义,还是社会主义,概莫能外。"对合法性投资是苏联和中国社会的一个更突出的特征。诚然,在中国的共产主义中,这种投资既支配正规的教育机构也支配非正规的教育机构。"②

中国共产党领导的中国政府实行的是人民民主专政的政治制度,深得广大人民的拥护,其合法性不容置疑。但是,中国共产党和中国政府的提倡的新的意识形态和倡导的新制度也需要通过一定的方式传达给各级领导干部和广大社会公众,使新思想、新观念深入人心,在人们心中取得合法性。

所谓合法性信用,是指政府基于其存在和活动的正当性、合法性所取得的信用。弗里德曼对合法性信用有非常深入的阐述:"信任就是认为掌权者一定知道他们在干什么,一定是专家,一定明智,一定有信息和好的政策。总统调动军队,他一定知道些我们不理解的有关形势的情况。食品和药品管理局下令从我们食品中去掉某种化学物品,管理局一定试验过,发现它有害。市政府把一条双向街改为单向街,它一定征求过交通工程师意见。"③合法性信用的意义在于:(1)它树立了政府的权威,当人们缺少足够的信息对政府行为是否值得信任不能做出判断时,选择信任。也就是说,如无相反证据证明政府的某项政策或某种行为是不值得信任的,人们选择信任政府的该政策和该行为。(2)它也使政府犯错、偶尔的失信、政府官员的败德行为等不至于严重损害政府信用。由于合法性信用是基于人们对政府一般性的、总体上的信任取得的,不会因为某些具体的失信行为发生改变。如果政

---

① 前引[德]尤尔根·哈贝马斯:《重建历史唯物主义》,第287页。
② 前引[美]道格拉斯·C.诺思:《经济史上的结构和变革》,第63页。
③ [美]劳伦斯·M.弗里德曼:《法律制度——从社会科学角度观察》,李琼英、林欣译,中国政法大学出版社2004年修订版,第129—130页。

府犯错,人们相信政府会改正错误;如果政府偶尔失信,人们会认为政府是不得已而为之,是可以原谅的;如果官员败德,人们会认为是个别腐败分子的个人行为,与政府无关。

(二)规则信用

规则是政府制定的各种法律、法规、规章和规范性文件,规则的实施虽然以国家强制力为后盾,但如果规则只能靠国家强制力来推行的话,不仅实施的成本是巨大的,而且也难以得到有效实施。规则的实施在很大程度上依赖于相对人的自觉遵守。相对人自觉遵守规则主要原因有二:(1)遵守规则符合道德、习俗或相对人的思想观念。弗里德曼指出,"从文化上讲,违反大家感情和愿望的法律很难执行,很可能无效。"[1](2)遵守规则符合相对人的利益。这一方面要求规则必须是制定良好的规则,能代表多数相对人的利益,能为多数相对人所接受;另一方面,规则必须被信任,即相对人相信规则是会被实施的,相对人才会自觉接受规则的指引。规则被信任后,政府就取得了规则信用,可以通过制定规则来指引相对人的行为,达到政府的目标。相反,如果规则不被信任,通常是难以实施的,政府制定规则的目标也就难以实现。例如,《政府采购法》第5条和第10条分别规定:"任何单位和个人不得采用任何方式,阻挠和限制供应商自由进入本地区和本行业的政府采购市场。""政府采购应当采购本国货物、工程和服务,……"为了保障第5条的实施,第83条还规定:"任何单位或者个人阻挠和限制供应商进入本地区或者本行业政府采购市场的,责令限期改正;拒不改正的,由该单位、个人的上级行政主管部门或者有关机关给予单位责任人或者个人处分。"但是,从实施的情况来看,第5条没有得到有效实施,而第10条的实施效果却很好。其原因当然是十分复杂的。但有一点可以肯定,采购人相信政府采购主管部门将会严格执行第10条,从而自觉接受第10条的指引。该条是关于保护本国产品的规定,采购国货,既是法律义务,也是道德义务。更重要的是,它符合政府采购主管部门的利益,对不采购国货的,政府采购

---

① 前引［美］劳伦斯·M.弗里德曼:《法律制度——从社会科学角度观察》,第126页。

主管部门会查处;如果政府采购主管部门不查处,社会压力也会迫使其查处,因此采购人一般不敢冒天下之大不韪,不采购本国产品。第 5 条是关于建立政府采购全国统一大市场的规定,在财政联邦主义的背景下,地方政府都希望本地产品能够占有更多的市场,政府不仅不会反对采购人采购本地产品,还会主动地采取措施限制外地供应商进入本地政府采购市场,因此,违反第 5 条,不会受到政府采购主管部门的处罚,第 83 条的威胁是不可置信的,所以采购人不会接受第 5 条的指引。规则信用是指人们相信政府制定的规则是正当的,并且会被执行,从而自觉遵守规则。在法治社会中,政府制定的规则主要是法律。规则信用受两个方面因素的制约,一是规则的正当性与合法性,没有任何规则能够仅仅依靠强力得到实施。正如阿蒂亚所说:"除非广大公众认为有某种道义上的义务遵守制定的法律,否则,法律就有可能得不到执行。"①二是规则将被执行的可信性,规则往往涉及到利益的调整,人们选择是否遵守规则,除了考虑规则的合法性外,更多的是从自身的利益角度考虑并做出抉择的。如果政府会严格执行规则,则主动遵守规则通常是最优的选择。规则被信任,规则的实施就更容易,政府投入到规则执行中的成本也就越少。

(三) 承诺信用

承诺是政府通过契约所担负的义务或者单方面加于自身的义务负担,前者如发行国债,后者如政府承诺维护货币稳定。政府的承诺取得相对人的信任后,政府就可以利用这种信任,即取得政府信用。如发行国债,只有相对人相信政府会到期还本付息才会购买国债,政府通过国债筹集资金的目的才能实现;如果相对人不相信政府会到期还本付息,就不会购买国债,政府通过国债筹集资金的目的就不能实现。再如维护货币稳定的承诺,如果人们相信了政府的承诺,就不会抢购商品、哄抬物价,从而也有利于物价的稳定;相反,如果人们不信任政府的承诺,就会继续抢购商品,推动物价的进一步上涨,政府稳定物价的目标难以实现。

---

① [英]P. S. 阿蒂亚:《法律与现代社会》,范悦等译,辽宁教育出版社 1998 年版,第 155 页。

四、政府信用践行

政府信用践行,也就是政府守信,是指政府贯彻实施其所制定的规则和法律、践行所作的承诺。政府信用践行是政府信用的核心构成要素,政府信用是一种资源,资源可以被利用,但必须合法、合理地利用。政府只有践行自己的承诺和规则,才属于对政府信用资源的合法和合理支配。否则,属于政府信用资源的滥用,如果是基于主观故意,则是一种欺诈行为。

政府信用践行也是保有和增添政府信用的主要方式,林肯曾经说过,"你可以在某些时候欺骗所有的人,也可以在所有的时候欺骗某一些人,但你不可能在所有的时候欺骗所有的人。"这句话对政府同样是适用的。由于政府不践行规则和承诺,政府信用受到严重破坏的事例比比皆是。

政府信用的践行,必须同时具备两个条件:一是政府践行信用的能力;二是政府践行信用的意愿,缺一不可。就政府践行信用的能力来说,践行政府信用就是履行政府的义务,必须有相应的能力做保障。以国债为例,践行政府信用就是到期还本付息,政府必须在国债到期时有足够的资金支付本息。政府的能力是有限的,它并不能做它想做的一切事情。很多情况下的政府失信,是政府能力不够造成的。就政府践行信用的意愿来说,践行信用需要支付成本,从短期来说,由于政府的信用已经被利用,不践行信用不会改变政府已经获得的利益,因此,政府往往不愿意承担践行信用成本。但从长期来看,政府践行信用是收益大于成本的。要使政府有践行信用的意愿,建立政府对长期收益关注的机制是重要的。

五、政府信用保障

政府信用属于政府的资源和财富,像其他财富一样,政府信用也需要保护。对政府信用资源的损害主要有多种形式:(1)贬损政府声誉①;(2)冒用

---

① 政府是公共机构,应当受到公众的监督。不能把正常的社会监督(即使监督中出现失实、适当等情况)视为贬损政府声誉。

政府名义从事活动;(3)政府之间因利益冲突而不守信用;(4)政府工作人员的腐败行为;(5)政府及其工作人员的其他违背政府信用的行为。政府信用的保障包括两个方面的含义,一是对政府信用资源的保障,防止对政府信用资源的侵占和破坏;二是对政府践行信用的保障,主要是保障政府具有践行政府信用的能力。

保护政府信用首先必须对损害政府信用的行为予以打击和约束。这需要建立相应的保护制度。"制度是为约束在谋求财富或本人效用最大化中个人行为而制定的一组规章、依循程序和伦理道德行为准则。"①制度包括正式制度和非正式制度,正式制度最典型的表现形式是法律。政府信用主要依靠法律这一正式制度来保护。信用的法律保护方法有公法的方法和私法的方法。公法主要是通过追究损害信用行为人的刑事责任或者行政责任,以达到惩罚和遏制损害他人信用行为的目的。私法方法是将信用作为一项权利——信用权②,依照民法的规定予以保护。目前,我国政府信用主要利用公法的方法予以保护,能否利用私法的方法予以保护,是一个需要探讨的问题。笔者认为,利用公法方法予以保护,虽然力度大、效果好,但容易导致政府滥用权力打击报复正常的社会监督③。因此,应当对政府的这种行为有所制约,只有出现法律明文规定的损害政府信用的情形,才能适用公法方法。私法的方法是政府以平等主体的身份,通过行使停止侵害、消除影响、赔偿损失等请求权来维护政府信用,有效地避免了公法方法中存在的弊端。不过,我国目前尚未在立法上确认信用权,企业等私人也难以以私法方法保护其信用,只能借助名誉权来保护,政府当然也就不能借助私法方法保

---

① 前引[美]道格拉斯·C.诺思:《经济史上的结构和变革》,第227—228页。

② 有关信用权的具体内容,参见吴汉东:《论信用权》,《法学》2001年第1期。

③ 2009、2010年接连发生因记者发表有损政府、政府官员形象或对地方经济有负面影响的报导而导致被公安机关通缉或逮捕的事件,引起社会的广泛批评。为此,最高人民检察院针对这一问题专门做出规定:"今后一段时间内,对于公安机关提请逮捕的诽谤案件,受理的检察院经审查认为属于公诉情形并有逮捕必要的,在作出批捕决定之前应报上一级检察院审批。"

护其信用了。为此,笔者建议尽快就信用权问题进行立法①。

政府的信用能力是政府践行信用的保障,可资利用为信用能力的资源包括:人力资源、物资资源和权力资源。当政府制定某项规则或者做出某个承诺时,必须同时考虑相应的能力保障资源的配备,本文第六章将专门探讨这一问题。

六、政府信用评价

政府信用评价包括信用关系相对人的评价和社会公众的评价。就信用关系相对人来说,信用评价是旧的信用关系的终点,也是新的信用关系的起点。在信用关系开始的时候,信任方授予信用方信用;在信用关系终了的时候,信任方需要对信用方的守信情况进行评价,从而决定是否继续授予信用方信用。信用评价决定着信用关系的可持续性。普通的信用关系是如此,政府信用也是如此。例如,遭受了一次枉法裁判的人,往往选择不相信法律。所以,培根说:"我们应当懂得: 一次不公正的裁判,其恶果甚至超过十次犯罪。因为犯罪虽是无视法律——好比污染了水流,而不公正的审判则毁坏法律——好比污染了水源。"②

信用评价是社会公众是否信任政府的重要依据。政府的守信与失信具有可传播性,无论是政府的守信行为还是失信行为都可能被放大。政府不仅要守信,而且要用"看得见"的方式守信,即守信的行为要让信用关系以外的人也能感觉到,从而建立对政府信用的良好评价,增添政府的信用。

信用评价不仅对于授信人来说十分重要,因为它是授信人决定授信的重要依据;而且,对于受信人来说,也同样重要。在商人信用中,通过建立征信体系,使守信的商人与不守信的商人区分开来,为守信的商人提供更多的信用资源。例如,中小企业融资难是制约这些企业发展的瓶颈,中小企业之所以融资难,一般认为是因为中小企业信用差,这其实并不准确,很多中小

---

① 对信用权的立法问题,赵万一做了专门研究。参见赵万一:《信用权保护立法研究》,《现代法学》2008 年第 2 期。

② [英]培根:《培根论说文集》,水天同译,商务印书馆 1983 年版,第 103 页。

企业具有很好的资信能力,只是没有办法将它们与资信状况不好的中小企业区分开来。因此,破解中小企业融资难的困局,关键是建立起中小企业征信体系,使资信状况良好的中小企业能被甄别出来,这样,资信状况良好的中小企业就能取得信用,从而获得融资。政府信用也需要类似的评价机制。如果政府是否守信以及守信的程度难以评判,政府守信与否,不影响人们对政府授信的程度,也就是说,政府守信,不能增加其信用量;政府失信,不能减少其信用量,政府就会缺少守信的动力。因此,应当建立政府信用评价体系,为政府守信提供激励。

第二节　政府守信的条件

如前所述,政府守信应当同时具备两个条件:践行信用的能力和践行信用的意愿,分别简称为:政府信用能力和政府信用意愿。政府信用能力是政府守信的客观条件,政府信用意愿是政府守信的主观条件。

一、政府信用能力

(一)政府信用能力与政府能力的关系

准确把握政府信用能力的含义,首先必须从政府能力说起。政府能力,也称国家能力,不同的学者从不同的侧面有不同的理解。如阿尔蒙德认为:"政府能力是指建立政治行政领导部门和政府行政机构,并使他们具有制定政策和在社会中执行政策,特别是维持公共秩序和维护合法性的能力。"[1]吴国光认为,国家能力包括"消极国家能力"、"积极国家能力"和"超国家能力"。"消极国家能力"是指调节社会冲突、维持社会秩序、防止暴力和犯罪等方面的能力;"积极国家能力"是指促进经济社会发展的能力;"超国家能

---

[1] [美]加布里埃尔·A.阿尔蒙德,小 G.宾厄姆·鲍威尔:《比较政治学:体系、过程和政策》,曹沛霖等译,上海译文出版社 1987 年版,第 433 页。

力"是指为实现某种意识形态目标而改造社会的能力。① 王绍光、胡鞍钢认为,国家能力是国家将自己的意志转化为现实的能力,包括四种能力:第一,汲取能力,指国家动员社会经济资源的能力;第二,调控能力,指国家指导社会经济发展的能力;第三,合法化能力,指国家运用政治符号在公众中制造共识,进而巩固其经济地位的能力;第四,强制能力,指国家运用暴力手段、机构、威胁等方式维护其统治地位的能力。② 谢庆奎认为:"所谓政府能力,就是指政府能不能制定一个切合实际的现代化政策,能不能有效地推行和贯彻这种政策,能不能持续稳定地将这种政策引向深入的能力。衡量政府能力大小强弱的标准有两条:一是政府的权威性,即政府能在多大程度上得到群众的支持与拥护;二是政府的有效性,即政府能在多大程度上贯彻其方针、政策。这种政府能力具体表现为指导能力、动员能力、分配能力、适应能力、利益综合能力、监督能力、协调能力、服务能力,等等。"③ 何显明认为,政府能力是指"政府运用公共权力和公共资源,履行职能,实现自己的行政意图的能力。"④

以上对政府能力的界定,虽然表述有很大差异,但都是从政府职能的角度来界定的。确实,政府的资源配置是以满足政府职能的需要为依据的,"政府职能框定了政府能力的基本内容和发展方向"⑤。但是,"政府职能涉及的是政府'要干什么'的问题,……政府能力涉及的是政府'能干什么'的问题……。"⑥两者的差异是显而易见的。政府职能只是对政府应当具备什么样的能力提出要求或指引,而政府能力是对一个政府在一定时期具有什么样的能力的客观描述。因此,政府能力最简单、最准确的表述应当是:政

---

① 参见前引何显明:《信用政府的逻辑——转型期地方政府信用缺失现象的制度分析》,第146 页。

② 王绍光、胡鞍钢:《中国国家能力报告》,辽宁人民出版社1993 年版,第6 页。

③ 谢庆奎:《政府职能与政府职能转变》,《百科知识》1995 年第8 期。

④ 前引何显明:《信用政府的逻辑——转型期地方政府信用缺失现象的制度分析》,第147—148 页。

⑤ 金太军:《政府能力引论》,《宁夏社会科学》1998 年第6 期。

⑥ 前引何显明:《信用政府的逻辑——转型期地方政府信用缺失现象的制度分析》,第147 页。

府通过支配其所拥有的各种资源,将其意志转化为现实的能力。理解政府能力的含义要注意两点:(1)政府能力的大小,取决于政府所能支配的资源,可支配的资源越多,政府能力越强;(2)政府能力并不是越强越好,因为政府能力并不仅仅可以用来履行政府职能,还可以用来干侵害人们自由和权利的事。诺斯悖论说明了这个问题,吴敬琏关于好的国家干预和坏的国家干预也是对它的注解。林肯曾经说过,我们究竟是要一个强大到足以威胁其人民自由的政府,还是一个弱小到不能维持和保护人民自由的政府,这是一个永恒的问题。[1]

政府信用能力是政府执行规则和践行承诺的能力,从属于政府能力。政府执行规则和践行承诺必须依赖政府支配的资源,政府能力越强,政府信用能力也就越强;政府能力越弱,政府信用能力也就越弱。但必须注意的是,政府能力越强,政府破坏规则、背弃承诺的能力也越强。

(二)政府信用能力与政府职能的关系

政府信用能力与政府职能是相互联系、相互影响的关系。一方面,政府职能对政府信用能力有决定性的影响:政府职能决定政府资源的配置,离开了政府职能,政府就失去了取得和支配社会资源的依据,政府信用能力也就失去了资源支持;另一方面,政府信用是为实现政府职能服务的。政府信用能力越强,政府职能的实现程度也就越高。更重要的是,在一定的时期内,政府可供支配的资源是有限的,也就是说,政府信用能力是有限的,这也构成了对政府职能的约束,没有资源保障的职能是无法实现的。

政府信用能力与政府职能的相互关系原理表明,必须坚持政府信用能力与政府职能的一致性。正如刘易斯所言:"如果不考虑有关政府的能力,抽象地考虑一个政府应行使什么样的职能是无益的。"[2](1)在设定政府职能时,必须为政府履行职能配备相应的资源,使政府具备履行职能的能力,从而保证政府具备执行规则和践行承诺的信用能力;(2)拟赋予政府的某

---

① 转引自[美]柯特勒编著:《美国八大错案》,刘未译,商务印书馆1997年版,第8页。

② [英]刘易斯:《经济增长理论》,周师铭等译,商务印书馆1983年版,第471页。

项职能在客观上不具备信用能力保障的情况下,不能将该项职能赋予政府。

(三)政府信用能力的构成因素

政府信用能力的构成因素包括政府财产、政府机构和政府工作人员、政府权力及政府行为的正当性与合法性四个方面。

1.政府财产

政府财产是完成政府职能的物质基础,无论是执行规则还是践行承诺,都需要财产,巧妇难为无米之炊。在我国转型时期出现的很多政府失信行为,与政府没有足够的财产有关。典型的如:政府拖欠工程款、出口退税款等,政府因缺少经费无力查处某些违法行为。

政府财产主要来源于税收。税收是政府凭借国家权力强制地、无偿地取得财政收入。税收的取得虽然是强制的、无偿的,但却不是无限的,政府不能无限制地征税。税收受到几个方面的限制:(1)国民经济产出能力的限制。一定时期国民经济的产出能力是有限的,不能无限制地满足政府的欲望。(2)税率对国民经济影响的限制。税率的提高对投资有挤出效应,美国供给学派的著名代表拉弗教授分析了税率与税收收入、经济增长之间的内在关系,提出著名的"拉弗曲线"(如图4-1)。当税率为零时,市场经济活动或税基为最大,但税收为零,税率稍有提高后,税基会相应缩小,但其程度较小,故税收总额还会增加;当税率上升至某一最适度的点(A点),税收极大化,找到最佳税率。如果超过这一点,继续提高税率,就进入"拉弗禁区",因税基以更大程度缩小,即市场活力或生产加速萎缩,反而导致税收下降;当税率处于禁区的末端(B点),即税率为100%时,税收也相应降至零。(3)统治合法性的限制。薄徭轻赋一直是善政的标志,而苛捐杂税则是暴政的体现,孔子曾发出过"苛政猛于虎"的感叹。过高的税负会给政府带来合法性危机,中国历史上的许多王朝更替,均与沉重的税负有关。(4)税收法律主义的限制。现代法治社会,普遍奉行税收法律主义,税法的制定和修改,都由法律加以规定,政府不能任意征税。

既然政府财产是有限的,有限的政府财产要保证政府拥有相应的信用能力,必须在两个方面做出安排:(1)建立有限政府,科学确定政府的职能。

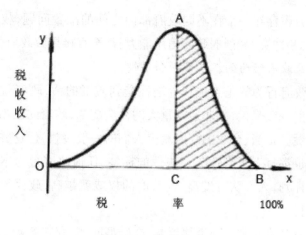

图 4 - 1　拉弗曲线

（2）合理配置政府财产,满足政府执行规则和践行承诺的需要。

2. 政府机构和政府工作人员

政府信用最终总是要通过政府机构的政府工作人员的行为去践行,因此,政府机构的设置、政府工作人员的配备情况及其素质,对政府信用能力影响很大。就满足政府信用能力的要求来说,规则必须有执行的机构,执行的机构在人力、物力和财力方面都能满足执行规则的需要;做出承诺的政府部门,必须为承诺的践行配备具有相应能力的工作人员。

3. 政府权力

政府权力也是政府信用能力重要的构成因素。人们赋予政府职能的同时,也就授予了政府权力。权力和职能的一致性,是政府践行信用的前提条件。但是,人们授予政府权力是通过代议制机构制定的法律来实现的,代议制机构(立法者)的组成人员是人不是神,且社会在不断地发展变化,故不可能实现最理想的授权,所授权力要么过大,要么过小。在实际生活中,政府权力与政府职能不一致的情况常有发生。政府权力与政府职能不一致,存在两种情况:一是政府权力不足以保障其履行政府职能,这样就会导致规则的不执行或承诺的不兑现;二是政府权力超越了政府职能的需要,这样会导致对人们自由和权利的侵害。

政府权力还存在一个在不同政府部门之间的配置问题,权力配置不合理,相互矛盾和冲突,会削弱政府信用能力,甚至直接导致政府失信。

4. 政府及政府行为的正当性和合法性

政府及政府行为的正当性和合法性受到质疑的话,政府就会完全丧失信用能力。但一般来说,除非遇到重大的社会变革,政府的正当性和合法性不会受到质疑。正当、合法的政府获得人们的一般授权,但这并不等于政府的任何行为也都打上正当性与合法性的标签,任何政府行为本身都要经受人们的道德评判,人们认可度高,则政府的权威就越高,政府该项行为就越容易得到执行。

正当性与合法性是一种道德评判,在转型时期,存在着新旧意识形态的交错与冲突,一些好的政府行为在旧的意识形态价值评价中,可能是不正当、不合法的,从而受到坏的评价,乃至阻挠。因此,在转型时期,倡导先进的意识形态对于政府信用能力的提高具有重要意义。

二、政府信用意愿

现代经济学理论的发展为政府信用意愿提供了解释。这些经济学理论包括委托—代理理论、成本—收益论和博弈论。

(一)委托—代理理论与政府信用意愿

委托—代理理论认为,在委托—代理关系中,代理人接受委托人的委托,本来应当忠于委托人的利益,但是,作为经济人,代理人追求的是代理人自身利益的最大化,当两者的利益不完全一致时,代理人就会为追求自身利益而舍弃委托人的利益。如果双方的信息是充分、透明的,则委托人可以监督代理人的工作,代理人如果违背了委托人的利益,委托人可以追究其违约责任,使代理人不敢偏离委托人的利益。但是,实际生活中,委托人和代理人的信息是不对称的,代理人掌握较多的信息,这表现在代理人的某些行为对委托人来说是不可证实的,或者是委托—代理关系建立后代理人得到了私人信息不向委托人披露。在这种情况下,代理人偏离委托人的利益就是不可证实的,也就是说,委托人失去了对代理人进行控制的能力,代理人偏离委托人的利益不会受到委托人的追究。这样,对于代理人来说,为了自身利益偏离甚至损害委托人的利益就成了最佳选择。这就是所谓的代理人的道德风险。信息经济学将委托—代理理论推而广之,将在交易关系中处于信息优势的一方称为代理人,处于信息劣势的一方称为委托人,只要存在信息不对称,道德风险就会存在。在有些情况下,是双方各有信息优势,则双方互为委托人与代理人,存在双方道德风险。① 在政府信用关系中,人们是授信人,也是委托人,政府是受信人,也是代理人,双方掌握的信息也是不同的,作为受信人的政府掌握的自身信息总比作为授信人的人们多,这就存在政府败德行为的可能性。如果政务不公开,政府行为透明度低,政府不守信不容易被授信人发现,那么政府就容易摆脱信用的约束,政府就不会有守信意愿。如果政府行为透明度高,政府行为的信息传递畅通,政府失信行为就会减少,因为人们可以有足够的信息判断政府的信用状况,从而选择信任或不信任政府,而政府一旦失去了人们的信任,也就失去了合法存在的依据,面临被推翻的危险。

　　按照委托—代理理论,要提升政府信用意愿就必须增加政府行为的透明度,健全政府行为的信息传递机制,减少信息非对称性。为了做到这一点,就必须建立健全政务公开制度,建设透明政府。

(二)成本—收益论与政府信用意愿

　　交易成本论认为,信用意愿由成本与收益决定,受信人是否守信,取决于守信的成本与收益。若失信行为不能够产生足够的经济损失,失信的成本少于失信产生的收益,失信行为就会继续下去;相反,如果失信的成本大于失信产生的收益,则失信行为将因失去利益驱动而减少甚或消失。根据公共选择学派的观点,政府及政府官员也是经济人,是否执行规则和践行承诺,不是从公共利益的角度考虑,而是从政府及政府官员的利益角度考虑。如果践行信用有利于政府及政府官员,他们就会践行信用,否则,他们就会

---

① 参见[西班牙]因内思·马可—斯达德勒、大卫·佩雷斯—卡斯特里罗:《信息经济学引论:激励与合约》,管毅平译,上海财经大学出版社 2004 年版,第2—8 页。

选择失信。

按照成本—收益理论，要减少失信行为、创造良好信用环境，就必须建立起严格的失信惩戒机制和信赖利益补偿机制。只要失信招致的损失大于失信取得的收益，政府就没有动力做出失信的决策，政府自律才会逐步实现。惩治政府的失信行为，就是要建立责任政府。

（三）博弈论与政府信用意愿

博弈论认为，对局者总是寻找对自己最优的策略并由此形成一个均衡状态。博弈论在解释信用关系上，区分一次博弈和长期博弈。在一次博弈中，由于失信可以带来额外的收益，对局者的最优选择是失信；在长期博弈中，如果长期交易带来的收益足够大，超过了失信的收益，守信就成为了最优选择。[①] 博弈论为信用机制和政府信用机制提供了解释。

1. 信用机制

信用机制是指信用本身具有的保障信用关系当事人信守承诺的机制。青木昌彦对信用的自我实现机制做了如下阐述："在缺乏有效的第三方实施机制的情况下，为了实施互惠合同，他们之间必须发展相互信任关系（声誉），以维护关系合同。要做到这一点，在理论上必须具备两个条件：第一，在双方违约的情况下终止合同的威胁是有效的；第二，有关整个交易与违约的信息传播是有效的。"[②]而克瑞普斯（Kreps）用一个简单的博弈模型阐述了信用机制。[③] 假定有两个当事人，一个委托人，另一个是代理人，博弈有两个阶段。在博弈的第一阶段，委托人可以选择信任代理人，也可以选择不信任代理人。如果委托人不信任代理人，交易不进行，博弈结束，双方各得0的收入。如果委托人信任代理人，博弈进入第二阶段，轮到代理人决策。代理人可以选择诚实，也可以选择欺诈。如果代理人选择诚实，双方各得5个单位的收入；如果代理人选择欺诈，代理人得到10个单位的收入，委托人

---

① 参见张维迎：《信息、信任与法律》，生活·读书·新知三联书店2006年第2版，第59—64页。

② 青木昌彦：《比较制度分析》，上海远东出版社2001年版，第265页。

③ 参见张维迎：《法律制度的信誉基础》，《经济研究》2001年第1期。

损失 5 个单位的收入。现在我们分情况来讨论博弈的纳什均衡(图 4 -
2①)。

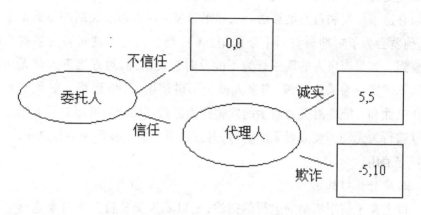

图 4 - 2　信用博弈

　　假定交易只进行一次,给定委托人选择信任的情况下,代理人的理性选
择是欺诈,因为选择诚实只能得到 5 个单位的收入,而选择欺诈可以得到
10 个单位的收入。回到博弈的第一阶段,委托人预期代理人会选择欺诈,
委托人会选择不信任,因为选择不信任只是没有收益,而选择信任则会损失
5 个单位。这样,得出的纳什均衡是令人沮丧的:委托人选择不信任,代理
人选择欺诈,交易无法进行。但交易往往不只进行一次,对多次交易的预
期,博弈的结果就改变了。设委托人开始信任代理人,如果代理人选择欺
诈,委托人将不再信任代理人,代理人的所有收益便为 10 个单位。但如果
代理人选择诚实,委托人继续信任代理人,代理人每次交易都可以取得 5 个
单位的收益,这样,只要以后多次交易的总期望收入(贴现)大于 10 个单
位,代理人就会选择诚实。委托人预期代理人会选择诚实,也会选择信任代
理人。至此,可以达到纳什均衡:委托人选择信任,代理人选择诚实,交易顺
利进行。

---

①　前引张维迎:《信息、信任与法律》,第 60 页。

根据以上博弈模型,可以归纳出信用机制发挥作用的条件:(1)博弈必须是重复的。如果交易只进行一次,当事人不会选择讲信用。(2)当事人必须有追求长期利益的足够耐心。如果当事人没有追求长期利益的足够耐心,他就会为了短期利益而不守信用。(3)当事人的不诚实行为能被及时观察到。如果当事人的欺骗行为不能及时被观察到,对方当事人就无法针对其不诚实行为采取对策,当事人就会不讲信用。(4)当事人必须有足够的积极性和可能性对交易对手的欺骗行为进行惩罚。如果面对对方当事人的欺骗行为无动于衷或者无能为力,对方当事人的欺骗行为不会停止,不会选择守信用。

2. 政府信用机制

以上关于信用机制的运行的描述,是以私人交易行为为对象进行分析的。当行为主体的一方或双方变成政府时,该信用机制是否还起作用呢?回答是肯定的。从对信用机制的分析可以看出,该机制是以行为人为追求自身效益的最大化的经济人作为惟一的前提条件,只要政府在与相对人的博弈中也是追求其效益的最大化,则信用机制适用于政府参与的博弈。那么,政府是不是经济人呢?兴起于20世纪40年代的公共选择理论将理性经济人假设引入了公共领域。布坎南指出,"个人是严格按经济人的方式行动的……当人们改变角色时,并没有变为圣人,或者说,至少没有像我们学术界同行所渴望的那样变为实际的圣人。"①确实,按照逻辑的一致性,一个人如果做企业经理是经济人,那么他做政府的部长同样会是经济人,同一个人不会根据不同的行为动机进行活动。政府以及政府官员在社会活动和市场交易过程中同样也反映出经济人理性的特征,政府及其公务人员也具有自身的利益目标,其中不但包括政府本身应当追求的公共利益,也包括政府内部工作人员的个人利益,此外还有以地方利益和部门利益为代表的小集团利益。

政府信用也不能天然取得和维持,也要在交互行为中形成和维持。以

---

① [美]布坎南:《自由、市场和国家》,平新乔、莫扶民译,上海三联书店1989年版,第347页。

政府与人们的交互关系为例,人们首先选择信任政府,因为对人们来说,政府是其通过代议制方式选定的,并且需要政府、依赖政府,在政府是否可信尚不确认的情况下,选择信任政府就是相信自己的选择。政府虽然是作为人们的代理人被选择的,但一旦成立,就有自己独立的利益和意志。政府可能以守信来回报人们的信任,也可能辜负人们的信任,背弃信任。如果政府守信,人们就会更加信任政府,政府取得信用;如果政府失信,人们就不会再相信政府,政府失去信用。

根据前述信用机制产生的四个条件,政府信用机制的形成也同样需要满足这四个条件。(1)政府参与的博弈必须是重复的。政府和人们的关系、政府之间的关系都是稳定的、长期的,因此双方的博弈是重复博弈,具备形成信用机制的最重要的条件。(2)政府必须有追求长期利益的足够耐心。如果政府没有追求长期利益的足够耐心,政府就会为了短期利益而不守信用。从政府的总体来说,要维护统治的长治久安,应该说是有从事重复博弈的足够的耐心的。但是,政府不是抽象的,而是由具体的机构和具体的官员组成的,并且是由这些具体的机构和具体的官员去履行政府对人们的承诺的。而这些具体的机构和具体的官员并不总有足够的耐心去追求政府的长期利益,也就是说,并不总有守信的动力。(3)政府的不诚实行为能被及时观察到。如果政府的欺骗行为不能及时被观察到,人们就无法针对其不诚实行为采取对策,政府就会不讲信用。(4)人们或其他相对人必须有足够的积极性和可能性对政府的欺骗行为进行惩罚。如果人们面对政府的失信行为无动于衷或者无能为力,政府不会选择守信用。从人们的总体来说,是有足够的动力和能力去惩罚失信的政府,但人们是分散的、无组织的,单个的人们既缺乏惩罚政府的动力,更缺乏惩罚政府的能力。

美国斯坦福大学的阿夫纳·格雷夫(Avner Greif)将博弈论与历史经验归纳性分析相结合,建立了关于欧洲中世纪商人行会与政府信用的模型。欧洲中世纪的商人是一个新兴的阶层,他们往来于各个城邦之间从事贸易,他们的利益得不到世俗法律的保护,很容易遭受城邦统治者的侵犯。在此过程中,来自同一国家的商人逐渐组成自己的行会,一旦有会员受到某城邦侵犯,行会所有成员对该城邦实施禁运,从而使城邦遭受损失,为了避免商人行会对城邦的抵制,城邦统治者不得不对商人讲信誉,保护商人的利益。[①]

虽然中世纪的欧洲商人通过商人行会成功地实现了政府对其守信用。但是,根据以上分析,在很多情况下,政府信用机制难以自发形成,必须借助外在的力量来制约政府的失信行为,保障政府守信,这种外在的力量就是法治,有关该问题,将在下一章展开详细的阐述。

第三节 宏观调控中政府守信的条件

如前所述,政府信用是宏观调控绩效的增函数,而守信是增添政府信用的基本方法,因此,宏观调控中政府守信是重要的。但并不因为政府守信重要,政府就会自觉守信。政府守信仍然是有条件的。与前文的分析相一致,这种条件还是包括信用能力和信用意愿两个方面。

一、宏观调控中的政府信用能力

宏观调控行为是政府行为的一种,前文关于政府信用能力的论述,也适用于宏观调控中的政府信用能力。但是,宏观调控是一种特殊的政府行为,宏观调控中的政府信用能力除了具有政府信用能力的一般规定性外,还有自己的特点。宏观调控是通过发出调控信号,实现调控目标。宏观调控中的政府信用能力就包含两层含义:一是保证调控信号真实有效并贯彻实施的能力;二是保证调控目标实现的能力。

(一)保证调控信号真实有效并贯彻实施的能力

政府并不能任意地发出宏观调控信号,它会受到政府能力的限制。这种能力限制除了通常所说的人力、物力和财力的限制外,主要还受到政府权

---

① See Avner Greif, Milgrom Paul and Weingast Barry. R,1994. "Coordination,Commitment,and Enforcement: The Case of the Merchant Gild" journal of Political Economy, Vol. 102,No. 4,pp. 745 – 776.

力的限制和现有技术条件的限制。关于人力、物力和财力的限制,前文在论述政府信用能力时已有论述,这里主要对政府权力的限制和现有技术条件的限制展开讨论。

1. 政府权力的限制

在法治社会中,一切政府权力都来源于法律的授权,在法律之外,不存在任何政府权力。政府进行宏观调控,必须在法律允许的范围内进行。政府超越法律发出宏观调控信号,其本身就缺乏合法性和正当性,是政府失信的一种表现形式(因为政府有在法律允许的范围内活动的明示或者默示的承诺);这种调控信号的可执行性也受到怀疑,从而影响其执行。

中国是一个长期实施"人治"的社会,政府的法治观念薄弱。并且,在长期的计划经济时期,政府习惯了无所不管,从来没有考虑过政府该不该管的问题。在很多政府官员的理念中,只要是为人民服务,不是为了谋私利,政府的行为就是正当的,而不管所做的事是否有法律依据。这样,超越法律规定使用调控措施的现象就变得屡见不鲜。

从表面上看,政府拥有不受约束的权力,政府更强大,能力更足。但实际上,当政府权力可以不受约束时,政府也就丧失了被信任的基础,因为法律带给人民的确定性、可预期性被破坏了,政府可以任意地为自己创设权力,也就可以无所顾忌地任意违背自己的承诺。因此,在宏观调控中讨论政府信用问题,首先必须按照法律规定约束政府行为,把宏观调控手段限制在法律授权的范围内。

2. 技术条件的限制

人们为了解决资源稀缺性而不断创造出新的利用资源的手段和方法,这就是科技进步,科技进步使人类能够创造更多的财富,改善人们的福祉,推动社会的文明和进步。邓小平同志说,科学技术是第一生产力。小平同志的这一著名论断不仅适用于物质生产领域,而且适用于政府治理领域。现代科学技术的发展,特别是电子信息技术的飞速发展,不仅导致了生产力的显著进步,而且也带来了社会治理的革命,大大提升了政府治理的能力,政府信用能力得到空前的提升。但即便如此,技术条件仍然是制约宏观调控中政府信用能力的重要因素。因为科学技术的进步不仅提升了政府治理的能力，而且也为政府治理提出了新的课题。根据诺思和托马斯的研究，"当存在的是资源的公共产权时，对于获得高水平的技术和知识几乎就没有激励。相比之下，排他性的产权将激励所有者去提高效率，或者，在更根本的意义上讲，去获得更多的知识和新技术。"①政府拥有的就是公共产权，因此政府对新技术的敏感程度总是弱于市场。这样，市场由于采用新技术而发生的显著变化对政府宏观调控提出了新要求，而政府由于还没有革新治理技术，无法满足对新情况下市场出现的新问题的调控，导致宏观调控中的政府信用能力不足。

例如，电子信息技术的发展，导致了虚拟经济的繁荣、加速了经济的全球化，各国政府在宏观调控时如何应对虚拟经济的发展和经济全球化，至今仍显得准备不足。许多在传统社会行之有效的宏观调控措施在面对虚拟经济和经济全球化时失灵了，政府发现要信守承诺已经超出了自己的能力范围。1997 年发生的亚洲金融危机就是一个典型例证。关于亚洲金融危机的成因分析的论著可谓汗牛充栋，在众多的原因分析中都提到一点，那就是国际游资的冲击。本来，一国中央银行在一国范围内有能力维持币值的基本稳定，但是，在全球化背景下，有了国际游资的冲击，情况就不同了，中央银行仅仅依靠传统的手段，维护货币信用的能力就显得不够了。再如，税收政策是政府宏观调控的重要手段，但税收政策要发挥宏观调控的作用，则税收的依法征收入库是关键，如果税法得不到执行，税收收不上来，则税收政策的调控作用就无法发挥。因此，政府执行税法的能力，就是税收宏观调控政府信用能力的体现。我国有些税能够按时足额征缴，而有些税，政府的征收能力明显不够。以个人所得税为例，工资薪金所得的个人所得税征收情况良好，而企业主、个体从业者的个人所得税的征缴情况却很差，究其原因，是税务机关缺乏有效的技术手段对企业主、个体从业者的个人所得进行有

---

① North, Douglass C. & Thomas, Robert Paul. The First Economic Revolution. Economic History Review. Vol. 30,1977. 241.

效监控。

科技进步对政府信用的影响是深远的。除了政府对政府信用能力产生影响外,对政府信用形式、政府信用保障、政府信用评价、政府信用意愿等,都会产生重大影响。限于本小节的主旨,对这些问题在此不予展开。

(二)保证调控目标实现的能力

在宏观调控的理想图景中,政府发出调控信号,市场主体响应调控信号,调控目标随之实现。但现实情况并非总是如此,在很多时候,调控信号发出后,调控目标并不能如预期那样得到实现。政府在许多情况下是没有保证调控目标实现的能力的。譬如,抑制物价上涨,政府采取紧缩政策,但如果紧缩之后,物价上涨仍然得不到抑制时,除非出现紧急情况,政府并不能采取限价的方式,因为限价不仅侵犯经营者的经营自主权,而且直接破坏市场机制,其后果极其严重。同样的道理,政府如果在采取促进就业政策之后,仍然不能有效降低失业率时,并不能强制企业招收员工。

当政府不具备保证调控目标实现的能力时,是不是就意味着政府失信了呢?或者说政府的调控目标定得不合理呢?一方面,目标应当具有科学性、现实性,脱离实际的目标毫无意义;但另一方面,目标是对不确定的未来的前瞻,具有一定的风险,而且,目标必须具有一定的挑战性,这样,有些目标不能最终实现是不可避免的。因此,如果政府确定的调控目标不具有实现的可能性,则无疑属于政府失信;但如果具有实现的可能性,政府也有能力并且实际采取一定的措施去达成调控目标,则不存在政府失信的问题。因为实现调控目标并不是政府的承诺,政府承诺的仅仅是为实现调控目标采取行动。

二、宏观调控中的政府信用意愿

要使政府做到自觉守信,则必须保证政府守信与政府利益的一致性。这种一致性,包括时间一致性、空间一致性和人的一致性三个方面。

(一)时间一致性

所谓时间一致性,是指政府在制定规则或做出承诺时和执行规则和践行承诺时,规则的执行和承诺的践行始终是政府的最优选择。如果规则或者承诺具有时间一致性,政府就会践行信用。

但是,实际情况往往不是这样,政府政策存在时间的不一致性,以期初数据制定的作为一个最优计划组成部分的有关未来政策的决策,在单个经济主体对其形成理性预期并影响个体行为后,此政策就不再是最优的。在政府不受约束的条件下,政府将可能背弃原来所做的政策,选择其他的政策。基德兰德和普雷斯科特在他们 1977 年合作的论文《规则胜于判断:最优计划的不一致性》中首先提出了上述问题,并且考察了产生此问题的原因。他们举例说,假设政府不希望人们在洪水易于泛滥的沿河地区建造房屋,则其最优政策是宣布违令建房者将不能获得受灾救济;然而,一旦真的发生了洪灾,政府仍愿意帮助这些受灾者,而不论事先的宣布。但由此带来的结果是,那些预期到这一情形的人们将不管政府先前宣布怎样的政策,不受阻止地在沿河地区建房,从而导致政府政策的失败。因此,如果政府无法对未来政策作出有约束力的承诺,那么就会面临可信度问题,公众便会认为未来的政府政策并不一定与当前公布的政策保持一致。①

时间不一致不仅为政府失信提供了诱因,导致政府失去守信的意愿,选择失信;而且,它导致政府事先公布的规则和做出的承诺成为不可信的规则和承诺,使相对人从一开始就不相信政府的规则和承诺,从而使政府信用丧失。

时间一致性理论被用于分析宏观调控政策,其结论就是保持宏观调控政策的前后一致性,较之于相机抉择的宏观调控政策更有绩效。以货币政策为例,"在一国政府宣布将执行目标位减少通货膨胀的货币紧缩后,如果人们相信它并且经济组织降低了对未来通货膨胀的预期的话,那么该政府就会有背叛诺言或在要执行的政策上采取欺骗行为的倾向,以便于推行一

---

① 参见瑞典皇家科学院关于 2004 年诺贝尔经济学奖获得者挪威经济学家芬恩·基德兰德和美国经济学家爱德华·普雷斯科特的背景资料介绍。江晓东译:《经济政策的时间一致性与经济周期的驱动力——2004 年度诺贝尔经济学奖获得者对动态宏观经济学的贡献》,《外国经济管理》2004 年第 11 期,第 9—15 页。

种扩张性的货币政策来暂时地减少失业水平。如果政府拥有相机行事的权力左右货币政策执行的力度并且因而具有欺骗公众的动机，在这种情况下，政府宣布将要执行的政策的可信任度就会被削弱。"①人们就会在政策宣布的当初就不相信政府的政策，从而挫败政府的政策目的。

（二）空间一致性

"空间一致性"和接下来将要阐述的"人的一致性"是笔者参照时间一致性理论提出的新概念。空间一致性是指局部利益和全局利益的统一。当中央政府所制定的规则和所做的承诺需要地方政府执行和践行时，当上级政府所制定的规则和所做的承诺需要下级政府执行和践行时，就要求空间一致性。即对地方政府或下级政府来说，执行中央政府或上级政府所制定的规则和践行中央政府或上级政府所做的承诺是最优的选择，地方政府或下级政府才有践行信用的意愿。

局部利益和全局利益虽然存在统一的一面，但也存在冲突的一面。在很多情况下，基于全局制定的最优规则，对于局部来说，执行该规则并不是最优的，有时甚至是不利的。在这种情况下，中央制定的好的宏观调控政策，地方政府在执行过程中往往会"跑调"，这也就是通常说的"上有政策，下有对策"。只顾局部利益不顾整体利益，最后导致整体利益遭到破坏。这种现象在我国转型时期相当普通，不但表现为范围广、数量多，而且还表现在多个领域、多个层次，并形成"劣币驱逐良币"现象：认认真真贯彻落实国家宏观调控政策的地区，往往在利益上受损，而忽视、歪曲或者对抗中央宏观调控政策的地区，却往往得到了丰厚的好处。

下面以近年来中国频频遭受的反倾销和广受社会非议的"血汗工资"为例，说明一下全局利益与局部利益的冲突，并导致无效率的纳什均衡的情况。

近年来，中国成为遭受国际社会反倾销措施的重灾区，其原因尽管是多

---

① ［英］布莱恩·斯诺登、霍德华·文：《与经济学大师对话——阐释现代宏观经济学》，王曙光等译，北京大学出版社 2000 年版，第 40 页。

方面的,但根本原因是中国的产品太便宜了,被认为是低于成本价的倾销行为。中国的产品何以会如此便宜? 难道真是低于成本价销售吗? 显然不是的,而是中国产品的生产成本很低。中国产品的生产成本何以会很低呢?因为许多出口企业实行"血汗工资"。"据全国总工会 2005 年的调查,2002—2004 年职工工资低于当地社会平均工资的人数占 81.8%,还有 12.7% 的职工工资低于当地工资标准。港澳台企业年平均效益增长 33%,但是职工工资增长为零。另据《中国经济周刊》报道,2005 年以前 31 省区制定的工资标准没有一个达到国际认可的占社会平均工资 40% ~ 60% 的水平。北京达到 24%,深圳达到 18%。关于最低工资标准,据河北省总工会2005 年对 1021 家调查,达标的企业仅占 58%,达标的职工仅占 59%。企业职工工资问题之严重,可见一斑。"①"《中国纺织服装行业企业社会责任年度报告 2006》显示,100% 的被调查企业都存在超时工作的现象,部分企业员工每天工作达到 13 个小时,晚上加班 4 ~ 5 个小时,每周工作时间达到83 ~ 90 个小时,有的企业的员工则在 3 个月内仅有 1 天休息,4 个月内仅有3 天休息。"②这样,"血汗工资"导致低成本,低成本导致低价格,低价格被采取反倾销措施——征收高额反倾销税,企业盘剥工人的收益被进口国政府摄取。那么,企业为什么不提高工资、缩短劳动时间、改善劳动条件呢?原来,中国不同地区的企业出口产品雷同,相互之间存在激烈的竞争,尽管大家一起提高劳动者福利有利于增进社会总福利,但就单个企业来说,无论竞争者是否提高劳动者福利,自己采取"血汗工资"总是最优选择,其结果是形成"囚徒困境",导致竞争者都选择采取"血汗工资"的纳什均衡。市场调节在此出现失灵,需要国家干预。国家通过制定劳动法来保护劳动者权益,制裁实行"血汗工资"的企业。从全局来看,政府严格执行劳动法是有利的。但是,劳动法虽然由中央政府制定,但执行却依赖地方政府。地方政府是否严格执行劳动法,不是从全局利益来考虑的,而是从本地区的局部利

---

①　转引自崔克亮:《从反倾销浪潮看中国企业的社会责任》,《中国经济时报》2008 年 4 月 10日。

②　转引自前引崔克亮:《从反倾销浪潮看中国企业的社会责任》。

益来考虑的。就本地区来说,无论其他地区是否严格执行劳动法,本地区不严格执行劳动法总是有利的:如果其他地区严格执行劳动法,则本地区的企业在竞争中有成本优势,有利于本地区企业的发展和本地区政府税基的扩展,其他地区的企业甚至会跑到本地区来投资;如果其他地区不严格执行劳动法,则本地区更加应该不严格执行劳动法,否则,本地区企业会在竞争中处于劣势,会减少本地区的税收收入,本地区企业还可能迁移到其他不严格执行劳动法的地区去。这样,地方政府也陷入了"囚徒困境",导致各地政府都选择失信——不严格执行劳动法的低效率纳什均衡。

由于全局利益和局部利益的冲突,地方政府或下级政府不执行中央政府或上级政府制定的规则成为地方政府失信的主要原因。面对这种现象,指责地方政府是"歪嘴和尚把正经念歪了"是没有用的;简单的要求地方服从中央、下级服从上级也是无效的。而寄希望于地方政府发扬风格,"对一些事关经济全局,事关国家利益和未来发展的原则问题,应该不打折扣地贯彻执行,即使本地区、本部门的利益受到一定的损害,也应维护国家大局。"[①]这更是不切实际的幻想。必须建立一定的机制,使守信成为地方政府和下级政府的最优选择。

(三)人的一致性

政府职能总是由具体的机构和公务人员来完成的。这就存在一个委托代理的问题。所谓人的不一致性,是指经济政策的制定者和执行者是不同的机构或不同的人,他们追求的政策目标不一致,对于政策制定者来说最优的经济政策,对于政策执行者来说不再是最优的。尼斯坎南认为,官僚与所有普通人一样,都是个人利益最大化者。构成官僚个人利益的主要因素不外乎"薪金、职务津贴、社会名望、权力、人事权、较大影响力、轻松的工作负担等"[②]。也就是说,作为经济政策具体执行者的公务人员来说,他们有自己独立的利益,他们在执行经济政策时不是不加区分地严格执行的,而是根

---

① 前引王乃学:《宏观调控失效与微观基础建设》,第85页。

② Niskanen, William A. 1971. Bureauracy of R epresentative Government. Chicago:Aldine – Atherton, Inc., p. 38.

据自己的利益有选择地执行、不执行或者变通执行。

在以经济建设为中心的今天,政府机构和政府官员的绩效考评主要以经济增长为主要指标,当经济过热需要实行紧缩政策的时候,地方政府和地方政府官员都希望别的地区紧缩而本地区不紧缩。因为紧缩不利于本地区的经济增长,有碍于政府官员的政绩。这也是"铁本事件"中江苏常州市政府对抗中央宏观调控政策、大力扶持铁本公司上钢铁项目的原因。近年来广受批判的司法地方保护主义之所以成了"臭豆腐"——闻起来臭,吃起来香,乃是因为地方司法官员的考评、升迁都由地方政府决定,搞地方保护主义符合地方利益,能够得到地方政府的肯定和提拔;而坚持司法正义与公平会触动地方利益,会受到地方政府的干预或者不被重用。

第四节 本章小结

政府信用的构成要素是政府信用从发生、发展到完成的完整的信用过程所包含的要素,分析政府信用的构成要素是我们认识政府信用运行机制的关键。政府信用的构成要素包括政府信用原因、政府信用来源、政府信用形式、政府信用践行、政府信用保障和政府信用评价六个要素。政府信用原因产生于政府对信用的需求,政府信用主要来源于民众对政府的信任,政府信用形式表征为合法性信用、规则信用和承诺信用三种形式,决定政府信用践行程度由政府信用能力和政府信用意愿共同决定,政府信用保障包括政府信用的能力保障和失信的惩戒机制,政府信用评价是旧的信用关系的终点,也是新的信用关系的起点,政府只有获得守信的良好评价,政府信用关系才可能得以延续。

政府守信是政府获得、维持和增加政府信用的基本条件和方法。政府要做到守信,必须同时具有信用能力和信用意愿。政府守信首先要求政府具有执行规则和践行承诺的能力。决定政府信用能力的因素包括政府财产、政府机构和政府工作人员、政府权力及政府行为的正当性与合法性四个方面。政府的能力越强,政府就越有能力守信,但并不等于政府就越守信,强大的政府能力也可能成为破坏政府信用的力量。除了政府信用能力外，政府能否守信还取决于政府信用意愿，即政府是否愿意守信。影响政府守信意愿的关键因素是利益，即守信是否符合政府的利益，委托—代理理论、成本—收益理论和博弈理论从不同角度揭示了这一点。

政府信用是宏观调控绩效的增函数，而守信是增添政府信用的基本方法，因此，宏观调控中政府守信是重要的。政府在宏观调控中能否守信，也由其信用能力和信用意愿共同决定。影响宏观调控中政府信用能力的因素包括自然也包括人财物方面的因素，但需要特别强调的两个因素是权力因素和技术条件因素。权力大，能力自然大，但能力大并不等于政府就会更守信。权力由法律规定，并不是越大越好。政府较之于私人具有更少的创造性和接受、掌握新技术、新方法的积极性，导致其由于技术条件落后而缺乏守信能力。宏观调控中的政府信用意愿也由利益所决定，由于存在时间不一致、地区不一致和人的不一致，调控主体的守信意愿受到重大影响，克服或者弥补以上"不一致"，是解决宏观调控中政府信用意愿问题的关键，这需要引入一个新的机制——法治机制。

第五章 宏观调控中政府信用与法治的关系

第一节 政府信用的法治保障

一、法治机制及其利弊

(一)法治机制

宏观调控,离不开法律的规范和保护。韦伯指出,"没有'国家的'法律秩序,经济制度,尤其是现代经济制度是不可能存在的。"[①]与信用的自我实现不同,法律是依赖第三方——国家的强制力来保障实施的,这就是法治机制。法的实施方式主要有二:一是法的适用,二是法的遵守。但随着权力的社会化,法的社会实施也日益成为法的重要实施方式。[②]

1. 法的适用

法的适用包括行政执法和司法,是国家专门机关依照法律的规定以国家权力来保护权利、制裁违法或者解决纠纷,从而保障法律的实施。法的适用是法治机制最典型的体现。影响法的适用的因素包括:

(1)法律本身的完备性。无论执法还是司法,都以法律为依据,如果法

---

① [德]马克斯·韦伯:《论经济与社会中的法律》,张乃根译,中国大百科全书出版社 1998 年版,第 35 页。

② 关于法的社会实施,参见王新红:《经济法的时代精神——经济法学若干热点问题的冷思考》,华龄出版社 2006 年版,第 43—47 页。

律不完备或者充满矛盾、歧义,则执法者和司法者会无所适从。由于立法者理性的局限,法律总是不完备的,虽然有诸如法律漏洞弥补、法律解释之类的法律技术,但一般说来,法律的完备情况影响执法或者司法的质量。在其他条件不变的情况下,法律越完备,法律得到正确适用的可能性越高。

(2)执法人员和司法人员的专业素质和道德水平。法治需要配备一支专业素质过硬、道德水平达标的执法队伍。专业素质的高低,决定其理解和适用法律的能力;道德水平的高低,决定其正确适用法律的意愿。就我国目前法律适用存在的主要问题来说,一是人员配备不足;不能及时地依法制裁违法和处理纠纷;二是严重的执法、司法腐败而导致的执法、司法不公。

(3)法律适用的物资、技术条件。法律适用需要相应的物资、技术条件做保障。

2.法的遵守

法的遵守从形式上体现为行为人依法行使自己的权利,自觉履行法律规定的义务,不做法律禁止的事。但从法治机制来说,行为人自觉遵守法律是以法律背后存在国家强制力为前提的。因为害怕违法受到法律的制裁,行为人自觉遵守法律。当然,法律的遵守不一定要依靠法治机制,由于法律与道德、社会习俗等的紧密联系,其他社会规范的实现机制也用于帮助法律的实施,这其中也包括信用机制①。影响法的遵守的因素包括:

(1)法的适用情况。法的适用有定分止争、制裁违法和预防违法的功能。其中的预防违法,就是通过制裁违法来告诫公众,法律是不容许违反的,违法必受制裁,通过这种阻吓作用达到预防违法的目的。

(2)法律规范本身。法律规范本身对法律的遵守也有重要影响,这包括四个方面:其一,法律所反映的利益关系。人们的行为主要受到利益的指引,人们在选择是否遵守法律时,往往会自觉不自觉的进行利弊得失的判断。遵守法律符合其利益,人们会选择遵守法律;反之,则会选择不遵守法律。法律要得到大多数人的自觉遵守,首先就必须反映大多数人的利益。

---

① 有关信用机制对法治的影响,见下一节。

其二,法律责任制度。法律的不可违反性,就在于违反它的应受惩罚性。如果法律规定了义务,而没有为违反该义务设置相应的法律责任,法律的强制性就消失了,失去了强制性的法律,也就失去了尊严,人们就不会尊重它。没有法律责任制度支持的法律规范,是不可信的法律规范。其三,法律与习惯、习俗、传统等文化因素的相容程度。弗里德曼研究指出,"从文化上讲,违反大家感情和愿望的法律很难执行,很可能无效。……当法律制度能够符合人们愿望,它的力量会大增。……能够发掘文化中潜在的善意或力量的法律在执行或说服上每花费一美元会得到大得多的回报。"①其四,权利行使的激励制度。虽然权利的行使不是守法的内容②,但却是法律得到遵守的重要影响因素。权利是与义务相对的,权利人不行使权利,义务人往往不会主动履行义务,而不履行义务就是不遵守法律,因此,鼓励权利人行使权利,对于法的遵守有积极的意义。耶林指出:"由于个人的权利遭侵害被否定,导致法本身遭侵害、被否定,因此保护主张个人权利也就是在保护和主张法。权利主体为权利而斗争,由此这将获得多么伟大的意义啊!"③法律规定的有些权利(如消费者权利),对于单个权利人来说,利益不大,行使权利的成本大于收益,权利人往往选择放弃行使权利。由于权利人放弃行使权利,违法行为得不到制裁,违法行为就会越来越猖獗。解决这一问题,就需要建立一些增加权利人行使权利的收益、减少权利人行使权利的成本的制度,以激励权利人主动行使权利。如惩罚性赔偿制度就是这样一种激励制度。

(3)法律意识。法律意识是指人们对法律的认知程度和尊重态度。这种认知程度和尊重态度直接影响到人们是否遵守法律的行为。在对法律的认知程度方面,法律要取得人们的信任并被自觉遵守,让人们了解法律是重

---

①　前引[美]劳伦斯·M.弗里德曼:《法律制度——从社会科学角度观察》,第126页。

②　有人认为守法的内容包括行使权利(参见张文显主编:《法理学》,法律出版社2004年版,第287页。)。对此,笔者不能赞同,理由很简单:权利是可以处分的,不行使权利,恰恰是行为人在行使另一项重要的权利——处分权。

③　[德]鲁道夫·冯·耶林:《为权利而斗争》,胡海宝译,《为权利而斗争——梁彗星先生主编之现代世界法学名著集》,中国法制出版社、金桥文化出版社(香港)有限公司2000年版,第30页。

要的前提条件。由于专业分工、人们知识理性的有限性,让广大人民都熟悉各类法律是不现实的。解决的办法主要有:其一,法律的伦理性为人们认知法律提供助益。所谓"法律是道德的底限",只要法律是合乎道德的,则人们的道德观形成过程,也是法律的习得过程,人们因遵守公德而遵守法律。其二,对于非伦理性的具有公共意义的法律规范,必须加强法制宣传,让公众知晓一些非伦理性的公共行为准则。其三,对于某些专业领域的法律规范,应当对从事该专业的人员进行专业法制教育。总之,应提高人们对法律的认知程度,并以此增进法律信用。

在对法律的尊重程度方面,这首先和一个国家、民族的历史、文化有关,尤其是与有无法治传统有关。在中国这样一个缺少法治传统的国度里,人们对法律的尊重程度受到很大的影响,并且短期内也难以根本改观。但是,影响人们对法律的尊重程度的还有其他更重要的因素,如法律本身的正当性、科学性,法律适用的严肃性等,都直接影响到人们对法律的尊重程度。

(二) 法治的利弊

在转型时期的宏观调控中,清醒地认识法治的作用及其局限性是重要的。博登海默在《法理学——法哲学及其方法》一书中设专章阐述了法治的利弊。博登海默的这些阐述对于我们今天正确对待法治,充分发挥法治在宏观调控中的积极作用、抑制其消极影响,仍然有十分重要的意义。

1. 法律对社会的有益影响

"法律对社会的有益影响,在相当大的程度上给予这样一个事实,即它在某些基本的生活条件方面,为个人创设并维持了一种安全范围。法律保护其国家成员的生命、肢体完整、财产交易、家庭关系、甚至生计与健康。法律使人们无需为防止对他们隐私的侵犯而建立私人制度。它通过创设有利于发展人的智力和精神力量的有序条件而促进人格的发展与成熟。它对那些受本性驱使而去追求统治他人的专制权力的人加以约束,不让他们进行人身的或社会的冒险活动。(在由人性的难以驾驭的方面所确定的范围)通过稳定某些基本行为,法律就能够帮助人们从不断关注较低层次的问题中摆脱出来,并帮助人们将精力集中在较高层次的职能。再者,法律构造制度上的框架,为执行有关政治、经济、文化等方面的多重任务提供手段与适当环境,而这些任务则是一个进步的社会为满足其成员的要求而必须加以有效完成的。通过执行上述职能,法律便能够促进潜在于社会体中的富有创造力和生命力的力量流入建设性的渠道;因此可以证明法律是文明建设的一个不可缺少的工具。"① "法律的目的就是要起到一种制度性手段的作用,即用人际关系的和平形式去替代侵略力量。"② "法律的主要作用之一乃是调整和调和上述种种相互冲突的利益,无论是个人利益还是社会利益。"③

归纳起来,法律的作用大体包括四个方面:(1)创造一个安全有序的社会环境,保护人们权利、遏制专制权力;(2)节约成本,使人们免于诸如保护个人隐私等低层次问题之苦,可以将精力投入高层次的创造性活动;(3)促进和平;(4)调整和调和相互冲突的利益。

2. 法律的弊端

按照博登海默的阐述,法律的弊端主要体现为保守、僵化和控制三个方面④,分述如下:

(1)保守。一旦法律制度设定了一种权利与义务的方案,为了自由、安全和预见性,就应当尽可能地避免对该制度进行不断修改和破坏。这就是法律的保守属性,这种属性导致其在调整不断变化的社会生活时,必然出现"时滞",导致其不能很好地调整社会生活。

(2)僵化。法律规则是以一般的、抽象的术语来表达的,在面对鲜活的、丰富多彩的社会生活时,显得僵化、呆板,在解决实际问题时会遇到困难。

(3)控制。法律为了建立有序的社会,必须规范和约束人们的行为,因为法律具有控制的属性。"如果法律制度为了限制私人权力和政府权力而

---

① 前引[美]博登海默:《法理学——法哲学及其方法》,第377—378页。
② 前引[美]博登海默:《法理学——法哲学及其方法》,第378页。
③ 前引[美]博登海默:《法理学——法哲学及其方法》,第383页。
④ 参见前引[美]博登海默:《法理学——法哲学及其方法》,第388—392页。

规定的制衡原则变得过分严厉和僵化,那么一些发展和实验的有益形式就会受到窒息。"①

3. 法治的利弊对法治与政府信用关系的影响

法治提供安定有序的、和平的社会环境,保护权利,协调利益关系,这不仅为信用机制运行提供了必要的条件和保障,而且它本身也是政府信用的主要体现;法治的保守、僵化和控制决定了法治不是惟一的社会治理机制,需要包括信用机制在内的其他社会机制的补充和配合,法治万能主义是有害的。

二、法治对信用机制的影响

与法律依靠国家强制力保障实施不同,信用机制是自我实现的。或者说,信用机制是与法治机制不同的交易规则实现形式。但是,这并不等于说信用不受法治的影响。相反,法治是信用机制发挥作用的主要保障。柯武刚说:"人类的相互交往,包括经济生活中的相互交往,都依据于某种信任。信任以一种秩序为基础。而要维护这种秩序,就要依靠各种禁止不可预见行为和机会主义行为规则。我们称这些规则为'制度'。"②诺思指出:"制度是一个社会的博弈规则,更规范的说,他们是为决定人们的相互关系而人为设定的一些制约。"③法律是最主要的正式制度,因而也是维持信用最主要的制度。季卫东在比较人治与法治对信任的影响时说:"法治显然有利于信任的接受和存续(例如因某个人的死亡而出现意外结局的风险基本上消失了),更重要的是有利于根据学习的心得转换信任对象,形成新的信任关系。因为决定的规则很明晰,结果具有预见性,可以计算得失以决定取舍,可以就损失主张赔偿、就侵权寻求救济,所以转换信任对象较容易实行并且成本较低。由此不妨推论,如果法治是可信的话,那么行为方式就会趋于统

---

① 前引[美]博登海默:《法理学——法哲学及其方法》,第390页。
② [德]柯武刚、史漫飞:《制度经济学》,韩朝华译,商务印书馆2000年版,第3页。
③ [美]道格拉斯·诺思:《制度、制度变迁与经济绩效》,上海三联书店1994年版,第3页。

一和理性化,信任形成机制也比较容易再生产。"①

我们还是回到上一章克瑞普斯(Kreps)的信用模型。有了法律的介入,不论交易进行多少次,纳什均衡都始终是委托人选择信任,代理人选择诚实,交易顺利进行。交易通过契约进行,依法成立的契约受法律保护。设若代理人选择欺诈,法律会强制其赔偿委托人 10 个单位,5 个单位是委托人的直接损失,5 个单位是委托人的可得利益损失,另外,代理人还要支付处理争议的成本,设为 1 个单位。这样,无论代理人做何选择,委托人都会选择信任,因为不信任没有收益,信任总有 5 个单位的收益。代理人也只会选择诚实,因为诚实有 5 个单位的收益,欺诈虽然有 10 个单位的收益,但要赔偿委托人 10 个单位,还要承担 1 个单位的争议解决成本,两相抵扣后,不仅没有收益,还有 1 个单位的损失。(见图 5–1 法治矫正的信用博弈)法律预先确定当事人的权利义务,为当事人提供行为模式的指引。在有法律约束的地方,当事人尽管仍然可以选择不讲信用,但法律会对不讲信用者进行惩罚,使不讲信用者不仅无利可图,而且要遭受损失。理性经济人在此情况下的唯一选择只能是讲信用。这样,法律为信用提供了稳定的预期,市场信用得以建立。季卫东在《法治与普遍信任》一文中阐述了同样的观点:"以明确的规则、妥当的制裁为特征的法治也往往可以弥补个体间信任的不足之处,对不守信用、破坏合作的行为进行及时而有效的制裁,为交易安全提供必要的制度保障,以防止信任的流失甚至崩溃。"②

除了法律的强制力有促使当事人守信的功能外,法治对信用机制的维护还体现在以下诸方面:

1. 法治限定当事人信用行为的边界。在法治社会,当事人的行为都必须在法律许可的限度内进行。孟德斯鸠指出,"自由就是做法律所许可的一切事情的权利;如果一个公民能够做法律所禁止的事情,他就不再有自由了,因为其他的人同样也会有这个权利。"③就信用来说,违背法律制定的规

---

① 季卫东:《法治与普遍信任》,《法哲学与法社会学论丛》2006 年第 1 期。
② 前引季卫东:《法治与普遍信任》。
③ [法]孟德斯鸠:《论法的精神》上册,张雁深译,商务印书馆 1963 年版,第 77 页。

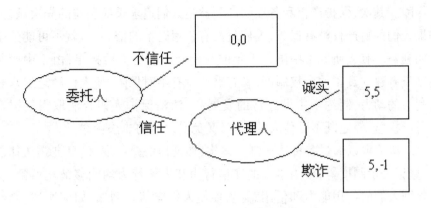

图 5-1 法治矫正的信用博弈

则或者做出的承诺,是不会被法律保障兑现的,因而也是不可信的。例如,"自然债"就是没有法律保障的债,债务人背信不履行,债权人无法请求法律救济,信用没有保障。因此,"自然债"也是没有信用的债。再如,在地方政府招商引资的激烈竞争者,许多地方政府纷纷宣布许多违法的税收减免优惠措施,一些投资商相信这种优惠措施进行投资后,地方政府宣布的税收优惠政策因违法,往往难以兑现;更有甚者,有的地方政府不仅不兑现其宣布的税收优惠政策,而且还对投资者进行不适当的干预或者盘剥。当政府违法宣布优惠政策的时候,投资者应当明白,政府既然敢违法,当然也敢违背承诺;既然可以违法做出优惠政策,当然也可以违法进行干预或盘剥。法治将一切机构和个人的行为限于法律允许的范围,这不仅为信用行为设定了边界,更重要的是,为合法的信用行为提供了保障。

2. 法治有利于培养人们追求长期利益的耐心。信用机制要发挥作用,当事人必须有从事长期交易的耐心,因为短期交易中,行为人的理性选择是欺诈而不是守信;只有长期交易中,行为人为了赢得未来交易机会所带来的预期利益,才会诚实守信。那么,怎样培养人们追求长期利益的耐心呢?首先,稳定的社会环境至关重要,社会动荡不安,人们朝不保夕,自然不会有长期交易的耐心。法律的价值之一是秩序,法治是稳定的社会环境的最重要的保障。其次,保护产权和各项财产利益是人们追求长期利益的先决条件,如果人们的财产权没有保障,人们就没有积累财富的信心,也就不可能追求长期利益。有人研究了中国几千年的封建制产权历史后指出,由于中国封建制没有建立真正的产权制度,私有财产没有绝对保障,使人们缺乏追求长期利益的动力,制约了中国经济的发展①。法治保护人们合法取得的财产和财产权益,使之既不受他人的侵害,又免受政府的非法剥夺。②

3.法治可以通过各种法律制度建构,如征信法律制度、信息披露法律制度、登记公示制度等,使当事人的守信行为和失信行为均能够被观察到,从而甄别人们的信用能力和信用意愿,促使人们守信。例如,如前所述,制约中小企业融资难的问题,关键问题是信用问题。银行之所以不愿意贷款给中小企业,主要是因为中小企业信用度低,贷款风险大。按照市场法则,没有资信能力或者资信能力极差的中小企业不能获得资金支持是理所当然的。国家提倡对中小企业给予融资扶持,也不是要扶持这样的中小企业。中小企业融资难是指那些本来具有良好的信用能力和良好的信用意愿的中小企业也不能获得资金的支持。那么,是什么原因导致这些本来应当获得资金支持的中小企业也得不到资金支持呢?答案就是,这些中小企业无法让银行等授信人知道并相信它们具有良好的信用能力和信用意愿。如果建立起了中小企业的征信制度体系,能够将有信用的中小企业与没有信用的中小企业区分开来,则中小企业融资难的问题也就迎刃而解了。

4.法治确认和保护信用关系。法治确认和保护信用关系通过两个方面得到体现:(1)契约是信用关系主要表现形式之一,法律确认契约的效力并赋予其执行力,这是法律对信用最直接、最主要的影响。韦伯说:"许多商品交换的制度,无论是原始的,还是如今技术上日新月异的贸易方式,都是以个人之间的高度信赖为基础的。而且,随着商品交易变得越来越重要,在

---

①　在2008年9月在湖南长沙举行的经济法学博士论坛上,武汉大学法学院博士研究生丁作提发表了上述观点。

②　在法治社会,政府为了公共利益的需要,仍然可以对人们的财产进行征收或征用,但必须给予足额的补偿,使被征收征用者的财产权益不受损失。

法律上就很有必要保障这种诚信关系。"①（2）法律直接将信用作为基本原则写入法律,如诚实信用原则被认为是民法的"帝王条款"。

三、法治对政府信用的影响

哈耶克指出:"撇开所有技术细节不说,法治的意思是指政府在一切行动中都受到事前规定并宣布的规则的约束——这种规则使得一个人可能十分肯定地预见到当局在某一情况中会怎样行使它的强制力,和根据对此的了解计划他自己的个人事物。"②可见,法治本身就蕴涵政府信用的重要因素——政府行为的可预见性。除此之外,法治还对政府信用具有保障作用。

（一）政府信用需要法治保障

政府信用也不能天然取得和维持,也要在交互行为中形成和维持。以政府与人们的交互关系为例,如前所述,人们首先选择信任政府,因为对人们来说,政府是其通过代议制方式选定的,并且需要政府、依赖政府,在政府是否可信尚不确认的情况下,选择信任政府就是相信自己的选择。政府虽然是作为人们的代理人被选择的,但一旦成立,就有自己独立的利益和意志。政府可能以守信来回报人们的信任,也可能辜负人们的信任,背弃信任。如果政府守信,人们就会更加信任政府,政府取得信用;如果政府失信,人们就不会再相信政府,政府失去信用。

如前所述,政府信用机制发挥作用有严格的先决条件,而这些条件往往难以满足。如:信用机制以重复博弈为形成机制,这就要求政府有从事重复博弈的足够耐心,虽然从总体来说,政府要维护统治的长治久安,是有从事重复博弈的足够耐心的。但是,政府不是抽象的,而是由具体的机构和具体的官员组成的,并且是由这些具体的机构和具体的官员去履行政府对人们的承诺的。而这些具体的机构和具体的官员并不总有足够的耐心去追求政府的长期利益,也就是说,并不总有守信的动力。显而易见,政府信用机制

---

① 前引［德］马克斯·韦伯:《论经济与社会中的法律》,第308页。
② ［奥］哈耶克:《通往奴役之路》,王明毅、冯兴元译,中国社会科学出版社1997年版,第73页。

不能自发形成。必须借助外在的力量来制约政府的失信行为,保障政府守信。在诸多外在力量中,法治是最主要的。

(二)法治对政府信用的保障方法

1.法治保障民主,民主制约政府守信

民主意味着政府权力受到人民主权的监督和制约,可以防止政府权力滥用,可以督促政府依法履行其职责。法治和民主是孪生兄弟,没有民主就没有法治,独裁者可能利用法律来治理国家,但自身不可能受法律的约束,即法律只是独裁者手中的工具;没有法治的民主是没有保障的民主,只会重新走向专制或者走向无政府主义。法治保障下的民主是政府守信的首要条件。萨伊说,"当国家权力由一个人独揽时,要想有很高的公共信用①几乎不可能的,因为在这种情况下,除意志和诚实外,没有别的保证。当国家权力归人民或其代表所有时,就有更多的保证,即人民利益。"②没有民主、没有法治,统治者的权力不受制约,难以期许其会守信。

2.法治从政府产生的源头为政府守信创造条件

法治确定政府的产生方式和程序,确立政府机构的设置、政府人员的组成和条件。法治虽然不能保证产生最好的国家治理机制、不能保证建立最科学的组织机构、不能保证最贤能的人治理国家,但可以防止政府机构设置的任意性、政府人员选拔的任意性,保证政府及其官员的产生具有正当性。这是政府信用的基础。政府及其工作人员由谁产生,就对谁负责。法治是民主之治、人民之治,一方面,通过法治方式产生的政府及其工作人员,也就是按照人们的意志和标准选择出来的,更有可能忠于人们;另一方面,在法治条件下,政府及其工作人员必须对人们负责,这就包括了对人们守信。

3.法治为政府信用提供规范的表现形式

政府信用包括合法性信用、规则信用和承诺信用,它们都需要有某种形式得到表彰,法治为政府信用提供规范的表现形式。(1)合法性信用解决

---

① 萨伊这里提到参见的"公共信用"是指"人民对政府的信任,认为政府能够履行它的债务。"参见[法]萨伊:《政治经济学概论》,陈福生、陈振骅译,商务印书馆1963年版,第541页。

② 前引[法]萨伊:《政治经济学概论》,第542页。

政府的正当性与合法性问题,合法性信用通过政府产生的合法性和政府行为的合法性来彰显。如果一个政府不能为自己的正当性、合法性提供有力辩护,无法取得人们的信任。在法治社会,政府的产生和存续是否正当、合法是以宪法和法律为标准的。政府只有依照宪法和法律来组建和进行活动,才能取得合法性信用。也就是说,宪法和法律是政府合法性信用的表现形式。(2)规则包括正式规则和非正式规则,作为政府信用组成部分的规则信用是指正式规则,包括法律、法规、规章、规范性文件。法律、法规和规章均是法律的渊源,规范性文件也是按照法定程序由有权机关依照法定程序制定的。离开了法律,政府无法表现其规则信用。(3)政府承诺通过合同、具体行政行为、司法行为表现出来。依法成立的合同、依法作出的具体行政行为、司法行为具有法律效力,法律保障其兑现。

4. 法治制约政府权力

政府失信表现在两个方面:一是消极履行职权,二是滥用职权。其中第二个方面表现尤为突出。汉密尔顿认为,统治者和被统治者都不是天使,而是人,即便是国家领袖,也总是"野心勃勃、争权夺利,而无意为公益而合作"[1]的人。杰弗逊指出:"世界上每一个政府都带有人类弱点的某种痕迹,带有腐化堕落的某种胚芽,运用狡智便能发现,居心叵测便去发掘、培植和助长。任何政府如果单纯托付给人民的统治者,就一定蜕化,所以只有人民本身才是政府的惟一可靠的保护人。"[2]法律一方面授予政府权力,另一方面建立一系列的制度限制、防止政府权力的滥用,对不履行职责、滥用权力的失信行为予以惩罚,从而约束政府及其官员守信。

5. 政府信用入法是法治对政府信用最直接的保护

政府信用入法主要是指在法律上确立信赖利益保护原则,建立信赖利益补偿制度。信赖利益保护原则起源于私法中的诚实信用原则。信赖利益原来也仅是指合同或要约赋予了一方当事人所固有的因信赖可能或已经受

---

① [美]汉密尔顿等:《联邦党人文集》,程逢如等译,商务印书馆1980年版,第264页。

② 转引自《资产阶级政治家关于人权、自由、平等、博爱言论选录》,世界知识出版社1963年版,第58页。

到损失的利益,包括财产利益和机会利益。信赖利益保护原则作为公法原则最早是在德国确立起来的。《德国联邦行政程序法》第48条第2款规定:"提供一次或持续金钱给付或可分物给付,或为其要件的行政行为,如受益人已信赖行政行为的存在,且其信赖依照公益衡量在撤销行政行为时需要保护,则不得撤销。受益人已使用所提供的给付,或其财产已作出处分,使其不能或仅在遭受不合理的不利时方可解除其处分,则信赖一般需要保护。"①我国在2003年颁布的《行政许可法》首次在公法中确立了信赖利益保护原则。该法第8条规定:"公民、法人或者其他组织依法取得的行政许可受法律保护,任何行政机关不得擅自改变已经生效的行政许可。行政许可所依据的法律、法规、规章修改或者废止,或者准予行政许可所依据的客观情况发生重大变化的,为了公共利益的需要,行政机关可以依法变更或者撤回已经生效的行政许可。由此给公民、法人或者其他组织造成财产损失的,行政机关应当依法给予补偿。"信赖利益保护原则在公法中确立后,信赖利益也就不再限于"合同或要约赋予了一方当事人所固有的因信赖可能或已经受到损失的利益",而是包括了一切允诺(包括以行为表示的允诺)使对方相信后,对方因信赖该允诺可能或已经受到损失的利益。信赖利益保护原则的基本含义是,在交互行为中,一方基于信赖他方的允诺产生合理预期,并进而采取了行动,则受信赖方不得违背允诺;如果违背,则必须赔偿信赖方因此遭受的损失。

政府信用入法后,成为法律的组成部分,使政府信用不仅依靠信用机制,而且得到了国家强制力的保障,特别是信赖利益保护原则确立后,政府必须为其失信行为支付成本,从而减少其失信的可能性,政府更容易守信,政府也更值得信赖。不过,需要指出的是,由政府信用评价的模糊性,在很多情况下,政府是否守信,判断起来缺少明确的标准和识别方法,更多的是主体的内心感受。这样,当政府信用入法后,仍然需要信用机制发挥作用,法治并不能完全取代信用机制。

---

① ［德］平特纳:《德国普通行政法》,朱林译,中国政法大学出版社1999年版,第236页。

6. 法治为建立政府守信的激励机制提供保障

如前所述,政府官员也是按照经济人的方式行事的,要使政府守信,必须使守信符合政府及政府官员的利益。但是,守信并不天然符合政府及其官员的利益,相反,在很多情况下,失信更符合政府或者政府官员的利益。当出现守信不符合政府或者政府官员利益的情况时,建立某种激励机制,使守信符合政府及其官员的利益成为必要。法律是利益的分配和调整书,法律通过权利义务的配置来设定和改变某种利益分配格局,从而达到激励和约束的效果。

7. 法治为政府信用的评价体系提供制度保障

信用的外在表现为信誉,即讲信用的良好声誉,而信誉来源于公众对其讲信用的社会评价。如果没有对政府信用的评价体系,政府是否讲信用难以判断或者难以被公众所知晓,即公众难以判断政府是否值得信任,政府无法通过践行信用来取得信誉,政府也就缺乏践行信用的动力。因此,建立科学的政府信用评价体系是十分必要的。在政府信用评价体系的建设中,法治的作用是不可忽视的。首先,法治化程度是政府信用评价体系中的重要指标之一[①];其次,法治可以赋予政府信用评价体系权威性和稳定性,以法律的形式将政府信用评价体系固定下来,可以使该评价体系具有了国家强制力保障的权威性、稳定性和可靠性。

第二节 政府信用对法治影响

一、法治的信用问题

法治是维护信用的重要力量,但法治本身也面临信用问题。季卫东指出,"要以法律制度维持社会信任,首先必须使法律得到遵循,这就涉及如

---

① 参见杨全柏:《建立科学的政府信用评价体系》,《琼州学院学报》2009 年第 1 期。

何建立对法治本身的信任的问题。人不信法,则法不能发挥保障信任的功能。"①有学者更进一步指出:"几个世纪以来人类对法治的渴望体现了人们对法律信用的追寻。法治建设的一个重要目标就是维护法律的信用,建立起人们对法律的信任。而最终,法治(rule of law)的实现靠的是法治精神在人们内心的植根,法律必须以自己的信用赢得一种神圣感,成为社会成员的内心确认。"②法律的信用,属于规则信用的范畴,是指人们相信法律会被执行,从而自觉受法律的约束或者按法律规定行事,从而使法律得以实施。法律的信用程度与法律的实施程度成正比,并互相促进:法律的实施情况越好,人们越相信法律,法律就越有信用;法律越有信用,人们就越容易自觉遵守法律,法律就越容易实施。因此,法律的信用问题,就是一个法律的实施问题。

(一)信用对法的适用的影响

信用对法的适用的影响包括两个方面:(1)执法者和司法者的信用对法的适用的影响。徒法不足以自行,制定得再好的法律也有人去执行。执法者和司法者是否严格依法办事,这就属于信用问题。依法办事是执法者和司法者的职责,执法者和司法者履行职责的行为构成守信,执法者和司法者不履行职责行为,构成失信。守信的执法行为和司法行为导致法律的实施,不守信的执法行为和司法行为,导致法律得不到实施或者得不到正确实施。如前所述,我国法律适用中存在的主要问题之一是执法和司法腐败,这就属于执法者和司法者的失信问题。加强法律适用中执法人员和司法人员的信用教育和信用制度建设,是改善法律适用的重要内容。(2)信用因素成为执法者和司法者适用法律时的考量因素。与信用入法相一致,信用也成为执法者和司法者适用法律时的考量因素。韦伯指出,"'诚信与公平交易'或商业的'善良'惯例,或者换言之,道德范畴已经成为衡量当事人'主观意图'的标准。"③

---

① 前引季卫东:《法治与普遍信任》。
② 黄军辉:《法律与信用》,曹和平等编:《信用》,清华大学出版社2004年版,第57页。
③ 前引[德]马克斯·韦伯:《论经济与社会中的法律》,第308页。

（二）信用对法的遵守的影响

法律信用体现的是人们对法律的自觉遵守,信用对法的影响主要体现对法的遵守的影响。

1.法律适用产生的信用对法的遵守的影响。法得到严格的适用,人们就会得到这样的信号:法律的不可违反性是可信的,违反是要付出代价的,从而人们会相信法律、遵守法律;相反,如果法律得不到严格的适用或者错误适用,违反法律不仅没有受到制裁,反而可以获利,人们就会觉得法律宣示的不可违反性是不可信的,从而也不会遵守法律。前文引用的培根关于"一次不公正的裁判,其恶果甚至超过十次犯罪。"①的著名论断,说的就是法律失信于民的危害。中国古代的法家也早就明白这一点。韩非子指出:"信,所以不欺其民也"②、"小信成则大信立,故明主积于信。赏罚不信,则禁令不行……,故明主表信"③。强调信赏必罚。而商鞅"徙木置信"④则正是践行这种观点的典型例证。

2.合法性信用对法的遵守的影响。从合法性信用的角度来看,只有反应大多数人利益的法律才具有合法性,才能取得合法性信用。而取得合法性的法律,更容易被人们自觉遵守。

二、政府信用对法治的影响

（一）政府信用水平反映和决定法治的水平

政府的信用是通过人们对政府的信任来体现的。人们对政府的信任程度,在很大程度上影响人们服从政府的意愿。现代社会运行机制异常复杂、政府的管理行为常常超出了人们理解的范围。人们对政府信任与否,采取的行为会迥然不同。如果信任政府,就会推定政府行为为合理的,从而自觉

---

① 前引［英］培根:《培根论说文集》,第103页。

② 《韩非子·难一》。

③ 《韩非子·外储说左》。

④ 据《史记·商君列传》记载,商鞅变法,拟颁布新法令时,"令既具,未布。恐民之不信己,乃立三丈之木于国都市南门,募民有能徙置北门者,予十金,民怪之,莫敢徙。复曰:'能徙者,予五十金'。有一人能徙之,辄予五十金,以明不欺。卒下令"。

服从政府颁发的法令。反之,如果人们不信任政府,就会怀疑政府颁发的法令的合理性,失去遵守法令的自觉性。因此,政府的信用水平,也就决定着人们对法律和规则的自愿遵守程度。

法律的实施是以国家强制力为后盾的,即便是法的遵守,也是在国家强制力的"阴影"下进行的。离开了国家强制力,法就不再成其为法,也难以期待会被自觉遵守。张维迎在谈到法律与社会规范的区别时,着重强调了执行机制的不同。"法律是由作为第三方的政府、法院或者专门的执行机构来执行的。"①国家强制力是由政府来实施的,维护法律的实施是政府的职责,政府履行该职责的程度是政府信用程度的主要体现。如果政府没有能力实施法律,或者政府不愿意实施法律,也就是政府失信,则法律难以实施。谢晖深刻地指出:"法而无信,非但无法治,而且'法律神圣'和法律信仰因其无信而泯灭"。② 如前所述,政府信用包括合法性信用、规则信用和承诺信用,合法性信用要求政府依法组建和依法行事,规则信用要求政府严格执行法律。因此,政府的合法性信用程度和规则信用程度反映和决定法治的水平。如果政府缺乏维持合法性信用和规则信用的能力或者缺乏维持合法性信用和规则信用的意愿,则法律得不到执行。

(二)没有政府信用保障的法律是"不能实施的法律"

在转型时期,法治作为一种普遍的信仰,尚未得到确立,但法律作为治理的工具被普遍认同。理论界,包括但不限于法学界,在谈到解决各类政治、经济、社会问题时,无不最终诉求法制,且几乎都是主张:制定或完善相关立法、严格执法;实务界,包括但不限于法律界,在针砭时弊时,也无不最终归咎于立法不完善、执法不得力或者司法不公,谈到对策时,也总是说要完善立法、加强执法。这些观点和建议具有一般正确性:因为确实存在立法不完善和执法不严(力)、司法不公等问题,完善立法和加强执法自然也是题中之意。但问题是:(1)立法过程是一个利益博弈的政治过程,而不是一

---

① 张维迎:《信息、信任与法律》,生活·读书·新知三联书店 2006 年第 2 版,第 23 页。
② 谢晖:《法律信仰的理念与基础》,山东人民出版社 1997 年版,第 75 页。

个科学的决策过程,立法不完善在很多情况下是利益博弈所达成的均衡结果。对此,弗里德曼有深入的阐述:"如果法律执行得不完备,经常原因在该法律的历史,而且还在于外界社会起作用的社会势力。经常,法律从产生时起就是残缺不全,注定不能执行的。发生这种情况时,我们怀疑为了结束通过法律背后的斗争进行过某种粗糙的交易。想要该法律的人得到了象征性的作用,但是法律软弱无力或没有经费支持。美国城市早期的公平住房法令就是例子,经常建立机制进行'协商'或'调停',但没有执行机构,出了什么事? 问题双方的力量都很强。黑人及其支持者可能有足够力量通过法令,但没有足够力量既得到通过也得到执行,甚至在纸上执行的威胁也得不到。我们怀疑这是为什么许多法律仅仅是象征性的一个原因,并不是利益集团渴望要象征,而是因为他们只能满足于象征。"①(2)由于政府信用的缺失,有些法律就是不能实施的法律或难以实施的法律,无法做到严格执法。下面着重谈谈政府信用缺失如何导致执法不力。

政府信用由政府信用能力和政府信用意愿两方面决定。政府要做到严格执法,一方面,政府必须具有相应的能力;另一方面,政府必须愿意严格执法。缺失这两方面的任何一方面,政府都会失信,做不到严格执法。

从政府信用能力来说,首先,严格执法要求政府有能力正确理解法律、适用法律,这要求有一支高素质的执法队伍。其次,严格执法要求政府有能力发现违法和制裁违法,这除了要求有高素质的执法队伍外,还要求有相应的物力、财力、技术条件和配套制度建设。实践中,许多法律得不到严格执行,就是政府的信用能力不够造成的。例如,我国的偷漏税现象比较严重,这就与税务部门征税手段比较落后有关。

从政府信用意愿来说,这要求严格执法符合政府及其官员的利益,至少不与政府及其官员的利益相冲突。例如,许多地方的环境污染比较严重,是由于地方政府不严格执行环境法,之所以不严格执行环境法,乃是因为严格执行环境法会阻碍地方经济的发展,不符合地方政府的利益。

（三）政府信用对法治的补充作用

法治社会,法律是人们行为的主要规范,但是法律具有不完备性,仅依靠法律来治理社会是远远不够的,还需要发挥包括政府信用在内的其他机制的作用。

法律总是不完备的,尽管立法者尽力追求法律的完备,但它永远是一个无法实现的梦想。首先,如前所述,立法者是人不是神,受自身理性的局限,不可能对纷繁复杂的社会生活有完整的知识,即便有完整的知识,也不具备制定完整的法律的技术。其次,法律是利益调整书,立法过程是政治过程,而不是科学过程,即便知道如何正确立法,也不一定能够实现。例如,在中国制定反垄断法时,几乎所有的反垄断法专家均认为应当建立统一的反垄断法执法机构,但由于部门利益之争,最终还是实行了三个部门分别执法的执法模式。在法律不完备的地方,依靠政府信用来约束政府行为,防止政府滥用权力。第三,法律不可能细微到对社会生活中出现和可能出现的所有情况都提供明确的规范,这就会留下许多的空白地带,需要通过对法律的解释来填补;第四,立法存在时滞。法律具有稳定性,不可能朝令夕改,但社会进步很快,现实生活日新月异,这样,最初制定完备的法律,随着时间的推移,也变得不完备了。在法律不完备的地方,政府的行为需要得到其他机制的指引和规范,政府信用机制就是这种情况下的重要机制之一。一方面,政府信用机制指引政府积极履行职责,履行政府职责是政府守信的重要表现,在缺少法律规定或者法律规定不明确的情况下,信用机制要求政府积极履行其职责;另一方面,政府信用机制约束政府行为,防止政府滥用权力。

在转型时期,法律的不完备显得更为明显。一方面由于我国实行政府主导的经济体制改革,需要政府积极主动地干预社会经济生活;另一方面由于法律很不完备,政府如果将自己的行为严格限定在法律授权的范围内,政府将难有所作为。这样,政府超越法律、自我加冕的情况较为普遍,这与法治的要求是严重背离的。但这是目前中国的客观实际。在这种情况下,发挥信用机制的作用,迫使政府重信守诺就显得更为重要。

第三节 宏观调控中政府信用与法治的相互关系

一、宏观调控中法治对政府信用的保障作用
(一)法治通过控权维护宏观调控中的政府信用

政府的宏观调控是通过行使宏观调控权来实现的。依法、正确行使宏观调控权,是政府守信的题中之意。

1.控制宏观调控权的必要性

宏观调控,无论是总量的调控、结构的调控还是收入分配的调控,都是政府运用公共权力和公共资源来实现的。宏观调控要实现帕累托改进几乎是不可能的,即便不考虑错误的宏观调控政策①,宏观调控通常实现的也多是卡尔多－希克斯改进。在卡尔多－希克斯改进式的宏观调控中,虽然社会总福利增进了,但有人从宏观调控中获益,有人从宏观调控中受损。即便是帕累托改进式的宏观调控,人们从宏观调控中所获收益也相差悬殊,有人获益巨大,有人可能一无所获。如果考虑到一些错误的宏观调控政策,则还可能出现少数人获益、多数人受损,社会总福利下降的情况。并且,宏观调控的这种对利益的影响是巨大的,例如上世纪八十年代开始的鼓励东南沿海优先发展的战略,不仅使深圳从一个小渔村瞬间成长为现代化的大都市,而且将全国各地的人才和资源吸引到东南沿海地区,迅速扩大了内地与东南沿海地区经济发展水平的差距。再如,2010 年 4 月国务院出台的针对房地产的宏观调控措施,对房价造成抑制作用,炒房者、房地产投资者、房地产企业、购房者、地方政府等利益受到不同的影响。

行使宏观调控权的主体是政府,政府握有这么重大的权力,既是其履行职责的需要,也是一种危险。关于这种危险,古今中外的思想家多有论述,

---

① 宏观调控政策存在错误是不可避免的,因为调控政策的制定者是人不是神,总是存在知识、理性的局限。如果调控政策能够一贯正确,我国也就无须实行市场经济了,资源由国家"永远正确"的计划来配置就好了。

历史和现实中也有许多深刻的教训,本文在前文也有阐述。从政府信用的视角来看,政府很有可能会失信,滥用宏观调控权。而法治的核心就是控权——控制政府权力,约束政府践行承诺,依法行使宏观调控权。

2. 控制宏观调控权的方法

宏观调控权是一种公权力,对于公权力的控制,有两种基本方法:一是分权制衡,以权力制约权力;二是人们权利和社会权利(力)制约公权力。宏观调控权的控制方法也包括这两种,分述如下:

(1)分权制衡,以权力制约宏观调控权。自孟德斯鸠提出三权分立的分权制衡理论以来,分权制衡,以权力制约权力就是公权控制的主要方法。"对权力资源实施有效调控,也需要坚持分权和制衡原则,以法律制度体现和保障国家权力资源方面的分权和制衡……权力是国家生活和社会生活中最大的腐蚀剂之一。在权力的行使方面,没有必要的分权和制衡,那么谁掌握权力,谁就有可能不仅使国家生活、社会生活蒙受其害,而且也会使自己走向异化或走向反面。"①宏观调控权的分权制衡包括两个方面:一是从宏观调控权行使主体来考察,即宏观调控权的横向配置和纵向配置,通过宏观调控权在不同主体之间的配置,形成多个部门、多个层次行使宏观调控权的格局,相互之间形成制约关系;二是从宏观调控权的权能进行考察,即宏观调控权的不同权能之间的相互制约关系。有关宏观调控权的配置问题,前文已做阐述,这里不再累述。这里重点探讨一下宏观调控权的权能之间的相互制约问题。

关于宏观调控权的权能,学术界有不同的观点。有学者认为,宏观调控权的权能限于决策权,如邢会强认为:"在我国的宏观调控法中,宏观调控权实际上决策和执行时分离的。因此,笔者讲(应为"将"——引者注)宏观调控权定位于决策权"②;有学者认为,宏观调控权的权能包括决策权和执行权,如王全兴认为:"宏观调控本来是寓于政府与市场互动框架中的一个

---

① 周旺生:《法理探索》,人民出版社2005年版,第206页。

② 前引邢会强:《宏观调控权运行的法律问题》,第17页。

由决策和执行两个阶段所构成的政府干预过程,宏观调控权作为与宏观调控对应的一个法律概念,应当涵盖宏观调控的全过程。"①还有学者认为,宏观调控权的权能包括决策权、执行权和监督权。如杨三正认为:"宏观调控权是一种综合性的、由一系列权力构成的权力束,包括宏观调控决策权、宏观调控执行权、宏观调控监督权。"②张辉认为:"如果从宏观调控的过程的视角来看,宏观调控系统由宏观调控决策系统、宏观调控执行系统、宏观调控监督系统三个子系统构成;而如果从宏观调控权规范运作的角度来看,宏观调控权力系统也是由宏观调控决策权、宏观调控执行权、宏观调控监督权三种相互依存、相互制约的具体权力所构成的。其中,宏观调控决策权是宏观调控权的核心,宏观调控执行权是宏观调控权的集中体现,宏观调控监督权则是宏观调控权依法运行的基本保证。"③

笔者赞同最后一种观点,即宏观调控权的权能包括决策权、执行权和监督权。首先,决策、执行、反馈构成宏观调控的完整过程,不能将它们割裂,割裂之后的宏观调控权就不是完整的宏观调控权。其次,把宏观调控权仅仅理解为决策权或者决策权与执行权,将会是决策不受执行和监督的制约以及执行不受监督的制约,就可能做出不可能或者难以执行的决策;就可能难以检验决策的科学性以及决策的执行情况。最后,从我国宏观调控权运行的实践来看,也体现了宏观调控权包括决策权、执行权和监督权。如预算法被学术界一致认同属于宏观调控法,《预算法》对预算的编制权、批准权、执行权、调整权和监督权做了系统、完整的规定,综观这些权力,就分别属于决策权、执行权和监督权。特别需要指出的是,根据《预算法》第 14 条、第 15 条的规定,政府须向同级人民代表大会或其常委会报告预算执行情况,这些规定体现了宏观调控权包含执行权和监督权,而不仅仅是决策权或者决策权加执行权。

---

① 王全兴:《〈宏观调控权运行的法律问题〉序二》,载前引邢会强:《宏观调控权运行的法律问题》,序言第 5 页。

② 参见杨三正:《宏观调控权论》,厦门大学出版社 2007 年版,第 34 页。

③ 张辉:《论宏观调控权的构成与配置》,《政治与法律》2008 年第 11 期。

宏观调控权的三项权能有的分别由不同的机构行使,形成相互制约关系。在有些情况下,宏观调控权三项权能的行使主体具有交叉性,即决策权、执行权和监督权这三项权能中的两项或者全部三项由同一主体行使。在这种情况下,应当尽可能地在同一主体内部对其行使的宏观调控权权能进行划分,以形成互相制约关系。

(2)以人们权利或社会权利(力)控制宏观调控权。从理论上说,"法无禁止即自由","自由就是做法律所许可的一切事情的权利"[①]。人们享有广泛的权利,人们为了共同生活的需要,将一部分权利转移出来,形成公共权力。公共权力仅限于人们通过法律的授权,在公共权力以外,是人们自由的天空,无须对人们的权利作出规定,事实上,法律也不可能穷尽人们的权利。但是,由于"国家权力拥有强大的国家机器和可以调动的雄厚资源(包括法制手段、军事手段等等),处于强势地位。一般情况下,社会主体的社会权利处于弱势地位。"[②]为了有效地保护人们的权利,各国宪法和法律均对人们的权利作出了规定。伯登海默深刻地指出:"一个发达的法律制度经常试图阻碍压制性权力结构的出现,其依赖的一个重要手段便是通过在个人和群体中广泛分配权利以达到权力的分散和平衡。当这样一种权利结构建立起来时,法律就会努力保护它,使其免受严重的干扰和破坏。"[③]法律规定属于人们的权利的,构成政府行为的显性边界,政府不得僭越。不过,需要指出的是,政府权力遵循"法无授权即无权"的规则,这就意味着,即使政府行为没有侵犯法律规定的人们的权利,如果该行为没有法律的授权,仍然属于越权行为、违法行为。另外,19世纪社会化以来,权力的社会化运动兴起,这对于政府权力形成另外一种有力的制约,有关这方面的阐述,详见本文第七章。

我国的转型,尤其是经济转型,是政府主导的转型,政府在转型中的行

---

① [法]卢梭:《社会契约论》,何兆武译,商务印书馆1980年版,第8页。
② 前引郭道晖:《法理学精义》,第167页。
③ [美]博登海默:《法理学—法哲学及其方法》,邓正来、姬敬武译,华夏出版社1987年版,第344页。

为是积极的、进取的。在这种情况下,旧的法律制度常常会成为一种羁绊,而政府冲破这种羁绊也就成了不二的选择。虽然我们说法治要求政府在法律允许的范围内活动,但法治还有一个前提:即法律是制定良好的法律,如果这个前提不存在,冲破它又有何妨?尽管关于"恶法非法"和"恶法亦法"的争论由来已久。尽管笔者对政府冲破法律的改革创新一直抱保留乃至忧虑的态度,它对政府信用的破坏力是相当大的,这也是转型期政府信用普遍欠缺的主要原因之一。但必须面对的是,政府一直在这么做。在这种情况下,强调权力制衡是重要的:当某政府部门扩张其权力时,至少会遇到其他政府部门权力边界的限制;强调权利制约也是重要的,政府不能明目张胆地侵犯人们的权利,这构成对政府扩张权力的又一种限制;强调权力社会化同样是重要的,社会化的权利(力)较之私人权利,更有力量制约政府权力。

(二)法治通过保持制度稳定维护宏观调控中的政府信用

1.保持宏观调控中制度稳定的意义

宏观调控的特点是因时而动、相机抉择。具体说,就是政府要根据经济运行的阶段特征以及政策效果来相机抉择使用宏观经济政策,其基本作法是利用财政政策和货币政策逆风向行事。财政政策和货币政策都包括扩张性政策和紧缩性政策两方面。当经济衰退时,通常选择扩张性财政政策和货币政策;当经济过热或出现通货膨胀时,通常选择紧缩性财政政策和货币政策。凯恩斯主义的宏观经济政策理论是基于短期的总量波动具有重要福利后果的意义上提出来的,强调针对有效需求不足的总需求干预政策是短期的相机抉择政策。我国也有很多学者认为宏观经济政策只是针对短期而言,没有长期的宏观经济政策,如樊纲指出:"宏观经济政策,包括财政政策的决策方式,只能是'相机抉择'——根据短期内的特殊总供求关系决定当前所要采取的特殊政策及其力度。在经济学理论中从来没有什么长期的宏观经济政策,在实践中更不应有什么长期不变的宏观经济政策。"[①]但是,只注重短期的调控措施,并不能在长期保证经济的稳定,有时甚至成为后期经

---

① 樊纲:《宏观经济政策只能是相机抉择》,《金融信息参考》2003 年第 9 期。

济波动的根源。因此,宏观调控必须关注长期。关注长期的含义,是指针对短期所采取的措施,必须从长期来考量它的影响和后果。"从中长期看,宏观调控的背景是政策经济转向制度经济,因为政策经济的随意性、应景性比较大,而凡是应景性的政策出得快,到时调整得也快。这样就带来市场参与者对于未来游戏规则的一个前景展望问题,甚至涉及它们的战略的、产业的谋篇布局,也就是导致政策的公信力会出现问题,所以政策经济肯定要往制度经济方面发展。"①

2. 保持宏观调控中制度稳定的方法

保持宏观调控中制度稳定,实现政策经济向制度经济转变的关键就是宏观调控法治化。法律是稳定的,稳定的法律能够担负起相机抉择的宏观调控任务吗? 或者说宏观调控可能法治化吗? 理论界对此是有争议的。经济学学者一般不认同宏观调控法,认为宏观调控不可能法治化,这也是经济法学者关于制定"宏观调控基本法"的呼吁至今未能得到立法机关重视的重要原因。个别法学学者也认为宏观调控主要靠政策。如郝铁川认为:"宏观调控的不确定性与法律所要求的普遍性、稳定性、确定性是不符合的。因此,宏观调控行为虽有一部分适宜于法律调整,但主要还是适宜于灵活的政策调整。"②笔者认为,反对宏观调控法治化的人对宏观调控法治化存在某些误解。宏观调控法治化不是要将宏观调控政策都变成稳定的法律,而是说,宏观调控政策由法律授权机构依照法定程序做出、维护、变更和终止。由于有了法律制度的保障,政府的行为受到约束,人们可以依据其理性对政府的宏观调控政策形成预期。有关宏观调控法治化的详细阐述,见本文第七章。

(三)宏观调控法中的信赖利益保护

政府信用入法在宏观调控方面的体现就是,在宏观调控法中确立和建立信赖利益保护原则。作为宏观调控法基本原则的信赖利益保护原则,是

---

① 上海福卡经济预测研究所:《破解中国宏观调控大局》,上海财经大学出版社 2007 年版,第225 页。

② 郝铁川:《宏观调控的不确定性与法律、政策调整》,《南都学坛》2009 年第 3 期。

指社会公众对政府现行经济政策或者未来经济政策的允诺产生信赖,并基于这种信赖而采取了相应的行动,则政府不得改变现行经济政策,或者必须做出其允诺的经济政策;如果要改变现行经济政策,或者不做出允诺的经济政策,必须赔偿受损害人的损失。

宏观调控的有效性以政府的信守承诺为条件,由于存在时间不一致,不受约束的政府是不会信守承诺的,宏观调控政策因此也不会受到公众的信任,从而使宏观调控目的不能实现。信赖利益保护原则强制政府信守承诺,即使政府不信守承诺,信任宏观调控政策的公众的信赖利益也得到保护,这样公众就无需担心政府是否信守承诺,因为无论政府是否信守承诺,对公众来说,相信宏观调控政策都是最优的选择。这样,政府的发出的宏观调控信号就会受到公众的信任,从而自觉接受信号的指引,促成宏观调控目的的实现。

当然,提出信赖利益保护的原则是简单的,如何将该原则通过具体制度体现出来却是一个有待深入探讨的课题。由于宏观调控行为影响的普遍性、广泛性,且政府的一切费用开支都来自纳税人,要求政府对其背信行为对公众赔偿损失,既是难以实现的,也是不必要的。依笔者之浅见,至少可以规定,在以下情况下,受政府宏观调控行为影响的人可要求赔偿或补偿:行为人依照行动时的法律、政策从事某种行为,并投入了成本,因政府的宏观调控政策变化,导致其行为不符合宏观调控政策而被禁止或者难以实现预期的目标,致使其投入的成本难以收回的,受损害人可以就其投入的成本损失要求政府赔偿或补偿。

二、宏观调控中政府信用对法治的影响

宏观调控需要根据经济发展的客观实际做出反应。法律不可能对宏观调控的具体内容做出规定,需要政府根据客观实际相机抉择。邱本指出:"宏观调控往往是指向未来的,具有超前性,但未来的经济形势是变幻莫测的。宏观调控法要调整这种变幻莫测的社会关系也必须比一般的法律更抽象、更一般,因为只有这样的法律才能有更大的伸缩和回旋的余地,才能更

灵活、更机动,从而才能着眼未来,因应变化,相机调控。如果法律规定得太具体、太详尽,就会太死板、太僵硬,会导致束手束脚,不能审时度势、见机行事,这是不可能进行宏观调控的。"①也就是说,在法律允许的范围内,政府还有相当大的自由裁量的空间。在这种自由的空间里,政府完全有可能以法律的名义反法治。宏观调控既包括具有中长期意义的经济发展规划、产业政策,也包括应对经济波动的短期措施。如果政府没有信用,就经济发展规划来说,依法制定的经济发展规划完全可能被依法废止或更改的面目全非;就短期措施来说,政府更是可以依法任意适用。这种情况下,法律表面上得到了实施,实际上却与法治的目标相距甚远。因此,没有政府信用,法治很难实行。

第四节　本章小结

信用机制和法治机制是两种不同的社会关系调整机制。但是,这两种机制是相互影响、相互作用的。正如张维迎所说"信誉和法律作为维护市场秩序的两个基本工具,既有代替的一面,又有互补的一面。就代替性而言,良好的信誉可以大大减少对法律的需求,节约交易成本。……就互补性而言,信誉和法律常常是互为加强的。尽管在信誉的建立过程中,法律常常是缺位的,但法律作为维护信誉的底线作用不可低估。在好多情况下,严格的法律制裁可以使人们更讲信誉"②。一方面,信用机制需要法治机制的保障。由于信用机制发挥作用有严格的限定条件,现实生活中往往很难满足其条件,而法治的加入,改变了信用机制发挥作用的条件,使信用机制更容易发挥作用。另一方面,法治机制需要信用机制的补充。这不仅是因为法律总是不完备的,不完备的法律在调整社会关系时,留下了许多的空白,需要包括信用机制在内的其他社会关系调整机制来作为补充;更重要的是,法

---

① 前引邱本:《经济法研究》(下卷:宏观调控法研究),第27页。
② 张维迎:《产权、政府与信誉》,生活·读书·新知三联书店2001年版,第17—18页。

律在实施过程中,需要信用机制来保障法律关系的主体行为的"善意",没有了这种善意,权利和权力都可能被"合法"地滥用,从而走向法治的反面。在转型时期,法治机制尚未完备,不仅法律体系未健全,而且政府和人们都还没有树立起法治观念,这就更加需要信用机制的补充和配合。

转型时期的宏观调控,政府政策多变,面临严重的信用问题,影响宏观调控的效果。法治可以保障和提升宏观调控中的政府信用。这主要体现在三个方面:(1)控制政府权力,约束其按规则行使,防止宏观调控权行使的任意与专横。控权的基本方法有二:一是分权,以权力制约权力,这既包括将宏观调控权授予不同层次、不同职能的政府机构,也包括将宏观调控权划分为不同权能,使不同权能之间形成制约关系;二是保护人们权利及社会权利(力),以权利制约权力。宏观调控是在市场经济条件下的宏观调控,市场机制始终是最基本的调节机制,要使市场机制发挥作用,保障自由、保护财产权利是至关重要的。在私人权利的广泛空间里,政府的宏观调控行为必须受到约束,不能限制和侵犯私人权利。(2)法治通过维护制度的稳定来制约政府,防止政府政策变化的随意性损害政府信用。(3)通过确立信赖利益保护原则和建立信赖利益保护制度,使受政策变动影响的人获得赔偿或补偿。这样,在需要变动的情况下,宏观调控政策可以在其有效存续期间提前终止或变动,而不至于影响到政府信用,因为政府根据信赖利益保护原则和制度,赔偿或补偿受宏观调控政策影响的人的损失,从而以另一种方式践行了政府的承诺。

由于宏观调控的灵活性,法律不可能对宏观调控的内容作出具体的规定,这样,政府在进行宏观调控时,有很大的自由裁量空间,在政府自由裁量权的范围内,法律的约束作用淡化,这时,必须依靠信用机制来约束政府行为,保障宏观调控权的正确行使。

第六章 宏观调控中的政府信用能力建设及其法治保障

第一节 转型时期宏观调控中政府信用能力的缺失

一、转型时期宏观调控中政府信用能力缺失的表现

政府信用的缺失由两个方面的原因引起,一是政府信用能力的缺失,二是政府守信意愿的缺失。对于政府信用缺失的表现形式,学术界有很充分的研究,如有人认为政府信用缺失的主要表现形式有:第一,政府功能严重错位,不恰当地介入或过分干预经济活动,严重"透支"政府信用;第二,政府公然违约,不守承诺,导致政府信用缺失;第三,政府制定的政策缺乏科学性,具有较强的随意性,因而政策经常是朝令夕改,使得公众无法执行;第四,上级政府信用代替市场信用在相当范围内存在;第五,政府的政治体制和官员的选拔体制的缺陷扭曲了市场信用,从而影响政府的信用;第六,地方保护与腐败现象助长了政府失信之势。[①] 还有人认为政府信用缺失的主要表现形式有:政策行为的随意性、政务服务的被动性和行政秩序的失范性[②],等等。但是,专门针对转型时期宏观调控中的政府信用缺失的表现形式,学术界没有相关研究成果;更不用说对政府信用能力的缺失引起的政府

---

① 参见张亦春等:《中国社会信用问题研究》,中国金融出版社 2004 年版,第 130—132 页。

② 参见朱明华:《论政府信用缺失的表现、成因及其整治》,载湖南省行政管理学会编著:《科学发展观与政府管理创新》,湖南人民出版社 2005 年版,第 483—485 页。

信用缺失了。笔者认为,转型时期宏观调控中政府信用能力缺失的表现形式无非有二:

(一)没有兑现承诺的能力

政府在宏观调控中需要做出许多承诺,有些承诺由于缺乏足够的人力、财力和权力,无法兑现。这方面的事例很多,例如:国家为了鼓励出口,对出口产品增值税实行零税率,由此需要国家退还在此前已经收取的增值税,这就是所谓的出口退税。但是,由于国家预算安排的资金不够以及市场上存在大量的骗取出口退税的犯罪行为,导致许多应当退还的税款不能足额、及时的退还。再如,一些地方政府为了吸引外来投资,在招商引资时许下许多优惠政策承诺,但有些承诺超出了其权力范围,没有能力兑现。

(二)缺少执行规则的能力

基德兰德和普雷斯科特提出的时间一致性理论指出,遵守规则的政府比相机抉择的政府能够为社会带来更多的福利,并以此来反对相机抉择的国家干预。但是,他们并没有指出政府怎样才能遵守规则。许多经济学的研究都止于要创建某种规则,没有进一步追问,如何保证创建的规则得到执行。法治社会,法律是最主要的正式规则,严格执法成为多数经济学家和法学家开出保证法律规则得到执行的药方。但同样的问题仍然存在:怎样才能严格执法? 政府在执行包括法律在内的许多规则时,常常感到力不从心。张维迎教授认识到了法律规则执行上的局限,并建议"法律管辖的范围不能过宽,……,不要把'没有法律的秩序'(order without law)变成'没有秩序的法律'(law without order)。"①对张维迎教授给出的药方,笔者虽然不能赞同②,但毫无疑问,必须正视政府在执行规则方面的能力局限。

二、转型时期宏观调控中政府信用能力缺失的原因

任何政府的能力都是有限的,即使所谓的全能政府也概莫能外,转型时

---

① 前引张维迎:《信息、信任与法律》,第71页。
② 参见王新红:《信誉的法律基础——与张维迎先生商榷》,《中南大学学报》(社会科学版)2003年第1期。

期的中国政府的能力当然也是有限的。这样,当政府超出自己的能力局限时,政府失信就不可避免了。这包括三种情况:(1)政府对自身的能力缺乏足够认识,因不自知而做出超出自己能力的承诺或制定超出自身执行能力的规则;(2)规则制定机构与执行机构是不同的机构,规则制定机构制定了超出规则执行机构执行能力的规则;(3)因履行政府职能的需要必须做出某种承诺或制定某种规则,而不考虑是否有能力兑现承诺或执行规则,在有些情况下是明知不能为而为之。阿瑟·刘易斯指出,越是在经济欠发达的国家,政府的活动范围或者说应该发挥的作用就更大,如公共投资、价值机制、提高储蓄率以及减少贫困、政府自身改革等。① 经济欠发达国家政府能力有限,但却不得不承担许多超出其能力范围的职责,最终因能力缺失而导致失信。

由于政府能力总是有限的,因此,想为所欲为的政府必然失信。这不是我们这里要探讨的政府缺少信用能力的原因。我们要探讨的是,在政府职能的范围内,转型时期宏观调控中政府缺少信用能力的原因,从而寻求解决的办法,保障政府履行职能的信用能力。这大体包括以下四个方面:

(一)政府的宏观调控职能不清

在社会主义市场经济条件下,政府职能必须转变,政府的经济职能从全面的直接干预转变为以宏观调控为主。但是,对于宏观调控的目标、方式、宏观调控权的行使等,都缺乏清醒的认识。这样,一方面,由于计划经济时期政府全面干预的惯性,政府调控了许多不应由其调控的事项,由于职能不清,政府天然的扩张属性也导致政府不断扩展其调控的范围,必然超出其信用能力范围。另一方面,宏观调控需要很强的驾驭国民经济发展发展态势的能力,而转型时期的政府并没有掌握这方面的技能,面对纷繁复杂的经济社会,多重的调控目标,按下葫芦浮起瓢,导致无所适从或者调控失误。

(二)宏观调控权力配置和行使缺少法律规制

在法治社会,政府权力来源于人们通过法律的授权。而转型时期,我国

---

① [美]阿瑟·刘易斯:《经济增长理论》,周师铭等译,商务印书馆 1983 年版,第 470—471 页。

的政府的宏观调控缺乏基本的法律规则,政府的宏观调控权因无所羁绊而成为肆虐的野马。这种不受拘束的权力表面上看似政府因此变得更强大,可以动用足够的权力进行宏观调控。但实际上,由于政府能力的局限,社会经济发展又有其自身的规律,政府事实上不可能为所欲为。这样,一个一心为民的政府也会有许多的承诺无法兑现,好心办坏事更是不可避免。而更糟糕的是,我们并没有理由期待一个拥有无限权力的政府不会为恶,当政府或其官员借宏观调控之名为利益集团服务时,宏观调控就失去了正当性,从而失去了可信的基础。另外,没有法律约束的宏观调控政策会朝令夕改、缺乏可预期性,从而降低宏观调控政策的可信性。

(三)宏观调控所需的财力不够

转型时期的中国经济虽然突飞猛进,国民财富和国库收入都增长迅速。但是,转型的成本是巨大的,国家要用钱的地方很多,很多的政府职能都缺乏足够的财政保障。有些宏观调控措施(如扩大国家投资)需要动用一定的财政资源,财力不够会导致政府失信。我国近几年出现的严重的拖欠农民工工资事件中,政府失信占有很大的成分。大量的政府投资项目建设资金不足,政府拖欠承建商工程款,承建商就拖欠建筑工人(主要是农民工)工资。还有一些宏观调控政策虽然不需要动用财政资金,但由于会对政府财政收入造成较大影响,迫于财政压力而不能执行,这也属于财力不够。

(四)宏观调控的微观基础没有建立

企业是经济运行中最基本、最活跃的细胞,无数企业的生产经营活动,构成了整个国民经济的宏观运行状况;企业的生产经营活动是为了满足消费者的需要,消费需求的状况,最终决定企业的生产经营。因此,企业和消费者是基本的调控受体,是政府宏观调控政策的出发点和落脚点。宏观调控是市场经济的产物,要作用于市场经济条件下的企业和消费者才能发挥作用。早在我国决定建立社会主义市场经济体制之初,就有学者明确指出:"国家通调整宏观经济政策和灵活运用各种经济杠杆,将宏观经济变量传导到市场运行变量的变化过程中,使市场运行变量随之发生变化,而市场运行变量的变化又会对企业微观经营活动发生影响,使企业微观经营变量发生变化。从而使企业的生产经营活动符合国家宏观经济政策的要求。为此，就必须使企业成为真正的商品生产者和经营者。"①而我国在转型时期的企业，虽然已经成为或正在成为独立的市场主体，但许多国有或国有控股企业并未真正成为受到严格预算约束的自负盈亏的市场主体，许多企业在地方政府的支持下，不计成本、不求效率地扩张，对宏观调控政策不敏感；而从计划经济体制走出来的消费者，由于多数失去了计划经济时期的铁饭碗，缺乏安全感，消费需求不足，对宏观调控政策反映也不敏感。这样，我国转型时期的宏观经济始终存在投资需求旺盛、消费需求不足的状况。一些在成熟市场经济国家行之有效的宏观调控政策，在我国转型时期变得无效或者收效甚微。

第二节 有限政府与政府信用能力

一、有限政府的理论渊源②

"关于有限政府的论说发轫于古希腊、古罗马时期，形成于17、18世纪近代西方启蒙运动时期，至19、20世纪，有限政府原则在某些方面虽受到不同程度的质疑与挑战，但有限政府的核心精神和基本理念依旧得到各自由主义论者一如既往的承袭。"③论其理论渊源，以下几种学说极为典型。

(一)霍布斯的"性恶"理论

霍布斯指出，人性本恶，因而权势欲成为人类共有的普遍意向，而人常常受到自己内心无止境的欲望的驱使，"人对人象狼一样"的自然状态便不可避免，这种状态必然导致"每个人对每个人的战争"。"最糟糕的是，人们

---

① 甄进兴、张筱红：《试论宏观调控的微观基础》，《甘肃社会科学》1993年第2期。
② 参见詹福满、苗静：《有限政府理论的现代解读》，《法律科学——西北政法学院学报》2005年第3期，第8—18页；刘祖云、武照娇：《有限政府：研究综述与反思》，《甘肃行政学院学报》2007年第3期，第44—47页。
③ 朱福惠主编：《宪法学原理》，中信出版社2004年版，第87页。

不断处于暴力死亡的恐惧和危险之中,人的生活孤独、贫困、卑污、残忍和短寿"。① 为了逃避这种互相为战的"霍布斯丛林",人们需要政府。但政府并不能为所欲为,其权力是有限的。"主权者的法律不得限制的行为应当包括买卖或其他契约行为的自由、选择自己的住所、饮食、生活方式以及按自己认为合适的方式教育子女的自由等。"②霍布斯的"性恶"理论被后来的思想家继承,成为限制政府权力的重要理论渊源。

(二)洛克的社会契约理论

洛克认为,在人类进入文明社会以前,存在自然状态。自然状态并非一切人反对一切人的战争状态,而是一个和平与自由的状态:完备无缺的自由状态,平等的状态,有秩序而不是放任的状态。但这种自然状态是有缺陷的:虽然有自然法,但是没有一个明确规定的标准作为区分是非的规则,没有一个有权依照既定的法律来裁判一切争执的机构,没有权力来支持正确的裁判,使其得以执行。因此,在自然状态下,人们的生命、自由、健康和财产权利实际上得不到保障,要有明确的公共权力与法律才能保障自由。③于是,人们决定放弃自然状态中享有的执行权和处罚权,以社会契约的方式交给社会,或授权给社会的立法机关,制定符合公共利益的法律。裁判者有权根据法律裁决一切争端和救济国家的任何成员可能受到的损害。但是,人人享有的自然权利,包括生命权、自由权、财产权,以及在这些权利的基础上派生的反抗权和同意权等,都是与生俱来、不可剥夺的。按照社会契约方式建立政治社会,每个缔约者都不是放弃全部自然权利,而是放弃部分自然权利,因此,政府的权力是有限的。④ 洛克和卢梭的社会契约理论成为西方政治学、法学、公共管理学等论证政府权力合法性及其限度的最重要的理论渊源。

① ［英］霍布斯:《利维坦》,黎思复、黎廷弼译,商务印书馆1985年版,第95页。
② 前引［英］霍布斯:《利维坦》,第165页。
③ 参见前引洛克:《政府论》下篇,第76—78页。
④ 参见前引洛克:《政府论》下篇,第75—79页。

(三)亚当·斯密的自由主义理论

古典自由主义的开山鼻祖亚当·斯密在《国民财富的性质和原因研究》一书中天才地论述了市场经济运行的规律,提出市场中存在一只"看不见的手"在指导人们的营利行为,并且能够有效地配置社会资源,政府不要干预经济活动,只要做好"夜警"就可以了。亚当·斯密的自由主义理论为有限政府提供了经济理论基础。其他一些自由主义思想家也从各个侧面表达了有限政府的思想。如法国自由主义思想家贡斯当指出:"人民主权论"所涉及的仅仅是政治权力的归属及行使方式,而决不在任何意义上使政府能够合法地享有更大的权力。主权在民本质上是必须有限度的,这个限度就是个人权利。①

(四)国家失灵理论

亚当·斯密的自由主义思想在西方盛行了两百多年后,在社会化市场经济条件下,亚当·斯密的"看不见的手"失灵了,凯恩斯发起了国家干预的"凯恩斯革命"。"凯恩斯革命"在挽救西方世界严重的经济危机中发挥了作用,但很快遇到了"滞涨"的难题。与市场不是万灵的一样,国家也不是万灵的。各种反对、限制、改良国家干预的理论随之兴起。无论哪种理论都强调,必须对政府的权力予以限制。

尽管论述有限政府的理论各种各样,但有一点是可以肯定的,那就是政府应当是有限的,有限政府是现代政府的典型特征。

二、有限政府的含义和特征

(一)有限政府的含义

准确理解有限政府的含义,要从与有限政府相对应的概念——无限政府说起。无限政府,又称全能政府,是指政府组织自身在规模、职能、权力和行为方式上具有无限扩张、不受有效法律和社会制约的倾向性。无限政府由于其职能的无限性容易把政府权力深入到私人领域,一方面使社会和个

---

① [法]贡斯当:《古代人的自由与现代人的自由》,阎克文译,商务印书馆1999年版。

人失去自我管理和自我服务的能力,另一方面,对个体的自由权利构成侵害。无限政府由于缺乏正当性和合法性,才有了有限政府的理念。所谓有限政府,是指权力、职能、规模和行为都受到宪法和法律明确限制的政府,在宪法和法律之外,不存在政府权力和政府职能。

政府之所以应当是有限的,要从政府的自然属性和社会属性两个方面来说。

1. 从自然属性来看,政府应当是有限的。政府不是一个抽象的概念,而是一个具体的实体,是一个由特定个人所集合而成的组织体。相对于无限的客观存在而言,作为主体的人的认知能力是有限的;人的有限认知能力又注定了人应对和处理客观世界问题的有限理性。个人的有限理性注定了政府同样只具有有限理性,没有万能的政府。前述古典自由主义经济理论和关于国家失灵的各种经济理论,都揭示了政府理性的有限性。简言之,政府的能力是有限的,政府自然应当是有限的。政府只能做自己能做的事,政府能力给定了政府权力和职能的极限,政府的权力和职能只能在政府能力的范围内划定。

2. 从社会属性来看,政府也应当是有限的。政府的构成必须以取得人民的同意为前提,政府是对社会公众事务进行治理的组织机构体系,凡涉及众人之事必先取得众人之同意,因此,作为社会公共事务的管理者,政府在构成上必须事先取得社会公众的同意和授权,否则,即视为非法存在。古典自由主义者以"社会契约"作为政府正当存在的根据,在现代政治实践中,选举被认为是政府合法产生的正当途径,选举权的行使被认为是社会公众表示同意和进行授权的合法形式,经选举产生的政府被认为已经合法取得人们同意和授权的民主政府。既然政府的存在来源于人们的同意,政府的权力来源于人们的授予,人们只会把有限的权力授予政府,因此政府不可能是无限的,只能是有限的。

(二)有限政府的特征

1. 有限政府是法治政府

无限政府不是说政府无所不能,而是说政府的权力和职能扩张不受限制。作为与无限政府相对应的有限政府,并不仅仅指政府能力上的限制,如果仅仅从能力上谈有限政府,则任何政府都是有限政府。有限政府是指政府的权力和职能受到事先确定的规则的限制,这种规则就是宪法和法律。因此,有限政府是法治政府。

按照法治的一般要求,法治政府至少包含四层含义:(1)规范政府的法律是制定良好的法律;(2)政府的组成、权力、职能以及权力行使与职能履行的方式都由宪法和法律规定,超越宪法和法律不存在政府和政府权力;(3)实行分权体制,政府的权力行使与职能履行受到制约和监督;(4)政府权力不得滥用,不得侵害人们的权利,如果人们的权利受到政府侵害,可以得到有效的救济。

2. 有限政府是责任政府

责任政府有广义和狭义之分,狭义的责任政府指内阁制,布莱克法律词典对"责任政府"的解释是:"这个术语通常用来指这样的政府制度,在这种政府制度里,政府必须对其公共政策和国家行为负责,当议会对其投不信任票或他们提出的重要政策遭到失败,表明其大政方针不能令人满意时,他们必须辞职。"[①]广义的责任政府是指政府应当对公民负责,政府依法行使职权,政府的渎职、失职与违法行为必须承担法律责任;受政府及其官员公务行为损害的公民,有权要求赔偿。本文在此对责任政府取广义。有限政府之所以是责任政府,乃是因为有限政府的权力、职能和责任都是法定的,政府不能不履行自己的职责、不能超越职权、滥用职权,否则就必须承担法律规定的后果。如果政府不是责任政府,则其不履行职责、超越职权、滥用职权等,都不要承担相应的责任,则政府就不可能是有限政府。

3. 有限政府的有限性是开放的、发展的

有限政府是一个发展的、开放的概念,在不同历史时期,政府享有的权利和承担的职责是不同的。在古典自由主义时期,政府只要做消极的"守夜人",管得最少的政府是最好的政府。"所有的法律都免不了邪恶,因为这

---

① 《布莱克法律词典》(英文版),1979年版,第1180页。

是对个人自由的违背;而一般来说,政府的各种职能也同样邪恶。因为这些都是必要的邪恶,所以必须将其降到最低范围。"①但19世纪末20世纪初社会化以来,个体本位观念被社会本位观念所取代,经济自由主义受到限制,相应地,有限政府的含义发生了变化,在实践中体现为政府对经济与社会生活的大幅度干预和福利国家的产生。为了发展公共福利,体现社会公正,政府必须积极能动地参与和干预社会与经济生活。"古典自由主义把政府从市场中驱逐出去,现代自由主义又将政府招了回来,这一次是为了保护公民,使之避免经济体系中某些时候的不公正。"②"国家的义务是创造这样一些经济条件,使身心没有缺陷的正常人能通过有用的劳动使他自己和他的家庭有食物吃,有房子住和有衣服穿。'工作权'和'基本生活工资'权利和人身权利或财产权一样地有效。这就是说,它们是一个良好的社会秩序不可或缺的条件。"③这样,政府的权力和职能都大大地扩展了。但这种扩展,仍然属于有限政府范围内的扩展。不能因为政府权力和职能的扩展而否认政府的有限性。

既然政府的有限性是开放的、发展的,我们就不能简单地以历史经验判定有限政府应该干什么,或者不应该干什么,而必须根据社会经济条件的客观需要,按照法治的原则,合理划定有限政府在当今时代的权力和职能。

三、有限政府与政府信用能力的关系

(一)政府信用必须以有限政府做基础

关于有限政府与政府信用的关系,一般认为,政府信用必须以有限政府做基础。"信用政府必然是有限政府。……政府信用的基础是有限的公共职能和公共权力。政府只有在承担有限的公共职能的情况下才能有效地履

---

① 〔意〕圭多·德·拉吉罗:《欧洲自由主义史》,杨军译,吉林人民出版社2001年版,第93页。
② 〔美〕迈克尔·罗斯金等:《政治科学》,林展等译,华夏出版社2001年版,第109页。
③ 〔英〕霍布豪斯:《自由主义》,朱曾汶译,商务印书馆1996年版,第80页。

行自己的信用职责。为此就必须对政府的职能范围进行明晰的界定,……"①如前所述,从政府的自然属性来看,政府应当是有限的,政府的信用能力当然也是有限的。如果政府的职能超出了政府的信用能力范围,政府不可能守信。从这个意义上讲,政府信用要求以有限政府为基础。

但是,如果进一步论述说,为了建立信用政府,必须建立有限政府,把建立有限政府作为建立信用政府的工具,就不合适了。有限政府意味着限制政府的权力,也就意味着限制政府的信用能力。政府的有些承诺,如果严格按照有限政府的要求限制政府权力,政府就无法兑现承诺;相反,如果允许政府超越法律行使权力,政府就可以兑现承诺。那么,在这种情况下,有限政府就成了践行政府信用的羁绊。如果有限政府是信用政府的工具,则这个工具在这里就可以不用了。在我国转型时期,政府行为常常突破法律的界限,都与这种把有限政府仅仅当成达成其他目标的工具有很大关系。因为作为工具,有用时就用,没有用时就会弃之不顾。

必须明确,与信用政府相比,有限政府是更高层次的目标。不是为了建立信用政府的需要而建立有限政府,而是说,有限政府构成信用政府建设的一般条件。有限政府对信用政府的建设的意义包括两个方面:第一,有限政府有利于信用政府的建设。有限政府限定了政府信用的范围,使政府承诺事项在政府信用能力的范围之内,从而有利于政府践行信用。第二,有限政府构成了对政府信用的限定。政府践行信用的行为必须在宪法和法律的约束下进行,政府不能超越有限政府的界限制定规则或做出承诺;政府也不能超越有限政府的界限采取行动来执行规则或践行承诺。

(二)法治政府有助于增强政府信用能力

有限政府是法治政府,而法治政府对于增强政府信用能力意义重大。拉坦和速水在论述制度时指出:"制度是社会或组织的规则。这种规则通过帮助人们在与别人交往中形成合理的预期来协调人际关系。……在经济关系领域,如在经济活动中使用资源的权利,如分割由经济活动产生的收入

---

① 前引何显明:《信用政府的逻辑——转型期地方政府信用缺失现象的制度分析》,第 313 页。

流,这些规则在建立有关这些活动的预期时起着关键作用。制度提供了对于别人行动的保证,并在经济关系这一复杂和不确定的世界中给予预期以秩序和稳定性。"①也就是说,制度创设和稳定人们的预期。法律制度是现代社会最基本、最重要的制度,法律制度更能增加和稳定人们的预期。当政府的行为(包括宏观调控行为)受到法律的严格约束时,政府行为就更具可信性,人们更容易形成稳定的预期,则政府能够获得更多的信任,从而具有更强的信用能力。

(三)责任政府有助于增强政府信用能力

有限政府是责任政府,责任政府制度的建立和完善对于政府信用能力具有重要意义。首先,因为有责任的约束,政府在建立信用关系时就会自觉将自己的行为约束在其能力的范围之内,避免做超出其信用能力的承诺;其次,政府必须具备承担责任的能力,如建立国家赔偿基金等,这样有利于提升政府信用能力;最后,政府在失信时承担相应的责任,是修复政府信用的一种方式,也是政府信用能力的一种表现形式。

四、加强转型时期宏观调控中有限政府制度建设的几点思考

伴随着人治向法治转型、计划经济向市场经济转型的是,无限政府向有限政府的转型。在这个转型过程中,政府对经济的管理从以直接干预为主转到以宏观调控为主。但由于宏观调控的经验不足和客观环境的局限,宏观调控的绩效不甚理想,给宏观调控中的政府信用也蒙上了阴影——宏观调控中政府失信现象时有发生。从有限政府的角度审视这种现象,有三个问题值得思考:第一,政府宏观调控的范围是否超出了有限政府的界限;第二,政府宏观调控的手段是否超出了有限政府的界限;第三,法律对政府宏观调控权的规定是否满足了中国转型时期的需要。下面对这几个问题一一加以阐述。

---

① Ruttan, Vernon W. & Hayami, Yujiro. Toward a Theory of Induced Institutional Innovation. Journal of Development Studies. Vol. 20. 1984. 204.

(一)有限政府对宏观调控范围的限定

我国在计划经济时期,政府是无所不管。进入社会主义市场经济阶段,要发挥市场在资源配置中的基础性作用,市场能够调节的,政府不应当干预。政府对国民经济的宏观调控应当且只应当限于市场失灵而政府有效的领域,这就是有限政府的要求。但是,由于传统无限政府的惯性作用以及各种利益因素的影响,转型时期的政府干预了许多不应当干预的事项,由于对这些事项的干预往往超出了政府的能力范围,政府干预也就难以达到预期的效果,导致政府失信。面对宏观调控中的政府失信问题,首先需要追问的是:政府宏观调控的范围是不是超出了有限政府的范围。那么,怎样界定有限政府的宏观调控范围呢?"政府作用的范围和特征是一系列因素综合作用的产物"。① 不同国家、同一国家不同时期因政治、经济和社会生活的条件不同,政府宏观调控的范围也会有区别,不存在统一的、确定的范围。但这并不等于政府可以任意划定宏观调控的范围,相反,政府的宏观调控应当遵循一些基本的规则。

1. 宏观调控不能侵入私人经济领域。私人经济领域主要是指私人的消费活动、投资活动和经营活动,属于私人自治的领域,私人享有消费自主权、投资自主权和经营自主权,公共权力不能侵入。宏观调控行为是公共权力的行使行为,故不能介入私人经济领域。亚当·斯密为公权力不能介入私人经济领域提供了经济解释:"关于可以把资本用在什么种类的国内产业上面,其生产物能有最大价值这一问题,每一个人处在他当时的地位,显然能判断得比政治家或立法家好得多。如果政治家企图指导私人应如何运用他们的资本,那不仅是自寻烦恼去注意最不需注意的问题,而且是僭取了一种不能放心地委托给任何个人、也不能放心地委之于任何委员会或参议院的权力。把这种权力交给一个大言不惭地、荒唐地自认为有资格行使的人,是再危险也没有了。"②穆勒也做过类似的阐述:"一般说来,生活中的事务最

---

① [美]斯蒂格利茨:《政府为什么干预经济》,郑秉文等译,中国物资出版社1998年版,第19页。

② 前引[英]亚当·斯密:《国民财富的性质和原因的研究》下卷,第27—28页。

好是由那些具有直接利害关系的人的自由地去做,无论是法令还是政府官员都不应对其加以控制和干预。那些这样做的人或其中的某些人,很可能要比政府更清楚采用什么手段可以到达他们的目的。即使政府能够最全面地掌握个人在某一时期内积累的有关某一职业的全部知识(实际上是不可能的),个人也要比政府对结果具有更加强烈得多、更直接得多的利害关系,因而如果听凭他们选择,而不加以控制的话,则手段会更有可能得到改进和完善"①。

但我国转型时期的宏观调控却屡屡突破有限政府的界限,干预私人经济领域。以前文提到的 2010 年的房地产市场宏观调控为例,为了抑制房价过快增长,2010 年 4 月 17 日国务院发出《关于坚决遏制部分城市房价过快上涨的通知》,该"通知"规定的商业银行发放贷款的首付款比例、利率限制等,就构成了对商业银行经营自主权的干涉。而北京市政府则走得更远,其2010 年 4 月 30 日出台的《北京市人民政府贯彻落实国务院关于坚决遏制部分城市房价过快上涨文件的通知》中规定,商业银行根据风险状况对第 3套及以上住房和不能提供 1 年以上北京市纳税证明或社会保险缴纳证明的非北京市居民暂停发放购房贷款;自该通知发布之日起,同一购房家庭只能新购买一套商品住房。不仅限制了商业银行的经营自主权,而且也限制了公民的消费和投资自主权。

2. 宏观调控限于市场力量不及或市场失灵的领域

市场是资源配置最基本的机制,依靠私人自治,市场能够发挥优化资源配置的作用。宏观经济领域是私人经济领域的总和,无数私人经济汇成宏观经济。但是,宏观经济不是私人经济的简单相加,私人的理性并不能集合成社会的理性,因此,私人自治总有力所不及的地方,市场调节也总有失灵的时候。在市场力量不及或市场失灵的领域,才是宏观调控发挥作用的地方。李斯特对国家权力和私人自治的分际做了这样的阐述:"关于国民个人

---

① [英]约翰·穆勒:《政治经济学原理》下卷,胡企林、朱泱译,商务印书馆 1991 年版,第 535页。

知道得更清楚、更加擅长的那些事,国家并没有越俎代庖;相反地,他所做的是,即使个人有所了解,单靠他自己力量也无法进行的那些事。"①并且,政府面对市场失灵也能够有所作为。萨缪尔森说:"我们不能影响天气,但是公共经济政策的明智与否确可以对我们未来生活水平产生重大的影响。"②

在发展中国家,市场没有得到充分的培育,市场组织资源配置的能力弱,更需要加强政府对经济的调控。托达罗在研究发展中国家经济发展中的政府作用时指出:"不管一个人对合适的政府作用的观念形态的预想是什么,过去20年发展中国家政府不断要求担负起对他们的经济管理和指导的责任。据说,在许多国家,特别是在非洲,如果政府不诱导发展,那儿也许从来不会发展。怎样部署这些有限的人力资源是关系到发展成功与失败的一个关键问题。简言之,政府怎样构造、怎样管理发展已经十分重要,将来会变得更重要。"③

再以房地产市场的宏观调控为例,私人是不是买房,开发商以什么价格卖房以及银行是否发放贷款、以什么条件发放贷款,都属于私人自治领域的事,政府不应干预,也无权干预。但是,房价的非理性上涨,一方面挤占了其他投资和消费,引起国民经济结构的失衡;另一方面,存在经济泡沫,一旦泡沫破灭,就会引发金融危机乃至经济危机,由美国次贷危机引发的全球金融危机就在眼前,并未远去。前车之鉴,中国政府面对疯狂上涨的房价,不能坐视不管,必须采取宏观调控措施。因此,调控房价属于宏观调控的范围。

但是,"国家的存在对于经济增长来说是必不可少的;但国家又是人为经济衰退的根源。"④恩格斯分析指出,"国家权力对于经济发展的反作用可以有三种:它可以沿着同一方向起作用,在这种情况下就会发展的比较快;

---

① [德]弗里德里希·李斯特:《政治经济学的国民体系》,陈万煦译,商务印书馆1961年版,第169—170页。

② [美]萨缪尔森、诺德豪斯:《经济学》上册(第12版),高鸿业等译,中国发展出版社1992年版,第130页。

③ [美]W.P.托达罗:《经济发展与第三世界》,金印强等译,中国经济出版社1992年版,第514页。

④ 前引[美]道格拉斯·诺思:《经济史上的结构和变革》,第25页。

它可以沿着相反方向起作用，在这种情况下，像现在每个大民族的情况那样，它经过一定的时期都要崩溃；或者是它可以阻止经济发展沿着既定的方向走，而给它规定另外的方向——这种情况归根结底还是归结为前两种情况的一种。但是很明显，在第二和第三种情况下，政治权力会给经济发展带来巨大的损害，并造成人力和物力的大量浪费。"①因此，政府宏观调控不是范围越广越好，而应限于市场不能发挥作用的领域。

（二）有限政府对宏观调控手段的限定

按照有限政府的要求，宏观调控的手段必须是法律预先规定的，不能超越法律规定采取宏观调控手段。在我国的宏观调控中，一般认为宏观调控的手段有经济手段、法律手段和行政手段。笔者在前文对这种并列的提法表示过异议。在这里需要再次强调，经济手段和行政手段都必须在法律允许的范围内，超出了法律允许的范围采用经济手段和行政手段，就突破了有限政府的限定，即使践行了信用，也是对政府信用的破坏，因为违法本身就是政府失信的典型表现。

在政府确定宏观调控目标的时候，必须考虑到为了实现目标可能采取的手段以及这些手段的采取是否可以达成目标，不采用宪法和法律没有授权的手段、不确定按照现有法律规定的手段无法达成的宏观调控目标，这是有限政府对宏观调控手段的限定。不能为了目标不择手段，目标的正义不能代替手段的正义。在我国转型时期的宏观调控中，为了达成目标而采取超出有限政府允许的手段的情况时有出现，成为破坏政府信用的表现形式之一。

（三）转型时期有限政府应有的宏观调控权

如前所述，有限政府的有限性是开放的、发展的，并没有一个固定的标准确认有限政府的权力和职能范围，必须由具体的社会经济条件来决定。就宏观调控权来说，转型时期的宏观调控与成熟市场的宏观调控显然是应当有区别的，以成熟市场的政府宏观调控权去判定转型时期政府的宏观调

---

① 《马克思恩格斯选集》第4卷，人民出版社1995年版，第701页。

控权难免会出现削足适履的情况。转型时期政府宏观调控权的确认并无现成的经验可循,再加之转型时期的法制也很不完善,这样就会出现法律授予政府的宏观调控权与政府宏观调控的实际需要不相吻合的情况:授权不足或者授权过度。授权不足,导致政府信用能力降低,政府无法完成其宏观调控的使命;授权过度,为政府滥用职权打开了方便之门。

在我国转型时期,对政府授权不足和授权过度的情况同时存在。在授权过度的情况下,政府干预了许多不该干预的事情。在授权不足的情况下,有的政府部门消极对待,无所作为;有的政府部门超越有限政府的局限,自我"加冕"、积极行动,行使法律没有授予的权力。相对而言,后一种情况更为普遍。

笔者认为,对于前一种情况,我国政府在转型过程中正不断退出不该干预的领域,随着我国转型的逐渐完成,并通过修订法律将逐渐得到改善。对于后一种情况,消极对待、无所作为固然不足取,但任意超越职权的危害更大。应当说,授权不足是与有限政府如影随形的一种现象,我们在享受有限政府带给我们的自由和安全的同时,必须容忍这种政府可能因授权不足而无能的现象。如果我们纵容政府在授权不足时超越其职权范围,则政府在别的时候也会超越职权,那么,有限政府不复存在,人们的自由和安全也将不复存在。

第三节 透明政府与政府信用能力

一、公众知情权与透明政府

(一)公众知情权

公众知情权概念是在 20 世纪 40 年代中期提出的,人们反思与法西斯主义斗争的经验教训,深刻认识到法西斯主义之所以得逞于一时,一个重要原因是公众和媒体被剥夺了知情权。而没有知情权作为基本条件,人民的民主权利和正常的社会民主生活将成为一句空话。1945 年,美国新闻编辑肯特·考珀在 1 月的一次演讲中首次提出公民"知情权"概念,其基本含义是公民有权知道他应该知道的事情,国家应最大限度地确认和保障公民知悉、获取信息,尤其是政务信息的权利。1948 年《世界人权宣言》明确将知情权作为法定权利在世界各国推行。美国 1966 年制定了《信息自由法》,该法要求政府机关有义务向社会公众公开政府文件和资料,公众也有权向联邦政府机关索取任何不属于保密范围内的材料。美国总统在签署该法的声明中宣称:"这个法律源自我们所信仰的一个重要的原则,在国家完全许可的范围内,公众能够得到全部新信息时,民主政治才能最好的运行。任何人不可能对可以公开的决定蒙上秘密的屏幕而不损害公共利益……美国是一个开放的社会。在这个社会,公众知道权利受到重视和保护。"①司法部长克拉克在说明该法时指出:"如果一个政府真正是民有、民治、民享的政府的话,公众必须能够详细地知道政府的活动。没有任何东西比秘密更能损害民主,公众不了解情况,所谓自治,所谓公民最大限度地参与国家事务,只是一句空话。如果我们不知道我们怎样受管理,我们怎能够管理自己呢?在当前公众时代的社会中,当政府在很多方面影响每个人的时候,保障公众了解政府活动的权利,比任何其他时代更加重要。"②

信息经济学认为,在委托—代理关系中,由于信息的不对称,掌握较多信息的代理人总是会利用其信息优势损害掌握信息较少的委托人的利益,这就是所谓的道德风险,要求代理人公布信息,尽量减少双方的信息不对称,是防止和减少道德风险的有效办法。"信用的关键是信息。只要有足够的信息,就很少会发生不守信用的问题;但是如果信息交流不充分,欺骗行为不能被观测到,信用也会受到损害。"③政府与公众的关系也是一种委托—代理关系,政府是受公众的委托管理公共事务,公众有权了解政府是如何履行职责的,效果如何,是否存在懈怠和滥用职权的情况,以防止政府的道德风险。另外,信息有助于改善制度的绩效。"掌握了更好的信息,就会

---

① 王名扬:《美国行政法》,中国法制出版社 1995 年版,第 959 页。
② 曾繁正等编译:《美国行政法》,红旗出版社 1998 年版,第 283 页。
③ 张维迎:《从豆腐房看信息与信用》,《辽宁财税》2002 年第 9 期。

更容易监测人的行为。这种监测行为的能力会改变人的行为,提高制度的质量,即便在制度结构没有发生改变的条件下也是如此。"①

(二)透明政府

保障公众的知情权,要求政府活动贯彻透明度原则,做透明政府。所谓透明政府,是指国家的立法、行政、司法活动除法律规定必须保密的以外,均应该依据法律的规定和程序迅速及时地对公众和社会公开。透明政府有三点基本要求:

1. 公开

透明政府首要的要求是公开。包括:立法公开、行政公开和司法公开,分述如下。

(1)立法公开。立法公开包括立法结果公开和立法的过程公开。立法结果公开是指法律必须公之于众,未经公布的法律不得作为执行的依据。中国古代曾经保持法律的神秘性,不向民众公开,只由统治者掌握,为统治者鱼肉百姓打开了方便之门。我国现代的法律虽然公开,但在"入世"前,我国政府执行的许多所谓的内部文件是不对社会公开的,按照 WTO 规则的透明度原则,未经公布的法律、法规、规章和规范性文件,不能实施。为了顺利"入世",我国政府清理了内部文件,对现实需要且适宜公开的,依法予以公开;对过时的或者不适宜公开的,予以废止。多部法律明确规定未经公布的规范性文件不能作为政府行为的依据。如《行政处罚法》第 4 条第 3 款规定:"对违法行为给予行政处罚的规定必须公布;未经公布的,不得作为行政处罚的依据。"但毋庸讳言,我国许多政府官员依然存在按上级文件、上级领导讲话办事而不是按法律办事的习惯,而许多作为政府处理公共事务的准则的上级文件或领导讲话,普通民众是难以接触到的。虽然内部文件和领导讲话不属于法律,因而不属于立法公开的对象,但是,它们在中国事实上发挥着类似法律的作用,它们未经公开就加以适用,这与 WTO 规则要求的透明度原则是相悖的。

---

① 世界银行:《建立市场体制》,中国财政经济出版社 2002 年版,第 20 页。

　　立法过程公开是指立法机构在制定和修改法律时,应将有关草案公开,广泛征求意见。曾经,我国的立法草案在提交人大或其常委会审议前,都是作为机密文件加以保密的。但近年来,立法过程公开取得了长足进展。2005年9月27日,全国人大法律委员会、财政经济委员会和全国人大常委会法工委在北京举行立法听证会,就修改《个人所得税法》中"个人所得税工薪所得减除费用标准"问题听取意见,这是全国人大常委会立法中首次举行立法听证会,中央电视台对听证会做了全程现场直播。而在此后制定的《物权法》,其草案向全社会公开征求意见,展开了万民大讨论。立法过程公开增强了立法的民主性,使法律更能反映人民的利益和意志,有利于抑制部门利益或强势利益集团的利益在法律上的过度表达,同时也通过这一过程进行了法制宣传教育。

　　(2)行政公开。行政公开是指行政依据的公开、行政决策过程的公开、行政决定的公开、行政收入与支出的公开。行政公开的功能在于:为公众对行政决策的参与和对行政的监督提供条件,并且使行政活动具有可预见性和确定性,防止行政随意和行政专横。行政公开原则作为一项基本原则在我国法律中得到了确认,如《行政处罚法》第4条第1款规定,"行政处罚遵循公正、公开的原则。"《行政复议法》第4条规定,"行政复议机关履行行政复议职责,应当遵循合法、公正、公开、及时、便民的原则,坚持有错必纠,保障法律、法规的正确实施。"

　　(3)司法公开。司法公开包括司法过程和审判结果的公开,主要通过审判公开来体现。《人民法院组织法》、《刑事诉讼法》、《民事诉讼法》、《行政诉讼法》等均规定了审判公开原则。

　　2. 公开应迅速及时

　　信息具有时间性,政府活动不仅应当公开,而且公开应迅速、及时。如WTO透明度原则就明确要求成员方必须迅速公布正在有效实施的与国际贸易有关的法令、条例、司法判决、行政决定,以及与另一成员方政府所签订的影响国际贸易的协定。

3.应以人们能够理解的方式公开

政府公开信息是为了让公众了解、掌握、运用,以及以此为依据对政府进行监督。因此,政府公开的信息应当是以普通人们能够理解的方式进行公开。国际货币基金组织把透明度定义为:"一种环境,即在易懂、容易获取并且及时的基础上,让公众了解有关政策目标及其法律、制度和经济框架,政策制定及其原理,与货币和金融政策有关的数据和信息,以及机构的职责范围。"

二、我国转型时期透明政府的建设情况

中国历史上长期实行愚民政策,孔子就曾说过,"民可使由之,不可使知之"。当然不承认人们的知情权,并把人们不知情作为治理社会的方式。所谓"刑不可知,则威不可测"。新中国成立后,虽然宪法明确规定国家权力属于人民,人民依法享有参政、议政和监督的权利。但政府不透明的现象一直比较严重。如处理政务主要按不公开的内部文件办;对于重大社会事件动辄以"容易引起消极影响、不利社会安定"为由,进行新闻限制和信息封锁,等等。

我国透明政府的建设始于上世纪80年代,其标志性的事件主要有:

1.1987年党的十三大提出:"重大事情让人民知道,重大问题经人民讨论",这是我国满足公众知情权的首次明确宣示。

2.1997年党的十五大提出:"要坚持公平、公正、公开原则,直接涉及群众切身利益的部门要实行公开办事制度"。

3.1999年,我国启动政府上网工程。

4.2000年12月中共中央办公厅和国务院办公厅联合发布《关于在全国乡镇政权机关全面推行政务公开制度的通知》,明确了在乡(镇)推行政务公开的一系列重大问题,并对县(市)政务公开提出要求。

5.2001年加入WTO后,为了满足WTO透明度原则的要求,各级政府清理了未公布的内部文件,向透明政府迈出具有重大意义的关键一步。

6.2002年党的十六大进一步提出政治文明建设,并把"切实尊重和保

障人民的政治权益"规定为全面建设小康社会的重要目标之一,对推进信息公开起了重要作用。

7.国务院在2003年5月制定和颁布了《突发公共卫生事件应急条例》,明确规定任何单位和个人对突发事件不得隐瞒、缓报、谎报或者授意他人隐瞒、缓报、谎报;规定国家建立突发事件的信息发布制度,应当向人们及时、准确、全面发布信息。这是透明政府建设的重要里程碑。

8.2004年3月,国务院印发《全国推进依法行政实施纲要》,把行政决策、行政管理和政府信息的公开作为推进依法行政的重要内容。

9.2005年1月,中共中央印发《建立健全教育、制度、监督并重的惩治和预防腐败体系实施纲要》,明确提出"健全政务公开、厂务公开、村务公开制度"。2005年3月,中共中央办公厅、国务院办公厅联合发布《关于进一步推行政务公开的意见》,对政务公开的意义做了深入阐述,对政务公开的指导思想、基本原则和工作目标,政务公开的主要任务、重点内容和形式,政务公开的立法以及政务公开的组织领导做了全面、细致的规定。

10.2008年3月25日,新修订的《国务院工作规则》正式向社会公布,与旧版规则相比,新规则将政务公开单列一章,要求大力推进政务公开、健全政府信息发布制度、完善各类公开办事制度、提高政府工作透明度。2008年5月1日,国务院于2007年4月24日发布的《政府信息公开条例》(以下简称"《条例》")正式实施,《条例》是政务公开的基本法则,是政务公开规范、持续、稳定发展的重要制度保障。《条例》的实施切实推动了政府实行政务公开,保障了公民行政知情权的实现。

三、透明政府与政府信用能力的关系

通常认为,透明政府使政府行为暴露在人们的监督之下,有利于人们对政府的监督,防止政府的败德行为,有利于增强政府信用意愿。但对于政府信用能力的影响,鲜有论及。而实际上,透明政府对政府信用能力的影响更大。首先,信用要建立在了解的基础之上,政府的行为只有被人们所了解,才能从人们处取得信任。哈丁指出,"如果公民要明智地信任政府的话,他

们应当能知道他们信任政府所必须知道的事情。"①因此,透明政府增加了政府获取信用的能力。其次,政府以"看得见"的方式践行信用,更容易增添政府的信誉,从而增强政府的信用能力。在很多时候,政府是否践行信用,不能简单地从结果来判断,而要从过程来判断。同样的结果,过程是否公开,给人的可信性是不同的。由于政府信息不公开、不透明,政府严格执行规则、严格践行承诺的行为,也常常受到怀疑。最后,如今是信息时代,如果政府信息不公开、不透明,正规的信息渠道不畅,小道消息就会满天飞,这会给政府信用能力带来严重损害。

既然透明政府有利于增强政府的信用能力,那为什么还是有许多政府部门的公共信息不愿意公开透明呢? 这有着许多深层次的原因。信息公开,一切违法违规行为、失信行为都会暴露无遗,一些政府机构和政府官员为了局部利益、自身利益的考虑,害怕政务公开。因此,透明政府难以依靠政府自觉建成,必须建立相应的法律制度来保障其建成。

四、转型时期宏观调控中透明政府建设与政府信用能力建设的关系

宏观调控作用的发挥,依赖于调控受体的预期,只有政府的调控信号取得调控受体的信任,使调控受体形成与调控信号相一致的预期,宏观调控的作用才能发挥。在转型时期,政策多变,要使公众形成稳定的预期很难。透明政府有利于克服这一问题。建设透明政府,对于提升转型时期宏观调控中的政府信用能力具有重要意义。

1. 透明政府将政府的宏观调控信号清楚明白地传达给调控受体,使调控受体了解调控信号,避免了因调控受体不了解调控信号产生的盲目行动。

2. 透明政府引导政府建立信誉的行为和抑制破坏信誉的行为,在政务公开的情况下,政策多变会给政府信誉带来不利影响,为了维护政府信誉,政府就不敢或者不愿随意变动宏观调控政策。

---

① 前引[美]罗素·哈丁:《我们要信任政府吗?》,第21页。

3.透明政府在不得不改变宏观调控政策时,必须给出改变政策的理由,这有利于增添政策改变的正当性,并赢得调控受体的理解和拥护。

4.透明政府使政府责任明确化,便于政府承担责任,而政府责任的承担形成一种担保,即政府的宏观调控信号是可信的,如果政府自己使得该信号不可信,政府会承担责任,弥补调控受体的损失。

五、我国透明政府建设存在的主要问题及改进措施

(一)我国透明政府建设存在的主要问题

我国透明政府建设存在的主要问题有:(1)政务公开的形式单一,人们不能及时、有效地获取必要的政府信息;(2)法律、法规和政策的公布没有形成稳定的公布方式和载体,多渠道、不统一的公布方式给人们获取信息增加了难度;(3)政府公开的信息具有较强的政策性、选择性,公开信息的内容有限,一些应当公开的信息没有公开或者没有及时公开;(4)政府信息公开缺乏统一规划和法律保障;(5)对一些涉及人们生命财产安全的重大负面信息没有及时有效地公开,避重就轻;(6)人们在获得政府信息的程序方面也缺乏保障和救济机制。

(二)改进措施

首先,各级政府要转变观念,提高对透明政府建设的认识,要充分认识到透明政府的建设不仅有利于人民群众对政府的监督,更有利于树立政府的威信,提升政府信用,从而有利于政府工作的开展。其次,透明政府建设必须法治化。对于政府信息公开的时间、方式、程序和内容都应当有法律的规定,并建立相应的监督保障机制。最后,要加强有关透明政府的具体制度建设,如公示制度、听证制度、会议的公开制度、新闻发布制度等。

第四节 国家预算与政府信用能力

一、国家预算与政府信用能力的关系

政府信用能力包括人力、财力和权力,法治政府为政府提供了权力保障,同时也决定了政府的权力局限。本节探讨政府信用能力的财力问题。政府践行信用,总需要消耗一定的财富,政府财政收入构成政府信用能力的物质基础和能力界限。俗话说,巧妇难为无米之炊,私人是如此,政府也是如此。在一定时期内,政府能够获得的财政收入是有限的,这些有限的财政收入如何支配使用,需要有一定的制度来安排。这个制度就是国家预算制度。

国家预算是指一国政府编制的每一年度内财政收支及其平衡的计划,是一种所在预算年度内的预期收入和支出的一览表,反映政府在该年度内进行财政收支活动所应达到的各项收支指标和收支总额之间的平衡关系。从内容上看,国家预算的具体分配项目和数量反映了国家参与一部分社会产品或国民收入分配所形成的分配关系。国家预算反映在一个财政年度内,国家能取得哪些财政收入,这些财政收入将用于何方,是政府财力的表现形式。

有了国家预算,政府的财力状况就清楚了,政府对财政收入的使用也明了了。具体到政府的某项规则的执行和某项承诺的践行来说,有没有执行规则和践行承诺说必需的财富支持,也就清楚了。

从政府财力与政府信用能力的关系来看,当然是财力越充足,政府的信用能力越强。这也可以用来解释为什么政府总是追求财政扩张。但是,政府财政的过度扩张,就会挤占民间财富,必须受到约束,前文提到的有限政府,就是约束政府扩张的依据。但有限政府只是为约束政府财政扩张提供了理念上的支持,对政府财政的规范化、制度化的约束,是通过预算制度来完成的。也就是说,国家预算一方面为政府信用的财力保障;另一方面,也

是政府信用能力的财力界限。

二、我国转型时期国家预算中的问题及其对政府信用能力的影响

(一) 我国转型时期国家预算中的问题

我国在转型初期的 1994 年颁布了《预算法》,从 1995 年 1 月 1 日起施行。该法为我国转型时期的国家预算提供了制度规范和保障,但由于该法制定于转型初期,很不成熟,在实践中暴露的问题很多,我国目前正在抓紧修订该法。有关该法本身及其实施中存在的问题,本文不做全面评述,仅就其对信用能力影响深刻的几个基本性问题做简要阐述。

1. 未确立公共财政的理念

公共财政是一个市场经济条件下的财政概念,由于存在市场失灵的状态,必须靠市场以外的力量来弥补由于市场失灵所带来的无人提供满足公共需求的公共产品的空白,这个市场以外的力量就是政府的力量。而政府提供公共产品的领域只限于公共服务领域,于是便有了公共财政的理念。所谓公共财政,是指以满足社会公共需要为主旨而进行的政府收支活动或财政运行机制模式。公共财政具有三个典型特征:(1)公共性,包括财政目标的公共性和财政活动的公共性。财政目标的公共性是指把满足社会公共需要作为组织国家财政活动的主要目标或基本出发点,国家财政的一项基本职责,就是面向全社会并为其提供公共产品和公共服务,为不同地区、多种经济成分、多元市场主体和经济实体提供必要的社会投资及生产经营的公共性基础条件,以及公平竞争的市场环境和有序的市场经济秩序,从而推动国民经济持续稳定协调发展;通过收入分配的调节或再分配,通过社会福利和社会保障制度的建立健全,为促进全社会的公共分配,为社会公众福利的增进和生活水平的提高发挥积极的作用。财政活动的公共性又包括财政收入来源的公共性和财政支出的公共性。财政收入来源的公共性是指财政收入主要来源于社会经济生活中市场主体、法人实体和城乡居民依法缴纳的各种税赋;财政支出的公共性是指财政支出的安排主要集中于国家政权

机构的运转、社会公共基础设施建设、国防和科教文卫发展需要、生态环境的保护与治理,以及社会福利和社会保障制度建设等社会公共需要或公共性支出方面。(2)民主性。公共财政的要义不在于"市场失效"这一逻辑起点,而在于财政的民主性。公共财政是"取之于民,用之于民",人们需要怎样的公共服务不能由政府代为决定,因此必须为政府提供公共产品的范围划一明确的界限。从人们取财必须经过人们的同意,如何使用人们提供的财富也需要人们同意。由于不同的阶级、利益集团和个体的利益诉求不同,征得人们的一致同意是不可能的,所以只能实现民主的决策方式,由人们通过一定的民主方式来决定。(3)法治性。市场经济是法治经济,政府的各项事权必须通过立法程序来规定,通过相关的法律来加以明确界定。财政行为或财政活动是由政府事权所决定的,当然也具有法治的特点。也就是说,无论是财政收入的取得,还是财政支出的安排都必须由法律加以规定,担负这一任务的法律主要是预算法和税法。

我国现行财政管理制度从计划经济过渡而来,带有明显计划经济的色彩,财政收入和支出的公共性、民主性和法治性都有很大的欠缺。就公共性来说,财政支出包揽了许多不应当由财政承担的事项,而许多应当由财政承担的事项却没有承担;就民主性来说,财政预算的公众参与度不够,基本上是政府自身决定了财政预算;就法治性来说,财政收入的立法多数由政府自身立法决定,而不是由全国人民代表大会或其常委会立法决定,许多财政收入未纳入预算,财政预算被随意更改,等等。

2. 存在大量的预算外资金

预算外资金是由各地区、各部门和各单位,根据国家规定的范围和用途,自行提取、自行掌握使用的不纳入国家预算的资金。按照公共财政的理念,所有财政性资金都应当纳入预算。"在民主社会里,行政部门不仅受到法律的约束,而且受到预算的约束。民主的控制是预算控制。人民代表拿着国库的钥匙。不经议会同意,没有一分钱可用。把公共资金用于未经议会安排的开支,是违法的。"①当然,政府面对的是一个纷繁复杂的、多变的社会,为这样一个社会提供公共服务,需要赋予政府一定的自由裁量权,与之相适应,也必须赋予政府一定的机动财权。财政不能管得太死,有一些小钱管得太死会有很多麻烦。但这不能成为预算外资金存在的理由,因为机动财权完全可以在预算内设置机动资金来实现。我国存在大量的预算外资金,从而使大量的财政性收入和支出情况不受国家预算的约束,从而使国家预算约束变成软约束,预算未能反映政府收入和支出的真实情况,不具有可信性。

3. 预算的执行具有随意性

国家预算是由立法机关通过的,具有法律的特性,必须严格得到执行。遇有情势变更,不得不修改、调整国家预算时,必须严格按照法定的程序执行。但是,在我国的预算执行的实践中,国家预算执行具有很大的随意性,主要表现在三个方面:(1)预算调整的随意性,虽然《预算法》规定了预算调整的法定事由,但这些法定事由规定得过于原则,给随意突破留下了空间,于是便经常出现预算随意被调整的情况;(2)预算支出的随意性,预算资金的使用单位随意改变预算资金的用途,违法、违规使用预算资金;(3)机动资金使用的随意性,为了应对各种不可预期的财政性资金使用的需要,预算中安排有机动资金,机动资金的使用缺少应有的程序规则和监督,财政部门权力过大,任意支配。

(二)对政府信用能力的影响

我国现行预算制度及其执行中存在的这些问题,对政府信用能力产生了消极的影响,这种影响主要包括两个方面:

1. 反映政府信用能力的财力不明确

在严格的预算制度下,预算构成对政府信用能力的硬约束,政府明确了自己的财力,就会在其财力允许的范围内做出承诺,从而保证践行信用的能

---

① [奥]路德维希·冯·米赛斯:《官僚体制·反资本主义的心态》,冯克利、姚中秋译,新星出版社2007年版,第42页。

力。但在存在大量预算外资金、且预算可以随意调整、预算资金可以随意改变用途的情况下,预算约束就成了软约束,政府也不知道自己有多大的能力,能做怎样的承诺。由于政府存在天然的扩张属性,在不明确自己的财力状况的情况下,政府倾向于扩展自己的能力,做提供更多公共服务的承诺,最终因能力不逮而失信。

2. 政府因缺少财力支持而失信

由于没有树立公共财政理念,对政府该做什么缺少明确的认识和界定,对财政资金的收支安排更多的体现政府而不是人们的意志。从政府信用能力的要求来看,无论是执行规则还是践行承诺都需要一定的财政支出安排来支持。以执行法律为例,执行法律需要经费,由于执法经费的安排没有直接与国家预算联系起来,导致实践中很多执法机构因缺少经费而放弃执法或者胡乱执法,如有些执法部门放纵违法行为,有些执法部门对违法行为的处罚以追求利益为目的,采取以罚款为主的处罚形式,给政府的执法信用带来严重危害。

三、国家预算与宏观调控中的政府信用能力

(一)国家预算的宏观调控功能

预算最初只是作为公共机构有效运行提供财政保障和制约公共机构的财政收支的一种工具。但如今,预算具有多方面的功能,宏观调控就是其中之一。有学者指出:"在政治和政策过程中,无论政策家的目标是什么,预算过程都是一种政治工具。如果政治家的目标是促进经济增长,那么,预算就成为经济增长的手段。如果政治家的目标是收入分配,那么,预算就成为收入分配的发动机。"[1]国家预算是财政政策的主要手段,作为政府的基本财政收支计划,国家预算能够全面反映国家财力规模和平衡状态,并且是各种财政政策手段综合运用结果的反映,因而具有宏观调控功能。

---

① Naomi Caiden, "Patterns of Budgeting", Public Administration Review,1978(38)

1.影响社会总需求

国家预算收支的规模和收支平衡状态可以对社会供求的总量平衡发生影响,在一定时期当其他社会需求总量不变时,实行赤字预算具有扩张社会总需求的功能;财政采用结余政策和压缩财政支出具有缩小社会总需求的功能。

2.调整产业结构

国家预算的支出方向可以调节产业结构。财政投资的多少和投资方向直接影响和制约国民经济的部门结构,因而具有造就未来经济结构框架的功能,也有矫正当期结构失衡状态的功能。国家产业政策确认产业结构和布局目标,要实现产业政策的目标,就需要运用包括预算在内的调控手段。如在预算支出中,可以对瓶颈产业、基础产业和主导产业给予扶持。

(二)国家预算对宏观调控中的政府信用能力的保障与限制

国家预算对宏观调控中的政府信用能力既有保障功能,也有限制的作用。

1.国家预算对宏观调控中的政府信用能力的保障

国家预算对宏观调控中的政府信用能力的保障首先表现在通过预算支出的安排保障政府宏观调控手段运用所必需的财力。在公共财政的体制下,政府担负宏观调控这一公共职能,预算必须为满足政府实现这一公共职能配备必要的财政资金。其次,预算不仅安排了财政收入和财政支出,而且财政支出总是与一定的事权联系在一起的。由于预算是由人们的代表机构通过的,预算为某项政府行为安排了预算支出,则表明该项政府行为具有被人们认可的正当性和合法性,因而更能得到人们的信任。最后,由于有预算的保障,政府执行规则和践行承诺就有了必要的资金保障,这种保障使政府执行规则和践行承诺变得可信,从而增添政府的信用能力。

2.国家预算对宏观调控中的政府信用能力的限制

按照有限政府的理念,政府的信用能力是有限的。但是,具有有限能力的政府却有扩展自己职能的冲动,当职能的扩展超出了信用能力时,失信就不可避免。为了限制政府职能的扩展,必须采取多种措施约束政府的行为,国家预算就是其中的措施之一。就宏观调控来说,这是现代政府的主要职能,但宏观调控的范围、程度和手段都应当是有限的,政府的宏观调控既不是无限的,也不是万能的,同样需要受到限制。国家预算是从一个侧面限制了政府的宏观调控职能,从而也限制了宏观调控中的政府信用能力。这种限制首先表现在宏观调控中的政府承诺要受到预算资金安排的限制,宏观调控要量力而行。其次,没有预算资金支持的宏观调控承诺,难以践行,不具有可信性。

四、完善预算制度,提升宏观调控中的政府信用能力

(一)按公共财政的要求建立预算制度

政府预算作为公共财政运行的载体以及代议机关制约政府行为的手段,为了使政府活动不偏离"公共性",预算制度至少要满足前文提到的公共性、民主性和法治性的要求。

1. 公共性

满足公共性的要求,必须约束政府的行为,将政府行为局限在公共服务的范围之内。所有的预算资金都只能安排从事公共服务的用途。就我国目前的情况来说,主要是要建立起国有资产经营预算制度,控制国家投资的领域和规模,使国家投资仅用于弥补市场投资之不足。这样,节省下来的资金可以用于其他的公共目的。

2. 民主性

满足民主性的要求,预算的编制、审批、执行和监督都要体现广泛的公众参与。具体在预算制度的构建上,需要做到三点:(1)透明度。预算管理的全过程,从预算草案的编制,代议机关的审议到预算的执行以及执行中的调整,都应保持一定的透明度。政府预算不仅要接受代议机关的审议监督,而且也应当制成公开性的文件,不应当只有少数人掌握和了解,除涉及国家

机密外,其他都应向社会公布,置于广大纳税人的监督之下。① 公众只有了解预算及其执行情况,才有可能行使参与预算的民主权利。(2)足够的审议时间。预算必须经代议机构审议通过,要保证经代议机构审议通过的预算体现了民主性,其前提是参与审议的代表有足够的时间了解预算安排是否合理,代表可以就预算内容广泛征求所代表的选民的意见和建议。否则,代表们在没有充分了解预算内容的情况下,难以对预算的合理性发表意见,其审议通过就流于形式。我国现行预算制度是在人大会议期间将预算草案分发给代表审议,代表根本没有足够的时间对预算草案进行审议,更不用说征求选民的意见了。建议将预算草案送给各位代表的时间改在人大会议前半个月左右。(3)审议机构的预算草案修改权。现行的预算制度没有赋予代议机构预算草案的修改权,代表们只能就是否全盘同意预算草案行使表决权,这样,在代表们只对预算草案的部分内容不同意时,无法表达自己的意见,这是对代表们参与预算的民主权利的一种限制。建议建立赋予代议机构预算草案的修改权,代表们可以提出预算草案的修订议案,这样能更充分地体现预算的民主性。

3 法治性

政府预算从草案的编制到审议、批准、执行及调整的全过程都应该按法律所确定的程序和权限进行。政府预算一经通过,就具有法律效力和权威性,必须严格执行。任何不按预算执行的行为都是违法的,都应受到法律的制裁。预算在执行过程中,由于政治经济环境变动,出现法定的调整事由需要调整的,也应由有权机构按照事先安排的法定程序进行。

通过按公共财政的要求建立预算制度,国家预算变得公开、透明,政府有多少可以支配的资金以及如何支配这些资金都被公众所知悉,从而使得政府能干什么、不能干什么也变得一目了然。有了预算支持的政府行为就能够得到公众广泛的信任,从而提升了政府的信用能力。

----

① 参见蒋继涛:《按公共财政制度的要求重建我国政府预算制度》,《甘肃理论学刊》2004 年第 1 期。

（二）将预算外资金纳入预算，硬化预算约束

公共财政制度下预算制度必须有统一性，政府的主要收支必须纳入统一的预算进行管理。这是代议机关对整个政府活动进行全面的监督和控制的要求。在大量预算外资金存在的情况下，预算不能约束政府，政府的扩张不会自觉接受财政能力的制约，最终总是会超越自身的财政能力，导致失信。将预算外资金纳入到预算的范围内，预算的约束就硬化了，因为，没有预算的支持，政府不可能有所作为；没有预算支持的政府行为也得不到公众的信任和响应，这样政府就不得不约束自己的行为，从而减少政府失信的可能。

（三）突出预算的宏观调控功能，提升宏观调控中的政府信用能力

当建立起公共财政制度之后，灵活运用预算的调节功能，可以提升宏观调控中的政府信用能力。首先，将不应由预算资金承担的事务剥离出去，政府就会有更多的资金用于宏观调控，有利于兑现政府的宏观调控承诺。长期以来，我国财政承担了许多不应由财政承担的支出，这样，有限的财力被非公共事务消耗掉，没有足够的资金用于宏观调控，使一些宏观调控措施因缺少资金支持而归于失败。以鼓励中小企业的发展为例，我国颁布了《中小企业促进法》，规定了对中小企业的多项支持。其中财政支持成立中小企业担保基金解决中小企业"融资难"问题是其中的重要措施，但由于财政资金不足，很多地方未能为中小企业担保基金提供足够的财政性资金。其次，根据宏观调控的需要安排预算支出资金，保证宏观调控措施的实施有必要的资金支持。在以前的国家预算中，宏观调控政策与国家预算脱节的现象比较严重。例如，当国家实行扩张性财政政策时，就会安排更多的财政支出项目，但很多项目没有安排足够的财政资金，导致项目执行中因缺少资金而直接导致政府失信。我国前些年的很多公共投资项目就存在这种问题。政府拖欠开发商的资金，开发商就拖欠职工的工资，造成严重的社会问题，也给政府信用带来巨大损害。再如，为了鼓励出口，我国实行出口退税政策，但是，每年的国家预算均没有安排足额的出口退税资金，该退的税不能足额、及时退还。一方面使该政策鼓励出口的效果受到抑制，另一方面，也严重损

害了政府信用。

第五节 本章小结

政府信用水平由政府信用能力和政府信用意愿两方面构成,转型时期宏观调控中的政府信用缺失,许多是由政府信用能力的缺失或不足引起的。导致转型时期宏观调控中的政府信用能力不足的原因是多方面的,其中,政府的宏观调控职能不清、宏观调控权力配置和行使缺少法律规制、宏观调控所需的财力不够以及宏观调控的微观基础没有建立是主要原因。

无论从自然属性看,还是从社会属性看,政府都是有限的。有限政府是法治政府、责任政府,按照有限政府的要求去建立和规范宏观调控体制、采取宏观调控行为,可以提升宏观调控中的政府信用能力。

政府不仅要守信,而且要以看得见的方式守信。政府的宏观调控目标、手段和方式及时向社会公开,政府在宏观调控中的守信行为让人们看得见,便于人们建立对政府宏观调控政策的信任,从而增加宏观调控政策的可信度,是提高政府信用能力的有效途径。

巧妇难为无米之炊,政府宏观调控需要财政资源的支持,完善公共财政预算制度,一方面使政府承诺的做出和规则的制定是在政府的财政能力范围之内的,即从财政能力上说,是可兑现和可执行的;另一方面,为已经做出的承诺和制定的规则安排足够的财政资金。这样,可以避免因财力不足导致的政府失信。

另外,加强宏观调控理论的研究和学习,进行宏观调控经验和教训的总结;加快国有企业改革的步伐,塑造真正自负盈亏的市场主体;加强社会保障制度的建设,解除消费者的后顾之忧;等等。都是提升宏观调控中的政府信用能力的有效方法。

第七章 宏观调控中政府信用意愿 制度建设及其法治保障

第一节 转型时期宏观调控中政府信用意愿的缺失

一、转型时期宏观调控中政府信用意愿缺失的表现形式

政府干预经济的欲望一直是很强烈的,而转型时期的中国政府,由于计划经济体制的惯性作用,全能政府的观念没有得到根本剔除,政府更是干预了许多不应由其干预的事项。宏观调控是政府干预经济的主要形式,政府有宏观调控的积极性。政府确立并宣布宏观调控目标、采取宏观调控措施,意欲引导国民经济按照其希望的方向发展。在宏观调控中守信,是政府实现其宏观调控目标的基本要求,既然政府要采取宏观调控措施,要实现宏观调控目标,政府就应当守信。一般来说,政府也愿意守信。但从转型时期我国宏观调控的实践来看,政府失信还是比较严重的,其中许多是由政府缺少守信意愿造成的。

(一)政策多变

宏观调控就是要相机抉择,宏观调控措施基本上是短期的,灵活性是宏观调控的特性,因此,宏观调控政策多变似乎是无可指责的。但是,我们所说的宏观调控是指国家对国民经济的间接干预,既包含一些短期的、灵活的经济政策(如存款准备金率的调整),也包含一些长期的调节措施(如鼓励中小企业发展的调控措施)。长期的调控政策是不应当随意变更和调整的,

否则就是政府失信。例如,《增值税暂行条例》第 2 条第 1 款第 3 项规定:"纳税人出口货物,税率为零。"体现了国家鼓励出口的调控政策。虽然该款同时规定"国务院另有规定的除外",该条第 2 款还规定"税率的调整,由国务院决定",但出口企业还是愿意相信,国务院不会随意调整出口产品的增值税率;国务院也希望出口企业能够相信国家鼓励出口的政策不会变,出口产品的增值税率不会随意调整。但实际情况是,国务院比较频繁地调整部分出口产品的增值税率,从而破坏了出口企业对出口产品的增值税率预期,产生短期行为[①]。短期的政策虽然灵活多变,但也有一个存在的合理期限,不能朝令夕改,否则,人们不会相信该政策,政策的作用也无法发挥。

　　任何政策,无论是长期政策,还是短期政策,都是可以改变的。但是,任何政策也都有明示或者默示的合理存在期限,在政策的合理存在期限内,政策是政府的承诺,对政策做实质性的改变,表明政府不愿意再遵从其承诺,是政府不愿守信的表现形式之一。

　　(二)政策不执行

　　政策不执行是指政府没有贯彻执行其宏观调控政策,是宏观调控中政府失信最主要的表现形式。导致政策不执行的原因,可能是政府缺乏守信意愿,即执行政策不符合政府利益,政府不愿意执行;也可能是政府缺少执行政策的能力所致,或者两者兼而有之。

　　(三)不愿为实现事先宣布的目标采取措施

　　政府进行宏观调控,是为了达到宏观调控目标。但是,市场本身有其规律,政府的宏观调控行为,不一定能达成调控目标。所以,笔者在前文中指出,调控目标是否达成,不能作为判断政府是否守信的标志。但是,宣布调控目标,至少表明政府将为实现调控目标采取措施,并且是适当的措施,如果没有为调控目标采取任何措施或者采取的措施明显不合理,则调控目标就构成了一种欺骗。

---

①　由于对出口产品的增值税率缺少稳定预期,出口企业没有长期的稳定出口的预期,不注重信誉建设,在零税率或低税率时加大出口,"捞一把"的心态严重,使对外贸易不具有可持续性。

（四）承诺不兑现

承诺不兑现是指政府没有兑现承诺采取的具体宏观调控措施，导致承诺不兑现的原因，和政策不执行一样，可能是政府缺乏守信意愿，即兑现承诺不符合政府利益，政府不愿意兑现；也可能是政府缺少兑现承诺的能力所致，或者两者兼而有之。

（五）言行不一致

宏观调控政策要发挥作用，必须将调控信号传达到受控主体。政府机构关于宏观调控的新闻发布、高级官员关于宏观调控的讲话等，虽然不是宏观调控手段，但却是宏观调控的重要媒介，受控主体往往是通过他们获得宏观调控的信号。因此，政府宏观调控部门及其官员应当注意自己的言行，保证所发出的消息与政府所采取的或者将要采取的宏观调控措施相一致。言行不一致，也是政府守信意愿缺乏的表现形式之一。例如：前述财政部于2007年5月29日夜12点进行了证券交易印花税税率调整，但此前财政部官员一直否认将调整证券交易印花税税率，就是言行不一致的典型例证。

二、转型时期宏观调控中政府信用意愿缺失的原因

政府信用意愿是由政府利益决定的，当守信符合政府利益时，政府就有守信意愿；否则，就没有。当然，这里的政府利益不是笼统的政府利益，而是具体履行政府宏观调控职能的机构和部门的利益甚至是政府官员本身的利益。因此，从本质上说，政府信用意愿缺失的原因就一点：守信不符合政府利益。但这样分析过于简单，不利于找出解决问题的办法，需要针对转型时期我国宏观调控的实际做更具体的分析。

（一）政府目标的多重性

政府担负多重职能，因此其管理社会经济也有多重目标，不同的目标间并不总是协调一致的。这种不一致性在转型时期尤其突出。这样，转型时期的宏观调控目标常常互相矛盾和冲突，政府常常会在不同目标之间徘徊，顾此失彼，这样在采取宏观调控措施时，也常常会互相矛盾，甚至出尔反尔。有时，为了实现某个目标，不得不放弃另外一些目标，自然也就会不实施为

实现这些目标所采取的宏观调控措施。

(二)宏观调控的尝试性

转型时期的宏观调控,没有现成的经验可循,是在实践中不断探索的,探索的过程就是一个"试错"的过程。这样,就有许多的宏观调控的中介目标、措施、手段等在实践中被证明不科学、不合理。但是,这些不科学、不合理的宏观调控行为,都属于政府做出的规则或者承诺,改正错误就意味着失信。在坚持错误和失信之间,政府的理性选择是修正错误,因此,政府不得不在某些时候、某些方面失信。这也是为什么转型时期的政府信用较低的主要原因,是转型政府不得不承受的转型成本。

(三)时间不一致

基德兰德和普雷斯科特论证的时间一致性问题在转型时期的宏观调控中广泛存在。例如,早在1988年,邓小平同志睿智地提出了"两个大局":"沿海地区要加快对外开放,使这个拥有两亿人口的广大地带较快地先发展起来,从而带动内地更好地发展,这是一个事关大局的问题。内地要顾全这个大局。反过来,发展到一定的时候,又要求沿海拿出更多力量来帮助内地发展,这也是个大局。那时沿海也要服从这个大局。"①"我们的发展规划,第一步,让沿海地区先发展;第二步,沿海地区帮助内地发展,达到共同富裕。共同富裕是社会主义制度不能动摇的原则。"②贯彻"第一个大局",政府在政策方面向沿海地区倾斜,鼓励、扶持沿海地区先发展起来了。但是沿海地区发展起来后,按照小平同志的设想,应当贯彻"第二个大局",让沿海帮助内地发展。我国也适时提出了西部大开发战略,但很快就被"东部领先、中部崛起和东北老工业基地振兴"的全面发展战略冲淡了。1994年实行的分税制制度安排,承认并保护了地方的既得利益,实际上是强化了东西部财政分配中偏重东部的原有格局;沿海地区发展起来后,并没有帮助内地发展,相反,利用其领先优势继续侵占内地的资源,扩大贫富差距。中央政

---

① 前引《邓小平文选》第3卷,第277—278页。
② 中共中央文献研究室编:《邓小平年谱(一九七五——一九九七)》,中央文献出版社2004年版,第1253页。

府为什么不积极贯彻"第二个大局"呢? 原因是复杂的。但有一点可以肯定,现在按当初设想贯彻"第二个大局"已经不是最优选择了。

(四)地区不一致

转型时期的宏观调控政策得不到贯彻,受到非议和指责较多的是地方政府。说是中央政府的宏观调控"真经"被地方政府这个"歪嘴和尚"念歪了。确实,宏观调控决策是由中央政府或省级地方政府做出的,而宏观调控政策的执行却是由各级政府共同完成的。下级政府不配合,宏观调控政策很难得到执行。但是,在分税制的财政体制下,中央政府和地方政府之间、不同地方政府之间存在利益不一致,各地方政府从本地区利益出发执行中央的宏观调控政策。当中央政府的宏观调控政策不符合地方利益时,地方政府就没有执行该政策的意愿。有关该问题,在下一章笔者将进行更深入的阐述。

(五)人的不一致

委托—代理理论揭示了代理人的道德风险问题,人的不一致只是委托－代理问题的另一种表述。我国在人治向法治的转型过程中,人治的色彩仍然很浓,在某些时候、某些地区,人治甚至占住了主流。① 在这样一种背景下,政府官员的主观灵动性很大,人的不一致性问题就显得异常突出。当执行宏观调控政策不符合实际执行者的利益时,执行者就没有执行的意愿。

第二节　宏观调控法治化与政府信用意愿

在上一章阐述政府信用能力建设时,笔者阐述了有限政府是法治政府,对于提升政府信用能力具有重要作用。这里要继续回到法治政府的阐述

---

① 特别值得一提的是人治的代表人物——仇和,他从沭阳县委书记升任到宿迁市市长、宿迁市市委书记、江苏省副省长、云南省省委常委兼昆明市委书记,一心为公,一直以激进的手段推进当地改革,在很多情况下无视法制、破坏规则,有时甚至蔑视基本人权。这样一个被媒体多次炒作的人治代表人物的升迁,在强调"依法治国"的中国,是具有标本意义的。仇和的升迁说明,人治在中国仍然有市场。

上,进一步论证宏观调控的法治化问题。

一、宏观调控法治化的含义及其与政府信用意愿的关系

(一)宏观调控法治化的含义

按照建设社会主义法治国家的要求,政府行为必须符合法治的要求,宏观调控行为是政府行为,当然也应当法治化。那么,怎样才算是法治化了呢? 按照亚里士多德的论述,包括两个方面:一是法律得到普遍的服从;二是得到普遍服从的法律都是制定良好的法律。那么,法律是由谁制定的呢? 按照社会契约理论,主权在民,人民通过社会契约——宪法和法律授予政府治理国家的权力,代议制是社会契约的实现形式,也就是说,法律是人民通过代议制机构制定的。宏观调控的法治化是指国家对宏观调控制定有法律,政府宏观调控是依法进行,有关宏观调控的法律是制定良好的法律,并得到严格的执行。这一定义包含三层含义:

1. 宏观调控有法可依。法律对宏观调控做全面规定,使政府实施宏观调控有法律依据。这是宏观调控法治化的最基本要求。

2. 有关宏观调控的法律是良法。判断是否良法的标准有两条:一是符合宏观调控的规律,有利于宏观调控目标的实现;二是体现人们的意志。做到第一点,要求立法者研究宏观调控的规律,并在实践中检验已经制定的宏观调控法律制度,对不适当的制度及时修改、纠正;而要做到第二点,就是要严格立法程序,使法律真正是人们通过代议制机构制定的。

3. 宏观调控法律制度得到执行。法律的执行是法治的核心,因为法律只有得到执行,才能起到调整社会关系的作用,制定得再完美的法律如果得不到执行,也是一堆废纸。政府必须严格按照宏观调控法律制度的规定实施宏观调控,即在法律授权的范围内,运用法律允许的宏观调控手段,遵循法律规定的宏观调控程序进行宏观调控。

(二)宏观调控法治化与政府信用意愿的关系

我们是在建设社会主义法治国家的背景下探讨宏观调控问题,不管宏观调控中的政府信用是否与宏观调控的法治化有关,宏观调控都必须法治

化。但是，宏观调控的法治化对于宏观调控中的政府信用意愿确实产生深远的影响，这也可算是为宏观调控法治化增添一点新的理论支持。

1. 法治化激发政府对合法性行为的守信意愿。当某一项规则或者承诺获得了合法性的支持时，规则的执行者或者承诺的践行者就有较大的执行规则或践行承诺的意愿。法治化赋予政府宏观调控的正当性、合法性，较之于不能提供正当性、合法性论证的行为，政府及其官员当然更愿意服从和实施具有正当性、合法性的行为，这在第二章对合法性信用的阐述中已有详细论述。例如，在分税制体制下，由于中央和地方利益存在的分立，当某一项宏观调控政策不是法律规定，而仅仅是中央政府的要求时，常常会被认为是中央政府为了中央利益的单方行为，其合法性受到质疑，地方政府往往缺乏执行的积极性；而当该措施是法律规定时，地方政府因为承认其合法性，执行的意愿会强烈一些。

2. 法治化可以为激励政府守信提供稳定的制度安排。政府守信意愿主要受利益支配，因此，可以通过利益的调整激励政府的守信意愿。利益的调整可以有多种方式，但法律是最稳定、最可靠的调整方式。以"时间一致性问题"为例，在存在时间不一致的情况下，政府由于受利益的影响，不会兑现前期的承诺。但如果将前期的承诺写入法律，情况就变得不一样了，由于法律所具有的严肃性和稳定性，政府的承诺变得可信，而政府执行法律也更符合政府的利益，因为不兑现承诺就会违背法律，而违背法律带给政府的伤害是很大的，除非违背法律的收益特别大，政府一般不会违背法律。

3. 法治化可以抑制政府的失信意愿。法律的权威性来自其不可违反性，违反法律都要承担相应的法律后果。在利益纷争的转型时期，要求政府在宏观调控中不顾及各自利益自觉执行宏观调控政策、践行宏观调控中做出的承诺，是不现实的。惟一可行的办法是进行利益调整，使执行规则和践行承诺成为合乎其利益的选择。利益调整有两个基本方法，一是增加守信的收益，二是加大失信的成本。其中，加大失信的成本是主要方法。法律责任制度的设计，就是加大失信成本的方法。让违法失信的政府及其官员承担严厉的法律责任，使其失信得不偿失，自然会选择守信。

二、宏观调控法治化面临的困难

(一)宏观调控的技术性带来的困难

宏观调控法治化首先要求有法可依。这个"法"应当是国会制定的法律,而不是政府自己制定的法规、规章或其他。但这在宏观调控中几乎成为不可能的事情。

按照传统的法治理论,政府治理国家的正当性,来自议会民主正当性的传送,这就是所谓的"传送带理论"(Transmission Belt Theory)。但是,"自从二十世纪以来,由于'行政国'(administrative state)的出现和发展,议会中的政治精英所掌握的知识似乎也无法应对日益专业化的立法需求。随着行政管制范围的扩大以及管制事务的专业化和技术化,立法职能日益转移到行政部门。时至今日,在任何一个现代法治国家,法律规则大部分是由行政机关制定的,由议会制定的规则反倒成了冰山一角。行政国时代的法治,与其说是'法律的统治'(rule of law),还不如说是'规章的统治'(rule of rules)。"①马克斯·韦伯曾深刻指出,"任何国家、任何时代都不曾象近代西方这样深切的体会到,国家生活的整个存在,它的政治、技术和经济的状况绝对地、完全地依赖于一个经过特殊训练的组织系统。社会日常生活的那些最重要的功能已经逐渐掌握在那些在技术、商业上,以及更重要的是在法律上受过训练的政府行政人员手中。"②也就是说,政府的统治权主要由行政部门来行使,立法部门并不能完全控制行政权力。这就是 20 世纪以来各国广泛出现的"委任立法"的现状及其产生原因。

宏观调控是 19 世纪末 20 世纪初社会化以来政府的新职能,与"行政国"的出现是同步的,也是造成"行政国"的主要原因之一。并且,政府的宏观调控行为走得更远,由于强调宏观调控的灵活性,有时连规章都没有。在

---

① 王锡锌、章永乐:《专家、大众与知识的运用——行政规则制定过程的一个分析框架》,《中国社会科学》2003 年第 3 期。

② [德]马克斯·韦伯:《新教伦理与资本主义精神》,于晓、程维纲等译,三联书店 1987 年版,第 7 页。

这种背景下,怎样才算是宏观调控的法治化呢? 传送带理论认为,人民通过国会制定法律,法律授权政府进行宏观调控,这就为政府的宏观调控提供了正当性依据,就算是达成了法治的要求。这实际上只是一种形式上的正当性,并不是真正的法治。有学者深刻地指出:"传送带理论最大的缺点也就在于它这种'法律形式主义'仅强调是否有通往国会的传送带,并不能恰当地描绘或解释现代管制国家中行政权行使的实况。在当今行政权世纪状态中,往往在法律上很难找到坚实的传送带,或只能勉强找到丝缕关联。在牵涉浓厚科技基础的管制领域固然如此,即令在传统的管制领域,任何政策执行点上,行政权都会有立法者无法控制的政策回旋空间存在,包括实际工具的选择、标准的订定,甚至是政策价值间的优先设定与选择等。在此时,传送带理论用国会控制行政权以建立行政权正当性的说法,就显得薄弱而缺乏解释力了。"①

这是现代行政法治的困境,更是宏观调控法治化的困境。因为宏观调控是一项具有很强技术特征的专门技能,代议制机构没有能力为宏观调控制定完备的法律。而简单的授权,只会导致行政权的专横与滥用,将与法治化的目标相距甚远。

(二)宏观调控灵活性带来的困难

宏观调控从诞生的那一天起,就以灵活性居称。这与法律所追求的稳定性相距甚远。正是由于未能有效协调宏观调控的灵活性和法律的稳定性之间的关系,中国经济法学界致力于制定宏观调控法的努力归于失败。

(三)转型时期宏观调控的特殊性带来的困难

转型时期的宏观经济具有自身的特点,对转型时期经济的宏观调控,自然也与成熟市场经济国家的宏观调控不同。由此也会给法治化带来一些新的问题:(1)转型时期的宏观调控具有阶段性、临时性的特点,即在转型时期的不同阶段,宏观经济面临的问题都是不同的。这样,就缺少了比较稳定的法律规制对象,可能总结前期经验制定的法律刚出来,形势已经发生了变

---

① 叶俊荣:《环境行政的正当法律程序》,三民书局1997年版,第15页。

化,也就是说,法律的"时滞"现象会更为明显。(2)转型是一个试错的过程,政策错了纠正起来比较容易,而法律错了,不仅纠正起来十分困难,而且法律的朝令夕改会对法律的严肃性和权威性带来冲击。(3)转型时期需要政府有更多的自主权力及时应对宏观经济中出现的各种始料不及的问题,法治化容易束缚政府的手脚,影响其及时解决宏观经济中的问题。(4)转型时期的社会经济情况复杂,而立法者又缺乏相关经验,很难及时制定法律满足宏观调控实践的需要。

三、转型时期宏观调控法治化的必要性和可能性

(一)转型时期宏观调控法治化的必要性

转型时期宏观调控法治化的必要性首先表现在它是建设社会主义法治国家的基本要求。本文在前面论述转型时,就提到了从人治向法治的转型,建设社会主义法治国家,是我们要完成的转型任务之一;本文在论述计划经济向市场经济转型的时候,也特别提到了市场经济是法治经济,既然我们要建立和完善社会主义市场经济体制,我们就必须推行法治。宏观调控是政府对宏观经济的调节,是政府的重要职能,当然也必须法治化。其次,宏观调控是对资源和利益的再调整,其对国民利益的影响极其深远。政府的每一项调控措施,都会有人从中获益,有人因此受损。有利益存在的地方,就会有对利益的追逐和争夺。游说、贿买政府及其官员,左右和影响政府宏观调控政策,成为各种利益集团活动的重要内容。在这种情况下,只有实施宏观调控的法治化,保障宏观调控政策形成的正当程序,才有可能制约政府的宏观调控权,防止其滥用,防止政府的宏观调控政策成为利益集团谋取利益的工具。最后,从提升宏观调控中的政府信用的角度来看,法治化有利于增强政府在宏观调控中的信用能力和信用意愿,从而保障宏观调控政策的执行。

(二)转型时期宏观调控法治化的可能性

转型时期宏观调控法治化会遇到很多的困难,可以说是荆棘丛生。但是,这都不能否定法治化的可能性。首先,法治作为一种治国方略被证明是

可行的,宏观调控是国家治理的一部分,不可能游离在法治之外,也理应是可行的。其次,成熟市场经济国家的宏观调控是法治化的,如为了缓解"次级债"问题带给美国的金融危机,2008年10月3日布什总统签署了《2008年紧急经济稳定法案》,就是宏观调控措施法治化的典型例证。最后,在转型时期,虽然宏观调控存在多变的特点,但多变并不妨碍它遵循法律的规定,只是需要我们探讨适合转型时期宏观调控法治化的方式而已。

四、转型时期宏观调控法治化的路径

(一)宏观调控基本规则法定

如果从党的十四大提出建设社会主义市场经济体制算起,中国的市场经济体制建设也已经有了十几年的时间,在这十几年的宏观调控实践中,我们有了一些基本的调控经验。在此基础上将宏观调控的基本规则上升为法律,条件已经具备。宏观调控基本规则包括:

1.宏观调控体制

宏观调控体制包括宏观调控机构的设置以及宏观调控机构的职权划分。宏观调控决策权由中央政府和省级地方政府两级行使;宏观调控执行权和宏观调控监督权由各级政府在各自职权范围内分别行使。另外,决策权的划分还包括立法权与行政权的划分,如调整个人所得税税率,要由立法机关行使;而按照我国现行规定,调整增值税税率,则由国务院行使①;政府与政府部门宏观调控权的划分,如利率、汇率的调整权,由中国人民银行和国务院共同行使,而存款准备金率的调整权,由中国人民银行独立行使。

转型时期的宏观调控体制具有过渡性,是可以调整的。例如,按照税收法律主义的原则要求,税收立法权应当归属立法机构,但我国目前很多税收法律制度还是国务院的行政法规,严格说来,这不符合法治的要求,但这正是转型时期的特点,转型时期是一个逐渐实施法治的过程,从没有规则到有

---

① 按照税收法定主义的基本要求,税种、征税对象、税率等应有法律规定,增值税作为我国最主要的税种,没有全国人大或其常委会制定的《增值税法》,而仅仅是由国务院制定的《增值税条例》调整,是不合适的。

行政规则再到法律规则。

在确定了宏观调控体制之后,不享有宏观调控权的机构就不能行使宏观调控权,这对于防止政府越权行为有积极意义。

2.宏观调控方式

政府的任何行为都构成对人民利益的一种影响或者自由的一种限制。法治社会中的政府必须为自己的行为提供法律依据。"每个政府当局必须能够证实自己所做的事是有法律授权的,几乎在一切场合这都意味着有限的授权。否则,它们的行为就是侵权行为。……政府必须根据公认的限制自由裁量权的一整套规则和原则办事。"①法律授予政府宏观调控权的同时,必须对政府可以采取的宏观调控方式予以规定,否则,宏观调控权的行使就会没有边界。没有边界的权力就是不受制约的权力,必然会被滥用,甚至走向权力行使所追求的目标的反面。我国法律在授予某些专门的宏观调控机构职权时,明确规定了该机构可以采取的宏观调控措施,如《人民银行法》第23条规定:"中国人民银行为执行货币政策,可以运用下列货币政策工具:(一)要求银行业金融机构按照规定的比例交存存款准备金;(二)确定中央银行基准利率;(三)为在中国人民银行开立账户的银行业金融机构办理再贴现;(四)向商业银行提供贷款;(五)在公开市场上买卖国债、其他政府债券和金融债券及外汇;(六)国务院确定的其他货币政策工具。"但是对国务院、省级政府这两级最重要的调控机构可以采取哪些调控措施,缺乏明确的法律规定。

3.宏观调控程序

程序本身也是规则,是实行实体规则的方式。正当程序是法治的典型标志。马克思对程序法与实体法的关系有过精辟的论述:"审判程序和法律二者之间的联系如此密切,就像植物的外形和植物的联系,动物的外形和动物的联系一样。审判程序和法律应当具有同样精神,因为审判程序只是法

---

① [英]韦德:《行政法》,徐炳译,中国大百科全书出版社1997年版,第25页。

律的生命形式,因而也是法律内在生命的表现。"①这一论述强调了两者的紧密关系,也强调了程序法为实体法服务的观点。有些学者认为程序法是实体法得以实现的工具,如奥地利人华格指出:"实体法与诉讼法的关系正像思想与其表达的关系"②。有些学者认为,程序法不仅仅是作为维护实体法实施的工具,程序法有自己独立的价值和品格,甚至于程序法成为实体法律规则创立的摇篮。如王亚新教授指出:"从罗马法和英国法的早期历史来看,不存在实体法规范或实体法规范很不清楚的时期却已经存在诉讼和审判。实体法规范的发展和体系化其实正是长期的诉讼审判实践积累的结果;诉讼法也决不只是所谓的'助法',而是具有左右甚至决定实体法内容的重要位置。"③当然,也有学者走得更远,如日本民诉法学之父兼子一教授认为,"私法与其说是私人的生活规范,倒不如说是为解决纠纷而制定的规范,是为裁判而制定的规范。"④比较中庸、也被学界广泛接受的观点是,实体法与程序法"如同一辆车的两个轮子,对诉讼都起作用,在它们之间不可能存在主从关系。"⑤以上主要是就诉讼程序与实体法的关系而言的,但对于一般程序与实体规则的关系也是适用的。

具体来说,程序对于实体规则的意义主要表现在三个方面:(1)程序是规则实行的方式,任何实体规则都必须借助一定的程序才能得以实行,因此,程序是否科学合理,在很大程度上影响规则的实现。例如,土地的征收、划拨、出让审批程序上的疏漏,造成我国土地管理方面的法律执行效果不好,在中央实施宏观调控措施,要求严把批地"闸门"时,这道闸门把不住;再如,由于税收征管程序的落后,我国的税收征管成本高、效率低,偷漏税现象比较严重,税法不能很好实施,在这种情况下,试图利用税收的调节作用来调节经济就会失效。(2)程序是规则公正实行与否的标尺,规则不仅要

① 前引《马克思恩格斯全集》第1卷,第178页。
② 沈达明:《比较民事诉讼法初论》,中国法制出版社2002年版,第209页。
③ 王亚新:《民事诉讼中的依法审判原则与程序保障》,载[日]谷口安平:《程序的正义与诉讼(增补本)》,王亚新、刘荣军译,中国政法大学出版社2002年版,译序,第2页。
④ [日]兼子一、竹下守夫:《民事诉讼法》,白绿铉译,法律出版社1995年版,第8页。
⑤ 前引[日]兼子一、竹下守夫:《民事诉讼法》,第8页。

实现,而且必须以正当的程序来实现,人们才能确信规则被公正实现了。只有给人们规则被公正实现的内心信念,人们才会对规则产生敬畏,从而信任规则和规则的执行者。广为流传的"分蛋糕的故事"说明了程序对于实体规则的重要性。实践中,由于没有遵循程序规则,或者程序规则不科学、不合理、不透明,许多公正的裁判未能给当事人受到公正裁判的信念,被认为是枉法裁判;一些得到执行的规则被认为没有得到执行。(3)程序是防止擅断和专权的保障,规则执行者拥有执行权,任何权力都可能被滥用,而程序对于防止权力滥用的作用非常明显。没有程序的约束,执行者就可能为所欲为,任意滥用权力,而程序则通过对权力行使方式的规定对之加以约束。

总之,宏观调控程序是宏观调控权实现的方式,对于树立宏观调控的正当性、可信性,保障宏观调控权正确行使,防止宏观调控权滥用等,均具有重要意义。

中国历史上是一个欠缺法治传统的国度,历来"重实体、轻程序",在对正义的追求上,重实体正义,轻程序正义,为了实体正义,甚至可以破坏程序正义。以为只要结果正义,手段无所谓;以为政府及其官员只要是为了人们的利益、国家的利益,就可以不讲程序规则。在这种观念支配下,一方面,对大量的实体规则没有规定执行的程序;另一方面,即使有程序规定,也往往不按程序办事,违反程序不被看成严重的问题。这样,规则的执行就缺少了程序保障,即使实体规则得到了严格执行,由于没有通过正当程序来彰显,也难以给人们规则得到正确执行的内心信念,不能培养人们对规则的信任。轻视程序的作用为政府及其官员借宏观调控之名,滥用权力牟取私利或为利益集团服务打开了方便之门。因此,加强宏观调控程序的立法,是宏观调控法治化的重要内容。

4. 监督规则

任何权力都有滥用和腐败的趋势,绝对权力,绝对腐败。因此,必须加强对权力的监督。宏观调控权不仅是一种权力,而且该权力的行使影响很大,其滥用的后果也特别严重,必须加强对宏观调控权行使的监督。特别需要指出的是,在转型时期不得不将大量的本应由立法机构行使的权力通过委任立法的形式委托行政机关行使时,这种监督显得更为迫切。在没有授权给政府的情况下,政府的越权行为会显而易见;当通过委任立法授予政府大量宏观调控权的情况下,政府完全可以将其各种不适当的行为通过立法形式合法化。因此,除了建立一般性的行政权力监督制约机制以外,必须建立违宪审查机制,以保障政府的宏观调控行为不至于侵害人民的基本权利,不至于超越宪法的规定。有关违宪审查的论著有很多①,这里就不做累述。

(二)长期稳定的宏观调控规则法定

虽然说宏观调控以相机抉择为特征,但实际上,政府为了引导经济发展,始终存在一些长期性的调控政策。例如鼓励外商投资的政策、鼓励中小企业发展的政策、扶持落后地区经济发展的政策等。例如,我国为鼓励中小企业发展,制定有《中小企业促进法》。但是,该法只是原则性的规定了对中小企业的税收优惠、财政扶持、金融支持等,缺少可操作性的具体规则。对于这些将在很长时间内实施的调控政策,不仅需要转化为法律,而且要建立完整的制度体系,使之具有实现的现实可能性。

(三)重大临时性调控措施法定

当宏观经济出现重大变故,需要采取临时性的重大调控措施时,应当通过立法程序采用特别法令的形式。这样做,一方面可以更有利地保障临时调控措施的执行;另一方面,也是最重要的,重大临时措施说涉及的利益调整影响范围广,应当通过立法形式体现人们意志以获得正当性,防止政府滥用临时处置权。

(四)宏观调控法律责任制度

法律责任制度是保障法律得到执行的保障措施,法律责任是行为人违反法律所应当承担的否定性的法律后果。有些法律是自我实现的,无需强制力做保障;但更多的法律不具有自我实现的特点,需要以强制力为后盾。人们在考虑是否遵循法律时,会根据自身效用做出判断,当不遵守法律更符

---

① 可参见胡锦光:《违宪审查论》,海南出版社 2007 年版。

合自身效用时,人们就不会自觉遵守法律,此时,通过加重违反法律的不利后果,使违反法律的成本增加,从而导致遵守法律成为行为人的最佳选择。对于法律执行者来说,执行法律虽然是其职责所在,但他们并不会因此就自觉执行法律,他们在执行法律时也同样要进行效用判断,当不执行法律更符合其效用时,他们也会选择不执行法律。因此,也需要法律责任来对法律执行者进行制约,规定不执行法律的消极后果,使执行法律成为法律执行者的最佳选择。

我国传统上是一个人治国家,目前虽然在向法治转型,但转型是个漫长的过程。这体现在规则方面,很多的规则不是法律规则,而是政策;有些规则虽然采取了法律的外形,但其内容实质仍是政策。政策的特点表现为导向性,而不是强制性,学术界称之为"软法"。这样,大量规则的执行就缺乏强制性的保障措施,违反规则,没有相应的否定性的法律后果,规则的权威性大打折扣,规则被肆意破坏和践踏的情况严重。这种情况在宏观调控方面表现尤为突出,宏观调控法对宏观调控决策责任的规定几乎还是一片空白,"经济法方面的法律、法规,不像传统的民事、刑事等方面的法律那样,特别是有关对调控主体或规制主体如何追究责任的规定,往往'尚付阙如'。"①

没有法律责任的法律制度就会失去其权威性和不可违反性,必然得不到贯彻实施。我国转型时期的宏观调控法律制度和中央的宏观调控政策在地方实施受阻,充分反映了这一点。因此,必须建立起严格的法律责任制度,对违反宏观调控法的行为给予惩罚,以达到遏制违法行为的目的。

宏观调控法律责任制度包括调控主体的法律责任和调控受体的法律责任。对于调控受体的法律责任,相关法律已有较多规定,需要做的是进一步完善和加强落实,使遵守宏观调控法成为调控受体的最优选择。例如,国家通过实行出口退税政策达到鼓励出口的目的,一些不法之徒却利用该政策

---

① 张守文:《经济法的发展与经济审判的变易》,载漆多俊主编:《经济法论丛》第 3 卷,中国方正出版社 2001 年版,第 7 页。

骗取出口退税。我国刑法等法律对骗取出口退税规定了极其严厉的法律责任,但骗取出口退税的违反犯罪行为仍然极其猖獗,原因就在于追究不力。这时,需要的就是加大查处的力度。

调控主体的法律责任分为宏观调控决策主体的法律责任、宏观调控执行主体的法律责任和宏观调控监督主体的法律责任。我国宏观调控政策执行不力,主要是对执行主体的法律责任制度没有建立起来,不执行宏观调控政策对执行主体更为有利。因此需要建立宏观调控政策执行主体法律责任体系。(1)宏观调控政策执行机关工作人员的法律责任,对于贪赃枉法、徇私舞弊的,依法追究法律责任,有关这方面的法律责任,公务员法等相关法律已有规定。但是,对于没有谋取个人私利,只是为了政绩、为了地区利益、集团利益而违反宏观调控法的政府官员,法律没有规定相应的法律责任,应当填补这方面的不足。(2)宏观调控政策执行机关的法律责任,除非参与犯罪,现行法律对宏观调控政策执行机关不执行宏观调控法没有规定任何法律责任,相反,一些地方因为对抗中央的宏观调控政策,反而从中央政府谋得了更多的地方利益。这种现状不改变,宏观调控法的执行梗阻问题永远没法解决。必须明确规定宏观调控政策执行机关在执行宏观调控政策过程中违反宏观调控法的法律责任,使不执行宏观调控政策不仅不能得到好处,而且会受到严厉的处罚。

宏观调控决策的法律责任问题是争议最大的。一些学者对宏观调控决策责任问题进行了分析后认为,宏观调控决策行为属于国家行为,决策者只应承担政治责任,而不应承担法律责任。① 笔者不赞成这种说法,认为决策者也应当为决策失误承担法律责任。(1)决策机关工作人员贪赃枉法、徇私舞弊、滥用职权等,应当承担相应的法律责任,这已有相关法律规定。除此之外,法律还应当对于决策机关工作人员非因上述原因故意或重大过失做出错误的宏观调控决策承担责任,包括刑事责任和行政责任。(2)宣布决策违法、终止决策的执行、变更决策,对于违法的决策,经法定程序(如违

---

① 参见前引邢会强:《宏观调控权运行的法律问题》,第 34 页。

宪审查)宣布其违法,并终止执行;对于重大失误的决策,经有权机关宣布终止执行或者予以变更。对于终止执行的决策,原决策机关有义务采取措施恢复到决策以前的状态,不能恢复的,采取相应补救措施。

(五)宏观调控中的国家赔偿和补偿制度

转型时期的宏观调控具有尝试性、多变性的特点,宏观调控的尝试性,体现了有错必纠的实事求是的精神。但是,宏观调控政策一经做出,就会对调控受体造成影响,政策改变会影响调控受体的利益,调控受体预期到宏观调控政策的尝试性,就不会对宏观调控政策产生信任;宏观调控政策的多变性,难以给调控受体稳定的预期。但调控受体对宏观调控政策缺乏信任、没有形成稳定的预期时,宏观调控政策的信号作用就削弱了,宏观调控的预期目标就难以实现。为了增强宏观调控政策的可信性,有必要建立宏观调控中的国家赔偿和补偿制度。

我国已经建立了国家赔偿和补偿制度,国家赔偿是指国家机关和国家机关工作人员违法行使职权侵犯公民、法人和其他组织的合法权益造成损害的,国家依法对受害人予以赔偿。包括行政赔偿和刑事赔偿。刑事赔偿显然与宏观调控无关,就行政赔偿来说,根据《国家赔偿法》第3条、第4条的规定,只限于具体行政行为违法造成受害人损失的状况,因此也不适用于宏观调控。国家补偿原是指国家机关工作人员在行使职权过程中,因其合法行为给公民、法人或者其他组织造成的损失,国家对其给予弥补,也不适用于宏观调控。但近年来国家补偿制度有了新的发展,开始注意利用国家补偿引导社会经济发展和生态环境保护,如财政部、国家林业局共同发布了《中央财政森林生态效益补偿基金管理办法》,建立中央财政森林生态效益补偿基金用于重点公益林的营造、抚育、保护和管理。

在宏观调控中,为了保证宏观调控政策给人以稳定的预期,消除受控主体对政策变动或者政策不执行的顾虑,使受控主体自觉服从宏观调控,需要建立保护信赖利益的国家补偿制度。这包括:(1)政策承诺补偿。对可信性不足的宏观调控政策,政府通过承诺的方式加强政策的可信性,此时,兑现承诺需要政府给予信赖政府承诺者以补偿。典型的例证如存款保值补贴,在通货膨胀率过高的时期,为抑制物价上涨,由财政对储蓄存款给予保值补偿。(2)政策变动补偿。宏观调控政策是灵活多变的,没有人会预期宏观调控政策会长期不变,除非政府做出了承诺;但短期的、灵活多变的政策也有存续的期限。在政府明示或暗示的承诺期限内,政府改变其宏观调控政策或者措施,就会对信赖该宏观调控政策或者措施的受控主体产生影响,甚至造成损失。例如,为了控制经济过热,停止审批某些类型的项目,但有些项目的前期准备已经做了大量的投入,因政策改变,项目无法上马,造成了损失,此时,政府就应当给予适当的补偿。(3)作为引导政策的补偿。为了激励受控主体的某些经济行为,政府可以采用财政补偿的方式来加以引导。例如,对使用节能技术、环保技术的企业增加的成本给予补偿,以引导企业使用节能技术和环保技术。

一般认为,只有政府的具体行政行为才会产生国家赔偿问题,抽象行政行为作用于社会大众,影响的是不特定多数人的利益,不能要求赔偿。但是,事实上,违法违宪的宏观调控行为造成的损害更为严重,受害人不能得到赔偿是极其不公平的。并且,建立宏观调控国家赔偿制度,对非法的宏观调控行为也是一种制约,应该建立。目前,学术界对此已有一定的认识,复旦大学著名学者谢百三状告财政部一案就是一个典型案例①。2001 年 7 月 31 日至 8 月 7 日,财政部在深圳和上海证券交易所分销了当年第七期记账式国债。根据销售公告和财政部《关于 2001 年记账式(七期)国债发行工作有关事宜的通知》,该国债发行总额为 240 亿元,"发行结束后可在上海证券交易所和深圳证券交易所上市流通"。该国债发行结束后的第二天,财政部国库司以便函的形式通知中央国债登记结算有限责任公司、深圳证券交易所和上海证券交易所:"本期国债在交易所市场上市时间另行通知,上市后,交易方式首先为现券买卖,回购交易起始日将视市场情况安排。"谢百三认为,财政部在发行该国债以前,以承诺国债可以自由上市流通作为要

---

① 参见张小彩:《多花纳税人十几亿? 谢百三诉财政部升级高法》,《财经时报》2002 年 7 月 5 日。

约,使得广大投资者纷纷购买。但是,等到发行结束,国债的流通却遭到禁止,侵害了普通投资者的财产权。另外,该通知也违背了1992年国务院颁布的《国库券条例》中"国库券可以用做抵押"的规定。为此,谢百三起诉至北京市第一中级人民法院,要求撤销财政部的通知,并要求财政部向投资者道歉。虽然法院对此案依法不予受理,但此案反映的问题是值得思考的。财政部的行为明显是违法的,并且这种违法行为事实上给投资者造成了损害。如果对该类行为不建立国家赔偿制度,一方面,受害人的利益得不到保障,有损公平与正义;另一方面,纵容了政府的违法行为。

在肯定了宏观调控国家赔偿的必要性的前提下,需要对宏观调控国家赔偿制度予以建构。笔者认为,可以通过修订《国家赔偿法》来完成。在行政赔偿事由中增加违法的宏观调控行为即可。

(六)转型时期宏观调控法的弹性

弹性是指制度、规则本身具有能够适应经济结构的调整而发生动态变化的能力。制度需要一定的弹性,弹性一方面为制度执行者的主观能动性留下了发挥作用的空间,不至于因制度过于僵硬而在执行时出现不适应的状况,从而使制度得到更符合制度目的的执行。另一方面,制度的弹性为制度创新留下了空间,从而推动制度的优化。戴维斯和诺斯指出,由外部性、规模经济、风险和交易费用所引起的收入的潜在增加不能内在化时,一种新制度的创新可能允许获取这些潜在收入的增加①。因此,具有一定弹性的制度可以更好地适应经济发展的动态需求。但是,制度的弹性并不是越大越好。弹性同时也意味着制度的明确性、指引性降低,从而降低了制度的约束作用和指引作用。同时,由于留给了制度执行者较大的自由裁量的空间,也就为执行者滥用执行权种下了恶果,同时也为制度的约束对象规避制度的约束提供了方便。

在转型时期的宏观调控立法,一方面,由于经验、理性的局限,不可能制

---

① 参见[美]L. E. 戴维斯、D. C. 诺斯:《财产权利与制度变迁》,上海三联书店、上海人民出版社2003年版。

定得很有刚性,不得不选择了很有弹性的宏观调控立法;另一方面,"由于缺乏足够的创新知识,中央政府通常要借助地方政府进行制度创新'实验',以便对其加以事后的追认或制止。"①这样,在即使可以明确、详细规定的情况下,法律也往往要预留一定的制度创新空间,这样,在我国的宏观调控立法实践中,强调立法"宜粗不宜细",大量使用委任立法、"空白立法"、"例外立法"等。这种弹性一方面适应了转型时期宏观调控政策多变的特点,也便于政府灵活地采取调控措施;但另一方面,也使宏观调控法的约束力和指引作用受到了削弱,政府信用受到影响。

面对转型时期宏观调控法的这种特点,一方面,我们要继续保留其弹性,特别是对于处于试验阶段的制度,要保留足够的弹性,以鼓励制度创新;在执行有弹性的宏观调控法律时,要从有利于立法目的实现的高度灵活解释和执行法律。另一方面,对于宏观调控的基本制度规则必须形成刚性较强的法律制度规则,防止权力滥用;对于一些已经被实践检验的、科学的、成熟的规则,也要从弹性转化成刚性。转型时期的宏观调控立法,应当是一个不断将弹性规则转化成刚性规则的过程。

(七)转型时期宏观调控中的"良性违法"问题

与法律弹性密切相关的一个问题是"良性违法"的问题。我们把违法行为定义为违反现行法律规定的行为,这实际上是形式上的违法。而实质上的违法行为是指具有社会危害性、并且被法律所否定的行为。从理论上来说,只有具有社会危害性的行为,法律才应当规定为违法。但是,一方面,立法者是人不是神,对社会危害性的认识可能出现偏差;另一方面,行为的社会危害性不是绝对的,与社会经济条件密切相关,社会经济条件发生了变化,原来具有社会危害性的行为可能就不再具有社会危害性,也就是说,法律过时了。亚里士多德在论述法治时,不仅强调了法律得到遵守,而且要求得到遵守的法律是良法。但问题是,怎样判断法之良与恶? 又由谁来判断呢? 如果由人们来判断,人们就可以以个人好恶任意地不遵守法律;如果由

---

① 杨瑞龙:《我国制度变迁方式转换的三阶段论》,《经济研究》1998 年第 1 期。

执行机关来判断,执行者就可以任意地不执行法律。因此,法律一经制定生效,无论良恶,均具有约束力。那么,怎样消除恶法的影响呢?无非两个办法:一是立法者发现恶法后予以修订或者废止;二是"良性违法"。

"良性违法"是指行为人的行为表面上违反法律的规定,但不具有社会危害性。在转型时期的宏观调控中,由于对转型时期经济运行的规律和宏观调控的规律缺乏充分的认识,这单靠法律弹性不足以解决问题。首先,弹性是有限度的,法律毕竟是一种行为规范,过多的弹性,就会失去其指引作用和规范作用;其次,即使充满弹性的法律法规也可能是不恰当的;第三,转型社会变化快,而法律总是存在时滞,今天合适的法律,明天可能就不适时宜了。所有不适当的法律法规都要等到立法者来纠正,危害很大。因此,应当允许"良性违法"行为的发生。

在肯定"良性违法"的必要性之后,接下来是与上文同样的问题:谁来判断某种违法行为是"良性违法"呢?这似乎成了一个难解的悖论。确实,按照形式逻辑去思考,这是一个难解的悖论。但是,正如美国霍姆斯大法官在《普通法》一书中所说:"法律的生命不在于逻辑,而在于经验。众所周知的或者尚未被人们意识到的、占主导地位的道德或政治理论,对公共政策的直觉甚至法官和他的同行所持有的偏见,在法官决定人们都应一体遵守的法律的时候,所起的作用要远远大于三段论所起的作用。"①从经验判断,这也许并非一个难题。法律和其他社会现象一样,都存在一个自然演进的历史过程,在这个过程中,推动旧法死亡、新法诞生的力量并不只有立法机关(当然,毋庸置疑,立法机关的立、改、废是新法诞生、旧法死亡的最主要方式),司法机关及法官、新闻媒体、利益集团以及社会公众等,都可能在其中发挥重要作用。"良性违法"的确认权,并不属于政府的某个部门或机关。一种行为要被认定为"良性违法",并不是某个执法机关或某个司法机关处理个案时的法律选择和态度;而是指这种行为或类似行为反复被执法机关或司法机关认定为"良性违法",或者某种行为受到法律追究引起社会公众

---

① [美]霍姆斯:《普通法》,冉昊、姚中秋译,中国政法大学出版社 2006 年版,第 1 页。

的强烈反对等,说明该种行为的实质合法性已被公众所认同。

从经济学上分析"良性违法",这实际上是一个风险与收益的问题。如前所述,法律一经制定生效,就产生约束力,违反法律会受到法律的制裁。但是,行为人之所以选择违法,是因为违法能给其带来收益。行为人按照自己对法律的理解,基于自身利益判断选择是否遵守法律,并承担由此带来的相应后果。但执法者在决定对违法者予以制裁时,由于转型时期法律的弹性较大,实际上是有很大的自由裁量权的,如果执法者认为行为人的违法行为并不具有社会危害性,就可能放过或者从轻处罚违法者。这样,"良性违法"者就获得了超出守法者的额外收益。对这种额外收益的正当性在于:(1)行为人突破现有羁绊进行了创新,额外收益属于创新收益;(2)行为人冒着被追究法律责任的风险,额外收益也属于风险收益。

对"良性违法"的宽容是有副作用的,它不仅会产生鼓励和纵容违法的效果,而且也为执法者包庇违法打开了方便之门。但两利相权取其重,两害相权取其轻,树立"良性违法"观念,建立"良性违法"制度是有重要意义的。首先,对良性违法者宽容,符合实质正义。因为从本质上说,"良性违法"是不具有违法性的,它形式上的违法是错误地外加的。其次,如前所述,"良性违法"者获得额外收益是正当的。"良性违法"者在行为之时是冒着被追究法律责任的风险的,因此,其获得的额外收益,是一种风险收益。第三,"良性违法"有利于鼓励创新,有利于立法的科学化,避免法律对经济发展形成障碍。转型时期,一切都在探索当中,更应当鼓励创新。而一些陈旧、僵化的法律制度成为创新的壁垒,"良性违法"制度对于打破这种恶法的"恐怖"具有积极意义。最后,"良性违法"观念为我国转型时期经济生活当中某些"违法者得利"现象的正当性提供了依据。在我国转型时期中,一些地区、一些企业、一些人墨守陈规,另一些地区、另一些企业、另一些人敢于创新,但创新突破了法律、政策的界限,结果勇于创新的地区、企业和个人得了利,于是人们产生一种印象:守法吃亏,违法占便宜。在"良性违法"观念下,我们就要具体分析违法的性质了,如果是"良性违法"(转型时期的创新的普遍特征),则其获得收益是正当的。

第三节 规则执行机构改革与转型时期
宏观调控中的政府信用意愿

一、规则执行机构

规则包括显性规则和隐性规则,前者如政策、法律,后者如习俗、道德规范规则。这里所讲的规则是指显性规则,即法律与政策。长期以来,我们注重法律、政策的制定,往往忽视它们的执行。谈到执行时,常常简单地提出要严格依法、依政策办事,忽视法律、政策本身的可执行性,以及执行机制问题,结果导致法律、政策得不到有效执行。

徒法不足以自行。任何法律、政策的执行都必须由一定的机构和人员来完成。执行机构能否有效地执行规则涉及两个方面的因素:

(一)执行能力

执行能力包括机构配备的人、财、物情况,即人员配备是否足够、配备的人员是否具有相应专业素质,执行法律和政策所必需的设备和经费是否充足等。

(二)执行意愿

执行意愿是执行机构及其工作人员自觉执行法律和政策的主观心理状态。保障执行机构和执行人员的执行意愿的方式有三:(1)独立性,执行机构和执行人员处于超然地位,与所执行的法律、政策没有利害关系,不能从执行或不执行法律、政策中获益或受损,司法就是如此。(2)积极激励,执行机构或执行人员能从执行政策、法律中获益,从而激励执行机构或执行人员积极执行法律。(3)消极激励,就是对执行机构或执行人员不执行政策、法律的行为给予惩罚。

二、规则执行机构与政府信用意愿的关系

在前文对影响政府信用意愿的因素中论述了地区一致性问题,当出现

地区不一致时,政府守信意愿都会受到影响。而产生地区不一致的原因,就是规则制定者所代表的利益和规则执行者所代表的利益的地区不同,规则制定者代表的利益区域范围大,而执行者代表的利益区域范围小。这就涉及到规则执行机构的设置问题。规则执行机构与政府信用意愿的关系,简单来说,政府信用意愿与规则执行机构的利益或其所代表的利益成正比。执行规则与规则执行机构的利益或其所代表的利益越相符,规则执行机构执行规则的信用意愿越强;反之,执行规则与规则执行机构的利益或其所代表的利益越背离,规则执行机构执行规则的信用意愿越弱。

三、我国转型时期规则执行机构存在的问题

我国转型时期规则执行机构存在许多,这里仅就严重影响宏观调控中的政府信用意愿的几个问题进行阐述。

(一)中央执行机构的独立性问题

国务院是我国的中央人民政府,负责宏观调控法律的执行和宏观调控法规和政策的制定、执行和监督。国务院由各部委和各直属机构组成,作为国务院组成部分的部委和直属机构在国务院领导下独立执行或者协助国务院执行宏观调控法律、法规和政策。这里所说的独立性问题,是指国务院各部委和各直属机构相对于国务院的独立性问题。

西方经济学对中央银行应当保持对中央政府的独立性以维护货币政策的信誉有深入的研究。依据 Capie & Goodhart(1995)的解释,具有充分独立性的中央银行可以"不接受来自政府的指令,也不必与政府协商,而无条件地拥有自主决定维持或变更现行货币政策的权力"。按照 Beck(1982)、Alesina & Sachs(1988)、Havrilesky(1988)的观点,不同的政党有着不同的目标或政治主张,反映了该党核心选民的偏好,一旦某一政党取得大选的胜利,它注定要实施自己最中意的政策。由于各政党的执政理念不同,在每次出现政权更迭时,新上台的执政党往往采取与以前不同的经济政策,产生政治周期,使得通货膨胀难以预测,扩大经济波动的幅度。因此,要阻止政治周期的出现,就应保持金融政策制定上的独立性。中央银行应尽可能不受

选举、政权交替等政治性因素的干扰,保持政治上的独立。新凯恩斯学派认为,导致货币政策失败的主要原因在于经济学家、中央银行家、政治家以及个人对经济及金融政策的效果认识有限。因此,他们主张要实现货币政策的有效运营,应该设立对货币政策的最终目标以及操作目标保持高度独立性的中央银行,并委任资深的专家担任行长,实行相机抉择性的货币政策。Rogoff(1985)主张任命对通货膨胀的厌恶程度高于一般大众的人物出任中央银行行长,并委托其负责货币政策的运营。"保守"的中央银行行长意味着决策者更加重视通货膨胀产生的成本,对外部冲击只进行比较小的逆向调整措施。由于该银行行长的偏好与社会偏好不一致,更注重降低通货膨胀率,因此可以确保中央银行货币政策的信誉。①

保持中央银行的独立性不止停留在理论上,而是付诸了实践。美联储的独立性是众所周知的,英格兰银行业保持高度的独立性。1997 年 5 月 6 日,戈登·布朗部长为了向英国社会介绍能够使英格兰银行获得"操作独立性"的"新货币政策框架",他在一个官方声明中为政府的策略问题提供了如下原则:"如果是经济长期内的需要而不是短期内政治上的考虑在指导货币政策的决策,那么我们将只为货币政策建立一个完全可信的框架。我们必须打消人们对政党政治考虑正在影响利率制订的怀疑。"②

从我国法律的规定来看,中央银行等国务院组成部分各自有一些独立的职权,但并不具有独立性,在执行独立的职权时受到国务院及国务院其他组成部分的影响很大。集中表现为,当采取扩张性经济政策时,不仅财政政策、货币政策是扩张性的,土地政策、投资政策、能源政策等也是扩张性的,并不顾及各自的独立价值目标,甚至环保执法、安全执法、金融监管执法等也顺应扩张政策变得宽松,对违法行为视而不见。这样做表面上看是国务院的宏观调控意图得到全面贯彻,而实际上是法律所确认的基本规则被破坏了,各部委的职能未能得到严格履行。国务院正确的宏观调控政策也会

---

① 参见曹华:《通货膨胀目标制研究》,金融出版社 2006 年版,第 103—106 页。
② 转引自前引[英]布莱恩·斯诺登、霍德华·文:《与经济学大师对话——阐释现代宏观经济学》,第 56 页。

因这种过于一致的响应,破坏了发生作用的环境,变得不那么正确;而一旦国务院的宏观调控政策出现偏差,那就会出现极其严重的后果。

(二)中央和地方执行机构的关系问题

在计划经济时期,统收统支,各地区没有自己独立的经济利益,从中央到地方实行垂直领导是可行的。但实行分税制以后,中央和地方各有其独立的经济利益,这种状况被称之为"财政联邦主义"①,而我国是一个"单一制"的国家,机构设置都是按单一制的标准建立起来的,不存在中央和地方两套执行机构。这样就出现了"财政联邦主义"和政府机构单一制之间的冲突。这种冲突表现在,中央政府站在全局的角度制定的法律和政策,对代表地方利益的执行者来说,执行该法律和政策不一定符合地方利益,这在前文已有充分的阐述。当不执行政策和法律更有利于地方利益时,地方执行机构理性的选择就是不执行中央的法律和政策。这就是规则执行的地方保护主义,由于这种现象的普遍存在,地方政府在执行规则方面的信用受到了严重的损害。许多的法律和政策形同虚设,根本得不到遵守和执行,成为完善社会主义市场经济体制最大的障碍和瓶颈。

为了解决这个问题,我国在机构改革方面做出了一些努力:(1)国税和地税的征收机构分立,设立国家税务局负责征收中央税及中央与地方共享税,设立地方税务局负责征收地方税;(2)将原属地方各级政府组成部分的工商行政、环境保护、土地管理行政等执法部门改为由省级政府垂直管理。

如此改革的思路是正确的,也取得了一定的效果,但并没有从根本上解决问题。以国税和地税的征收机构分立为例,虽然对于加强中央税收征管能力、保障中央财政收入方面发挥了重要作用,但也引发了许多新的问题。如:(1)两套税务机关征税,增加了征收成本;(2)两套税务机关各自有不同的利益,增加了矛盾,出现税收管辖争议、重复征税等问题;(3)两套税收征管体系间不可避免地存有缝隙,为偷漏税打开了更大的缺口;(4)给纳税人

---

① 吴邦国委员长明确表示,中国"不搞联邦制","财政联邦主义"不属于国体意义上的联邦制,只是对中央和地方财权适当分开的一种形象说法。

增添办理纳税事宜的成本;等等。因此,有人主张合并两套税务机关,对中央税和地方税由同一税务机关征收,在税务机关内部再分别将中央税划归中央财政,地方税划归地方财政。① 那么,是走回原来的老路,还是继续走中央宏观调控执行机构与地方宏观调控执行机构分立的路子,是摆在我们面前的大问题。

(三)地方执行机构之间的合作问题

宏观调控政策要发挥作用,全国统一的大市场是必需的、基本的条件。但在分税制的财政体制之下,各地方政府之间形成竞争关系,各地方政府为了本地经济大搞地方保护主义,实行地区封锁,人为分割市场。而规则的执行与不执行以及如何执行成为各地政府竞争的重要工具。但是,各地区不执行统一的规则,最终结果是导致"囚徒困境"。走出"囚徒困境"的方法是进行区域合作。近年来,我国形成了长三角经济区、环渤海经济圈、泛珠三角经济区等区域经济合作区,在合作区内进行以执法合作为主的规则执行合作,是加强规则执行的重要方法。执法之所以需要区域合作,乃是因为不同地区之间广泛的联系,一个地区违法行为的追究需要得到其他地区的协助,一个地区的执法会对其他地区造成影响。地区之间的经济联系越紧密,法律执行状况的相互影响就越严重,就更需要执法合作。

1. 区域执法合作的内容

区域执法合作的内容包括执法协助、联合行动、严格执法三个方面。所谓执法协助,是指区域内甲地执法机关请求乙地执法机关代为某些法律事务,包括代为调查取证、代为送达文书、代为采取强制措施、代为执行等。这是最低层次的执法合作,这种合作的意义有二:(1)降低成本,以调查取证为例,委托当地执法机构取证较之执法机构异地取证,无论是物质成本还是时间成本,都节约不少;(2)提高对违法犯罪行为的追究效率,到异地办案,人生地不熟,有些执法活动难以展开,效率很低,当地执法机构的协助能够有效克服这一困难,提高执法的效率。

---

① 参见赵云旗:《中国分税制财政体制研究》,经济科学出版社 2005 年版,第 392—398 页。

联合行动主要针对区域内跨地区的违法犯罪行为,如联合打击生产销售假冒伪劣产品的行为。随着电子信息技术的发展,各种经济要素流动性的增强,跨地区的违法犯罪活动日益猖獗,依靠各地区执法机构分别执法难以对这些违法犯罪行为予以有效遏制,需要不同地区执法机构紧密联系,互通信息,建立执法合作机制,才能对这种违法犯罪行为以有效打击。

严格执法是指区域内执法机构对涉及区域内其他地区利益的事项,严格依法办事。严格执法是社会主义法制的基本要求,看似与区域执法合作毫不相干,实际上却是区域执法合作的核心问题。区域经济合作最大的敌人就是地方保护主义,地方保护主义的实质是各种形式的行政垄断和执法不公,行政垄断是超越法律规定滥用职权,和执法不公一样,都属于不严格依法办事的行为。如果各地能够在严格执法方面达成协议并严格执行,则区域执法合作进入了更高的层次,阻碍区域经济合作的最大敌人也就消灭了。

2. 区域执法合作面临的问题

区域执法合作是一个共赢的选择,所以,谈到区域执法合作没有一个局中人会反对。但实际执行却是另外一回事,为什么堂堂的国家执法机构会口是心非、不讲信誉呢? 原因有二:一是成本问题;二是执法合作的收益问题。

执法合作首先面临的是一个成本问题。任何执法活动都是要支付成本的,协助执法,意味着要为其他地区执法机构的执法活动支付成本,设只有甲乙两地两个执法机构的情况下,甲乙各有若干事务需要对方协助,如果一方不协助,对方也不协助,这样,由于互相协助的长期收益明显大于协助的成本,双方的理性选择都是协助(如图 7-1)。

甲 乙	协助	不协助
协助	100,90	2,-1
不协助	-1,2	0,0

图 7-1 执法合作博弈

在这样一个协作博弈中,促成双方做出协助选择的,是如果自己不选择协助,对方也会选择不协助,这样就会失去从对方协助中获得的收益。这可以用来解释为什么在两个经济联系紧密地区需要相互协助事务很多的两个执法机构之间能够形成很好的执法协助。

但这个模型并不能放大到区域内的所有执法机构参与的协助模型。由于许多执法机构之间并不存在很多的相互协助的需要,这样,在甲选择不协助时,乙并不能有效地惩罚甲,这样,甲的理性选择就是不协助。也就是说,在没有任何激励约束机制的情况下,执法机构没有为外地执法机构提供协助的动力。并且,很多执法机构的人力和财力本身就紧张,理性的执法机构都不会去"耕别人的田,荒自己的地"。这样就形成了恶性循环,区域内大范围的执法协助难以实行。

在联合行动中,既然违法犯罪行为影响的不仅仅是本地区,就存在一个"搭便车"的问题,寄希望于外地执法机构采取行动,承担成本,本地坐享收益,当大家都抱着相同的心态时,跨区域的违法犯罪活动就很难得到遏制。另外,执法的"政绩"归属问题也是阻碍联合行动的一大障碍。配合其他地区执法机构行动、为其他地区执法机构提供情报,方便了其他地区执法机构的执法活动,执法的政绩归属于其他地区执法机构,这对于很多执法者来说,会影响自己的"政绩",是不愿意的。

影响区域执法合作的第二大问题是执法合作的收益问题。区域执法合作的最大障碍是各地不严格执法。严格执法对整个区域的经济环境是有益的,但是,在区域内各地方政府是否严格执法的博弈中,很多情况下面临的是"囚徒困境",纳什均衡是大家都不严格执法。再回顾一下前文提到的对"血汗工资"的劳动执法问题,从全局来看,政府严格执行劳动法是有利的。但是,劳动法虽然由中央政府制定,但执行却依赖地方政府。地方政府是否严格执行劳动法,不是从全局利益来考虑的,而是从本地区的局部利益来考虑的。就本地区来说,无论其他地区是否严格执行劳动法,本地区不严格执行劳动法总是有利的:如果其他地区严格执行劳动法,则本地区的企业在竞争中有成本优势,有利于本地区企业的发展和本地区政府税基的扩展,其他地区的企业甚至会跑到本地区来投资;如果其他地区不严格执行劳动法,则本地区更加应该不严格执行劳动法,否则,本地区企业会在竞争中处于劣势,会减少本地区的税收收入,本地区企业还可能迁移到其他不严格执行劳动法的地区去。这样,地方政府也陷入了"囚徒困境",导致各地政府都不严格执行劳动法的低效率纳什均衡。

这一分析模型可以用来分析环境法的执行、反不正当竞争法、反垄断法等许多法律的执行。另外,在执法协助、联合行动方式的执法合作中,如果提供协助和采取联合行动不符合本地经济利益,往往也不会提供有效的协助,不会积极配合联合行动,有时甚至为违法犯罪提供保护伞。①

三、完善规则执行机构的思考

(一)加强中央执行机构的独立性

执行机构的独立性是规则执行获得公众信任的重要方面。中央的宏观调控政策首先是由中央执行机构执行的,如果中央执行机构的独立性没有保障,其政策执行也就没有保障,公众也就很难建立起对宏观调控政策的信任。但是,让各中央执行机构都取得独立于国务院的地位,不仅是不可能的,也是极其错误的主张。作为中央政府的国务院对宏观经济做全面的调控,并对维持国民经济又好又快地发展负总责,当然应当有权制约各部委的单项调控措施。但是,保持各执行机构的相对独立性,不仅是必要的,而且也是可能的。

1. 明确各部委与国务院的职权划分

以立法形式明确各部委与国务院的职权划分,对于划归各部委独立行使的职权,国务院不得干涉。这样,使国务院对各部委的领导有明确的界限,为国务院的越权干预设置了屏障,增强了各部委执行规则的独立性,使

---

① 据报载,广东司法机关欲逮捕某犯罪嫌疑人,该犯罪嫌疑人系广西某地区人大代表,对其执行逮捕须经该地区人大常委会批准,该地区人大常委会竟然因为该犯罪嫌疑人对地区经济发展贡献很大而拒绝批准执行对其实施逮捕! 参见韦洪乾、冯建红、姚雯:《"梁广镇现象"背后的"双城"困局》,《检察日报》2008年8月26日。

各部委执行规则的行为更具有可信性,有利于规则的执行。

2. 区分宏观调控政策的执行和法律的执行

宏观调控法治化,宏观调控政策就必须在法律的约束下制定和实施,但并不意味着宏观调控政策都要转化成宏观调控法。法律和政策的界限永远存在。宏观调控政策是相机抉择、灵活多变的,而法律是稳定的。实践中常常出现的问题是,为了政策的执行,放弃法律的执行,这是与法治精神相违背的。法律制度构成对宏观调控决策及其执行的基本环境和制约条件。为了改变这种状况,就必须树立一种观念,尽管对法律的解释可能受到政策的影响,但是,法律的执行总是优于政策的执行,不能为了政策的执行放弃法律的执行。就中央执行机构来说,第一,要区分享有宏观调控决策权的机构和不享有宏观调控决策权的机构。对于不享有宏观调控决策权的机构,他们只负责执行相关的法律,宏观调控决策的变化,与其执法活动没有任何联系,不能因宏观调控政策的变化,其执法的尺度发生改变。如环保机关、金融监管机关、工商行政机关、技术监督机关、审计机关等,其执法活动不应受宏观调控政策变化的影响。第二,对于享有宏观调控决策权的机构,其宏观调控决策的执行与其担负的执法任务要分开,如财政机关负责政府采购法的执行,不能因执行积极财政政策或稳健财政政策而对该法的执行有所区别。

(二)建立中央和地方两套执行机构

如前所述,规则执行的实质问题是利益问题,中央和地方各有其独立的经济利益,中央制定的规则要由地方政府来执行,地方政府必然要对执行该规则对地方利益的影响进行评价,只有有利于(至少不伤害)地方利益的,地方政府才有执行的积极性。因此,在不解决利益冲突问题,简单强调严格执法是无效的。解决的办法最先被想到的是加强中央集权。但是,除非回到计划经济体制的老路上,否则中央集权是无法实现的。因为:首先,市场经济是分权经济,过度的中央集权形成的强大政府,会伤害市场自由;其次,在有地方利益存在的前提下,强调下级服从上级只会导致"上有政策、下有对策"的"阳奉阴违";第三,中央集权虽然有利于规则的执行,但却丧失了来自地方政府的纠错力量,使政策失误难以得到及时纠正。

加强中央集权的路是走不通的,另一个解决办法就是进一步的分权。按照分税制改革的基本原则,就是中央与地方的财权和事权适当分离,分税制改革在财权分权方面,做得比较彻底,而事权的分权却是含糊不清的。造成这种状况的原因是多方面的,其中特别值得指出的是,当初做出分税制制度安排的初衷,不是为了实现分权,而是为了加强中央的财权,提升中央的控制能力。这样,在分税制之后,并不能建立起相适应的分权体制。其结果是导致政令不畅,规则难以实施,政府信用受损。也就是说,规则得不到执行,与分权不够有很大关系。

分权之后,属于中央政府的事务,由中央财政承担费用支出;属于地方政府的事务,由地方财政承担费用支出,这只是分税制含义的一个方面。另一个方面,中央政府的事务应当由中央政府自己完成,为了保障中央政府执行事务的相应规则,只能由中央政府所属机构执行;地方政府的事务应当由地方政府自己完成,为了保障地方政府执行事务的相应规则,只能由地方政府所属机构执行。也就是说,应当设立中央和地方两套执行机构,各自负责其职权范围内的规则执行。这样,就从根本上消除了执行机构因利益冲突而不愿执行规则的问题。

设立中央和地方两套执行机构,有三个方面的疑虑需要消除:

1. 与"单一制"国体的性质是否吻合

这是一个认识问题。从表面上看,只有联邦制国家普遍采用中央执行机构和地方执行机构分立的形式,在单一制国家中,中央机关和地方机关之间构成上下级关系,而不是平行的机构。但实质上,这并不是两种国体的本质区别。关于"单一制"与"联邦制"的区别,有的学者倾向于将全国有一部宪法还是一部以上的宪法、国家的区域构成单位是否可脱离中央而独立也看作区别单一制与联邦制的标准之一;①有的学者认为,"单一制与联邦制的区别,从根本上说只有一条,那就是看主权权力是由全国性政府独占还是

①　参见何华辉:《比较宪法学》,武汉大学出版社1988年版,第148页。

由其与区域性政府分享;由全国性政府独占主权权力的是单一制,由全国性政府同区域性政府分享主权权力的是联邦制。"①有的宪法教科书将单一制与联邦制的区别做了更详细的区分,如认为:"第一,单一制是不享有独立主权的一般行政区域单位组成的统一的中央集权国家。联邦制是由两个以上享有一定的独立主权的组成单位组成的统一的联盟国家。第二,单一制国家全国只有一个立法机关、一个中央政府、一部统一的宪法、公民具有一个统一的国籍,在国际关系中是一个国际法主体。联邦制国家既具有全联邦的最高立法机关和中央政府以及统一的宪法,各成员国或州又具有本成员国的立法机关、中央政府和宪法,公民既具有联邦的国籍,又具有本成员国的国籍。在国际关系中,联邦是国际法主体,有些联邦制国家也允许某些成员国在遵守联邦外交政策的前提下成为国际法的主体。"②从以上对"单一制"国体与"联邦制"国体的区别来看,都没有涉及政府机构的设置问题,也就是说,分别设立中央政府执行机构和地方政府执行机构,虽然是联邦制国家的一般作法,但并不构成联邦制的根本特点,"单一制"国家也是可以借鉴、采用的。

2. 如何保持规则执行的统一

作为最基本和最主要的规则——宪法、法律和行政法规是由全国人大和国务院制定的,这些规则是普遍适用的,不仅调整中央政府管辖的事项,也调整地方政府管辖的事项,因此,不可能只由中央执行机构来执行,地方执行机构也要执行宪法、法律和行政法规等全国统一实行的规则。由此带来两个问题:(1)全国统一的法律、法规等,不一定符合地方利益,地方执行机构仍然会不执行,换言之,中央和地方执行机构分立并不能解决全国统一规则与地方利益的冲突问题;(2)地方执行机构各自从自己的利益出发,选择性的、变通性的执行全国统一的规则,导致规则执行的不统一。

在承认中央和地方、地方之间各有其独立经济利益的前提下,在分权的

①　童之伟:《单一制、联邦制的区别及其分类问题探讨》,《法律科学》1995 年第 1 期。
②　于炜主编:《〈中国宪法〉学习指导》,法律出版社 1987 年版,第 30 页。

体制下,并没有一种制度设计能从根本上消除地方执行机构从本地区利益出发选择是否执行规则以及如何执行规则的动机。但是,与现有制度相比,中央执行机构和地方执行机构分立具有明显的优越性。现有制度从表面上看,地方执行机构要服从中央执行机构,但由于信息不对称,中央执行机构并没有能力约束地方执行机构,使地方执行机构的机会主义能够得逞。在中央执行机构和地方政府机构分立的情况下,属于中央政府的事项,直接由中央执行机构执行,该部分规则的执行避免了由地方执行机构执行可能存在的地方保护主义等。这样,只剩下属于地方政府管辖事项可能存在的不执行统一规则的问题,这需要依赖其他相关机制来解决。

为了更充分展示中央执行机构和地方执行机构分立的优越性,我们可以以环境保护执法为例来加以说明。在现行体制下,环境保护由各地环境保护局执法,环境污染产生的损害赔偿案件由各地方法院审理,由于环境污染往往会损害到其他地区的利益,但对本地经济发展有好处,这样,本地环境保护局在查处环境污染案件时可能不积极,本地法院在审理环境侵权案件时可能为了保护本地的制造污染的企业而不公正审判。如果实行中央执行机构和地方执行机构分立,将跨区域的环境保护问题交由中央环境保护执行机构处理、跨区域的争讼案件交由中央审判机构审理,这样就避免了执法的地方保护主义,保障了法律的执行。剩下的问题是,对于没有影响到其他地区的环境污染案件,本地环境保护局不积极查处、本地法院偏向制造污染企业,导致环境保护法不能得到有效执行,这是执行机构分立不能解决的。这需要其他机制,如政绩考评将环保纳入其中、培育人民的环保意识等。

3. 两套执行机构如何协调

两套执行机构之间必然产生矛盾和冲突,如何协调这些矛盾和冲突成为新的问题。地税征管机构和国税征管机构的分立已经遇到了这个问题,以至于有人怀疑这种制度设计的科学性。必须承认,两套执行机构的矛盾冲突是客观存在的,但这些矛盾冲突的存在并不能构成否认这种制度的理由,而是要为协调两套执行机构的矛盾冲突提供解决的办法。首先,两套执行机构的分工要明确,避免互相争夺管辖权或者相互推诿,同时规定管辖权争议的处理办法,解决双方的管辖权争议。其次,建立统一的最高执行机构,负责规则执行中的解释、处理两类机构之间的矛盾冲突。

(三)加强区域执行机构之间的合作

中央和地方两套执行机构分立主要用于解决中央利益和地方利益不一致引起的规则不执行问题。但是,地区之间的竞争导致的地方保护主义不能通过该机制得到解决,解决地区之间利益冲突导致的规则不执行问题,需要加强区域执行机构之间的合作。加强区域执行机构之间的合作,主要应从以下几方面做出努力:

1. 建立健全区域执法合作领导和协调机制

改善区域执法合作机制,首先想到的是领导体制和协调机制问题。影响区域执法合作的关键因素,归根结底是利益问题。利益冲突的解决与消除需要一定的领导和协调机制。(1)建立中央区域执法合作指导机构。参与合作的各个区域是平行的,不存在谁领导谁的问题,缺乏一个权威的领导机构。但是,在各地方政府之上,存在一个中央政府;在各地方执法机构之上,存在对应的中央执法机构。在中国全国统一大市场的形成过程中,区域市场的形成是一个必经的阶段,在这个阶段,执法的区域合作显得极其重要。中央执法机构应当主动适应这种要求,在内部设置专门负责区域执法合作的指导机构。其主要职责包括:a.指导各本领域区域的执法合作;b.对本领域的区域执法合作协议进行备案;c.协调本领域的区域执法争议和其他争议。(2)建立省级区域执法合作领导机构。参与合作的各区域虽然是平行的,但其内部存在有不同层级的执法机构,这些执法机构之间存在上下级关系。这样,可以在省级执法机构内部建立区域执法合作领导机构。其主要职责包括:a.负责区域执法合作的日常事务;b.订立区域执法合作协议;c.指导和监督下级机构履行执法合作义务;d.协调与其他区域成员的执法争议和其他争议;e.将自身无法解决的执法合作事宜报请上级执法机构或本级政府协调解决。

通过建立这两类机构,使执法合作机制有了建立的平台,在这个平台上,通过合作各方的谈判、信息交流,以及上级执法机构对下级执法机构的指导、监督等,区域执法合作就有了初步的保障。

2. 发达地区率先垂范

对于执法合作的积极意义,每个区域成员都有充分的认识,因此都很赞成。但实施起来却是另一回事,大家都希望别的地区合作,自己坐享收益,结果是合作停留在口头上、纸面上。这里存在一个谁先行动的问题,第一个行动的,面临其他成员不合作的风险。在长三角地区,各地经济发展水平相当,相互之间联系紧密,执法合作需求多,已经形成了比较好的执法合作。但在有些地区,如"泛珠三角"地区,区域经济发展极度不平衡。有人说"'泛珠三角'的适时问世,意图之一就是把区内不同发展层次的地区'圈到'同一起跑线上,尤其是让次发展地区在合作框架中提升发展的起点,增加发展的机遇,由此来体现'发展权力平等'的思想,因而具有重要的观念创新意义。"①这种观点是站不住脚的。区域发展差异并不因实行区域合作就消除了。区域内发展的不平衡,落后地区就没有率先行动的能力和动力,只有经济领先地区才具有率先行动的能力和动力。香港、澳门属于特殊的法域,其与内地九省区的执法合作具有一定的特殊性,目前不是困扰"泛珠三角"执法合作的核心问题。"泛珠三角"区域执法合作的核心问题是内地九省区的执法合作问题。在内地九省区中,广东经济一枝独秀。执法合作是为经济服务的,广东也能从执法合作中取得更多的利益,因此,应当在执法合作中承担更多的责任。

以前述劳动执法为例,如果广东严格执行劳动法,其他地区没有跟着行动,在初期,会有一些把利润建立在血汗工资基础上的企业迁移或者倒闭,似乎会对广东经济造成一定的损失。但是,一方面,发达的广东有能力承受这种损失;另一方面,也是更重要的是,广东可以以此为契机进行产业的升级换代。这样,广东既可以继续保持经济领先,良好的劳动环境可以吸引更

①　林有能:《社科界的 9 + 2:联动与合作——"泛珠三角"区域九省区社科联负责人联席会议纪要》,《学术研究》2004 年第 9 期。

多优秀的劳动者,形成良性循环,又取得率先行动的美名,赢得其他地区的合作。但是,令人遗憾的是,前广东省委书记张德江虽然高屋建瓴地提出了建立"泛珠三角"经济合作区的天才构想,但广东显然不愿意为推进合作承担更多的义务。相反,我们更多的看到是这样的论调:"根据深圳、东莞、广州等地外来劳动力总数字应在1500万人左右,如果每一个劳动力一年寄回3500元到流出地,总金额可达500亿元,相当于湖南、江西、四川等几个省一年财政收入的总和。……可想而知,珠三角地区对外来劳动力流出地的经济贡献。"[1]这种资本家养活工人的论调显然不利于广东承担更多的义务,这样,"泛珠三角"区域执法合作难以深入开展,而不通过良好的执法合作来打破行政垄断和地区封锁,区域经济合作就会沦为空谈。

3. 建立健全区域执法合作的信誉机制

不管执法合作的实际情况如何,至少从观念上、舆论上,区域内各成员都赞成执法合作,谁都希望博得真诚合作的美名,谁也不愿意背上不合作、破坏合作的恶名,这就为建立执法合作的信誉机制创造了条件。通过建立执法合作的信息公开、交流平台,使真诚合作的执法单位获得良好的信誉,从而赢得其他执法机构的信任和合作;使不合作或者破坏合作的执法单位受到舆论的压力,从而转向寻求合作。(1)建立区域执法合作网页,将一些典型的、成功的执法合作案例和经最高执法机构认定的、典型的不合作案例予以公开,褒扬合作,谴责不合作;(2)加强执法机构之间的信息通报,各成员可以将其他地区拒不合作的典型案例提交每年一次的执法合作联席会议讨论,以促成合作;(3)建立执法合作"白名单",各成员可根据其他成员配合执法合作的机构建立"白名单",使良好合作行为能够形成良好声誉,赢得更多的合作;(4)加强执法合作的舆论监督,通过报纸、电视、网络等媒体宣传执法合作,曝光不合作或者阻碍合作的行为。

---

① 马春辉:《泛珠三角区域经济合作研究》,《上海经济研究》2005年第1期。

第四节 非政府组织建设与宏观调控中的政府信用意愿

一、非政府组织

(一)非政府组织的含义和特征

非政府组织(Non - Governmental Organization,简称NGO),又称"第三部门"是指政府(第一部门)、企业(第二部门)以外的非营利性的社会组织。它包括各种非营利的基金组织、行业协会、社会福利组织、社区服务组织、志愿者组织以及形形色色的社会团体。这些组织涉及的领域包括环境保护、扶贫开发、权益保护、社会福利、社区服务、公益信托、经济中介、慈善救济、医疗卫生、教育科研、文化艺术、国际交流等。

与政府和企业相比较,非政府公共组织呈现四大主要特点是:(1)民间性,非政府组织是民间机构,在组织机构上与政府相分离,其活动经费自筹,不由财政拨付①;(2)自治性,非政府组织依照自治章程自主开展组织的活动,不受政府的非法干涉;(3)非营利性,非政府组织不以营利为目的,不得为其组织者、活动者谋取利润,但可以为其成员谋求共同利益;(4)特定目的性,非政府组织的成立都必须具有某种特定的目的,该目的构成对非政府组织行为的基本约束,非政府组织只能从事与其特定目的相关的活动。有人还指出非政府组织具有志愿性(所有成员皆自愿参加)和公益性(只能为了公益目的设立)的特点。② 笔者认为,这与实际并不相符。就志愿性来说,有许多协会是强制入会的,如根据《律师法》的规定,所有执业律师都是律师协会的会员,必须缴纳会费,就不具有自愿的特点;就公益性来说,许多非政府组织是特殊利益集团的代表,他们为特殊利益集团服务,并不具有公

---

① 在非政府组织发展的初期,政府为了扶持非政府组织发展,可以对某些非政府组织给与少量财政支持,但一旦发展成熟,就应当停止资助,以避免非政府组织对政府形成依赖而丧失独立性,成为"第二政府"。

② 参见应松年、马庆钰主编:《公共行政学》,中国方正出版社2004年版,第96页。

益性。

（二）非政府组织的产生原因

在政府—市场二元结构中，企业提供私人产品，政府提供公共产品，本没有非政府组织活动的舞台。但在私人组织和政府的长期博弈中，出现了两种现象，一是政府权力向社会让渡与回归，即权力的社会化；二是私人为了寻求共同利益，结成利益集团。权力社会化催生了非政府组织，而私人利益集团的代言人正是各种非政府组织。分述如下：

1.权力社会化

人类群居生活，需要有公共机构提供公共产品，于是有了政府等公共机构。但是，公共机构一旦形成，就成为一种异己力量。"他们（人们）不能以自己的名义来保护自己的阶级利益……一定要别人来代表他们。他们的代表一定要同时是他们的主宰，是高高站在他们上面的权威，是不受限制的政府权力。"①随着时代的发展，这种权力异化的状况必将改变，权力必将向社会回归。19 九世纪末 20 世纪出，"随着市场经济的发展，国家与社会一体化的局面逐渐被打破，与国家相对分离的民间社会和社会多元化格局逐渐形成，政府的权力与能力已难以及时地、全面地满足人民日益增长的经济与文化多样化的需要和参与政治、监控国家权力的日益增长的权利要求，政府负担过重，迫使它不得不通过委托或授权，将一部分国家权力'下放'给相关的民间社会组织行使。这样就开始了国家权力向社会逐步转移或权力社会化的渐进过程。"②"所谓政府权力社会化就是政府权力逐步退出社会，政府收缩管理范围将一部分职能交由社会承担的过程。……政府权力社会化作为行政改革的一个基本趋向，在中国及西方发达国家间有着普遍的共识，只不过西方进行得较早，较为深入。"③作为政府权力社会化的一种结果，就是出现了大量的非政府组织，由它们来行使从政府分出来的职权。

---

① 《马克思恩格斯选集》第 1 卷，人民出版社 1995 年版，第 677 页。
② 郭道晖：《权力的多元化与社会化》，《法学研究》2001 年第 1 期。
③ 孙开红：《中国政府权力社会化的障碍分析》，《枣庄师范专科学校学报》2002 年第 4 期。

2. 利益集团的形成和发展

所谓利益集团，又称压力集团，"它们是一些由一定数量的人组成的集合体，这些人群各有自己的利益和目标，并希望按自己所需要的方向去影响国家及地方政府的决定。"①利益集团与政党一样，有自己的利益、组织和主张，但与政党不同的是，它们追求的是经济利益，并不想亲自参加国家的政治活动，而是企图用自己的能量影响国家的法律以及行政机关政策的制定和执行。利益集团五花八门，种类繁多，根据龚祥瑞先生的研究，可以分为三类，一类是以某种直接的经济利益为目标的集团，如行业协会、劳工集团、消费者协会等；第二类是以促进社会公共事业为目的的集团，如民权组织、环保组织、野生动物保护组织等；第三类是某种特殊的社会集团，如妇女集团、种族集团等。以上三类集团中，最活跃、力量最强、对政治影响最大的是第一类。② 利益集团是随着生产的社会化、国家干预经济的发展而产生和发展起来的。"政府职能增多，干预面扩大，就要涉及到人们的切身利益，而有共同利益的人们，就要组织起来进行'自卫'，从而他们也会发现自己已成为某项立法或政策的牺牲品或者受惠者。个人力量是不足以使政府低头的。于是社会上便出现了各种具有共同利益的人群集团，而各集团的竞争又促进了各集团的发展，因而压力集团便如雨后春笋般地兴盛起来了。从历史的角度看，政府政策最先涉足的领域，也是压力集团出现最早的领域；从现实看，政府干涉得越多的地方，也是压力集团活动越活跃的地方。压力集团的产生和发展，都与政府职能扩大有关，越是国家权力涉及的地方，就越有可能出现压力集团。"③利益团体的主要作用对象是议会和政府，谋求的是有利于本集团利益的法律和政策。

我国长期对利益冲突持排斥态度，强调个人利益服从集体利益、集体利益服从国家利益、局部利益服从整体利益，也拒绝承认利益集团的存在。但1988年党的十三届一中全会工作报告改变了这种状况，该报告中提出："在

---

① 前引龚祥瑞：《比较宪法与行政法》，第292页。
② 前引龚祥瑞：《比较宪法与行政法》，第293页。
③ 前引龚祥瑞：《比较宪法与行政法》，第294—295页。

社会主义制度下,人民内部仍然存在着不同利益集团的矛盾。"这是我国首次在正式文件中认可中国存在利益集团。

二、非政府组织对宏观调控中的政府信用意愿的影响

(一)非政府组织对政府信用意愿的影响

从前面对非政府组织的产生和发展中可以看出,非政府组织对政府信用意愿产生两个方面的影响:一是非政府组织对政府行为形成制衡,敦促政府守信;二是非政府组织也可能对政府信用意愿造成负面的影响。

1. 非政府组织对政府信用意愿的积极影响

美国斯坦福大学的阿夫纳·格雷夫(Avner Greif)将博弈论与历史经验归纳性分析相结合,建立了关于欧洲中世纪商人行会与政府信用的模型,该模型深刻地揭示了非政府组织对政府的制衡作用和由此导致的政府守信意愿。欧洲中世纪的商人是一个新兴的阶层,他们往来于各个城邦之间从事贸易,他们的利益得不到世俗法律的保护,很容易遭受城邦统治者的侵犯。在此过程中,来自同一国家的商人逐渐组成自己的行会,一旦有会员受到某城邦侵犯,行会所有成员对该城邦实施禁运,从而使城邦遭受损失,为了避免商人行会对城邦的抵制,城邦统治者不得不对商人讲信誉,保护商人的利益。[①]

阿夫纳·格雷夫的政府信用模型在现代社会仍有广泛的应用和推广价值。例如,前文提到的劳动执法问题,如果成立了强有力的劳工保护组织(工会),对不严格保护劳动者的地区实行抵制,则地方政府为了避免工会组织的劳工的集体抵制,必须严格执行劳动法,履行其保护劳动者利益的承诺。

2. 非政府组织对政府信用意愿的消极影响

非政府组织均为特定目的而设,在特定领域中维护某种特殊利益。它

---

① See Avner Greif, Milgrom Paul and Weingast Barry. R, 1994. "Coordination, Commitment, and Enforcement: The Case of the Merchant Gild" journal of Political Economy, Vol. 102, No. 4, pp. 745 – 776.

们可以成为敦促政府守信的力量，也可以成为阻碍政府守信的力量。例如，利益集团通过游说政府不执行或停止执行对其不利的法律便是如此。

(二)非政府组织对宏观调控中政府信用意愿的影响

宏观调控是政府对社会资源的再分配，始终是非政府组织特别是各种利益集团角逐的对象。非政府组织对宏观调控中政府信用意愿的影响也包括积极和消极两个方面。

1.积极方面

宏观调控政策的形成过程，是各种利益集团博弈和妥协的过程，政府在宏观调控中制定的规则和做出的承诺，被受益的利益集团视为其争取到的成果，他们必将为保守该成果而促使政府执行规则和履行承诺，政府在利益集团的各种有形或无形的压力威迫下，执行规则和履行承诺成为最优选择。

2.消极方面

不仅宏观调控政策的形成是一个利益博弈的过程，宏观调控政策的执行同样是一个利益博弈的过程。有的利益集团有能力促使政府制定有利于本集团的宏观调控政策，却没有能力保证规则得到执行；有的利益集团在宏观调控政策制定时处于不利地位，但在政策执行时却有足够的力量阻碍政策的执行。因此，非政府组织特别是各种利益集团也常常成为阻碍政府在宏观调控中守信的因素。

三、我国转型时期非政府组织存在的主要问题

改革开放以来，我国的非政府组织迅速得到发展，并在维护劳工权益、保护消费者权益、保护环境、促进产业发展、促进民营经济发展等方面发挥了很大的作用。但总的看来，我国的非政府组织才刚刚起步，不仅数量少，而且存在许多先天性的问题，导致动力不足，活力不够，作用有限，远远不能适应市场经济发展的需要。

(一)独立性差

我国现有的非政府组织大多数是自上而下的组织，一般是借助于政府的力量自上而下建立起来或者干脆本身是由政府机关演变而来。他们从成

立开始就与政府有着千丝万缕的联系,对政府的依附性很强,没有形成自己独立的品格,未成为独立于政府和企业的第三部门,而是成为事实上的"第二政府"。例如,一些行业协会就成为了政府管理行业的组织,而不是维护行业利益的行业自治组织。这样的非政府组织不可能对政府权力形成制约,也就不可能起到促使政府守信的作用。

(二)经费严重不足

非政府组织的经费来源主要有两个渠道,一是会员缴纳的会费;二是社会捐助。前者主要是特殊利益团体,由于它使团体成员的利益得到保护,成员自觉入会并缴纳会费;后者主要是社会公益机构,能够得到社会各界的捐助。但我国的非政府组织主要是由政府机构演变而来,或者在政府权力庇护下建立起来的,它们缺少通过以上两个渠道获取经费的能力。在政府机构改革前,一些自上而下的组织主要依靠政府提供的拨款维持。机构改革后,政府的财政收支形势发生了变化,能够提供的拨款数量大幅下降,政府鼓励非政府组织在财政上争取独立和自负盈亏,这样,经费不足的问题就凸显出来,并成为制约我国非政府组织发展的重要因素。

(三)强势利益集团与政府联姻

我国转型时期以经济建设为中心,发展经济摆在一切问题的首位,其他利益在发展经济面前都要让步。这样,劳工利益、消费者利益、环境利益等都没有得到足够的重视和保障。在这种大背景下,一些经济上的强势利益集团由于掌握发展经济的重要资源,很容易得到政府的支持,这样他们的利益和意志很容易就转化为政府的政策。例如,为发展经济污染环境、侵害劳动者权益,一些地方保护假冒伪劣产品,损害消费者利益,地方政府与开发商共同推动房价上涨,等等。政府不执行环境保护、劳动者保护、消费者保护等法律法规,违背规则信用,成为强势利益集团的工具。而强势利益集团成员从利益集团中得到了好处,更加强了利益集团的建设。相反,一些弱者保护组织、公益保护组织由于力量弱小,起不到保护成员或公共利益的作用,或者干脆成为政府的附庸,成为政府管理弱者而不是保护弱者的工具。

这样一种非政府组织的发展局面显然违背了非政府组织作为社会化权

力的初衷,起不到制约政府、保护弱者和社会公共利益的作用。相反,加剧了转型时期的社会矛盾,异化了转型时期的宏观调控政策,不利于维护宏观调控中的政府信用。

四、加强非政府组织建设的构想

(一)增强非政府组织的独立性

非政府组织是民间组织,不是政府部门,只有独立于政府存在,非政府组织存在的价值和意义才能彰显。我国的非政府组织很多是从政府部门脱胎而来,与政府有着亲近的血缘关系,带有明显的官方色彩。要改变这种局面,必须使非政府组织与政府彻底脱钩,从人、财、物诸方面都彻底脱离政府。非政府组织在法律允许的范围内实行高度自治,除了接受管理部门依法进行的管理外,不承担政府职能,不受政府的非法干涉。政府也应当尊重非政府组织的自治权,不对其进行非法干涉。[①]

(二)强化非政府组织活动的特定目的性

非政府组织都是为特定目的建立的,只有服务于特定目的,其才有存在的价值和生存的空间。例如工会,是劳动者的自我保护组织,只有保护劳动者的利益,才能得到劳动者的拥护,也才有存在的价值。但现在一些工会,主要成了企业管理、控制劳动者的工具,自然就得不到劳动者的拥护,其存在的意义也就没有了。再如行业协会,必须是谋求行业成员的共同利益,基于维护共同利益的目的规范行业,而不是政府管理行业的工具。只有这样,行业内的企业才有加入协会、自觉缴纳会费、接受协会约束的动力。也只有这样,非政府组织才能筹得其发展必要的经费。

(三)扶持保护弱者和维护公益的各种非政府组织

实践证明,强者更容易走向联合变得更强,而弱者比强者更需要联合,但却往往难以组织起来。这样,非政府组织就会畸形发展。为了扭转这种

---

① 当非政府组织发展成熟以后,就具有抵御政府非法干涉的能力,倘若非政府组织连抵御政府非法干预的能力都没有,又怎么谈得上对政府权力进行制衡呢? 但在转型时期,非政府组织尚不具有这种能力,所以需要政府自觉克制。

局面,政府必须鼓励、扶持各种维护弱者和社会公益的非政府组织。鼓励和扶持的办法包括提供财政补贴、给予表达意见的平等机会等。就宏观调控来说,政府采取宏观调控政策,不能只听取强势利益集团的意见,而必须听取各种受影响的团体的意见。

(四)推进非政府组织的法治化进程

完善的法律制度是非政府组织健康发展的重要保障。首先,必须明确划定政府与非政府组织的权力(利)边界,明确非政府组织的自治权,防止政府对非政府组织的非法干预;其次,规范非政府组织的组织和行为,使其真正成为服务于特定目的的自治组织,防止其滥用自治权造成对成员利益或社会公共利益的侵害;第三,制定相应规则对弱势利益集团予以扶助、对强势利益集团予以限制,使各种利益集团在公共政策的形成过程中享有平等的参与权、意见表达权。

第五节 本章小结

转型时期宏观调控中出现的政府失信现象,如政策多变、政策不执行、不为实现事先宣布的目标采取措施、承诺不兑现、言行不一致等,均与政府信用意愿缺失有关。导致政府信用意愿缺失的根本原因是执行规则或者践行承诺不符合政府的利益,具体来说,包括五个方面:(1)政府目标的多重性,因多重目标之间相互矛盾而失信;(2)宏观调控的尝试性,因调控目标或手段不当而改正,不能贯彻规则和信守承诺;(3)时间不一致,因执行宏观调控政策不再是政府的最优选择而改变宏观调控政策;(4)地区不一致,因执行中央政府或上级政府制定的规则不符合执行者所代表的地方利益而不执行中央政府或上级政府制定的规则;(5)人的不一致,因执行规则不符合执行者的利益而不执行规则。

宏观调控法治化是矫治宏观调控中政府信用意愿缺失的首要办法。法治化赋予宏观调控正当性和合法性,而合法性本身能刺激政府的守信意愿;法治化加大了政府失信的成本,使政府守信成为政府的占优策略,从而有利于促使政府守信。宏观调控法治化是法治社会的基本要求,是必要的,也是可能的。虽然宏观调控法治化面临一系列的困难,但这些困难并不构成否定宏观调控法治化的正当理由。实现宏观调控法治化需要建立一系列的法律制度,这主要包括:制定宏观调控基本法,使宏观调控基本规则法定、长期稳定的宏观调控规则法定、宏观调控责任法定,并建立宏观调控中的国家赔偿和补偿制度;实行重大临时性调控措施法定,规范重大的相机抉择行为;保持宏观调控法的弹性和建立"良性违法"制度,以防止宏观调控法的僵化对宏观调控的不当约束,鼓励制度创新。

与财政联邦主义相适应,按照财权和事权适当分开的原则,实行宏观调控的中央执行机构和地方执行机构分立制度,建立中央执行机构和地方执行机构分别执行中央事务和地方事务,同时在地方政府之间,要建立规则执行合作机制,以减少和消除地区不一致导致的宏观调控政策难以执行的问题,提升地方政府的守信意愿。

随着社会化的发展而得到蓬勃发展的非政府组织,是政府权力的重要制约力量。在政府的宏观调控过程中,各种非政府组织,特别是各种利益集团异常活跃,它们对于促使和监督政府守信具有重要作用,但同时也可能成为阻碍政府守信的因素。充分发挥非政府组织的积极作用、抑制其消极影响是非政府组织建设中必须解决的问题。在转型时期,非政府组织未得到充分发展,且已有的发展极不均衡,需要政府加以鼓励、扶持和规范。其中,加强非政府组织的独立性,规范强势利益集团的活动、扶持弱势团体的发展是其中的核心,因为只有这样,才能使非政府组织对政府形成有效制约,促使政府守信;才能避免政府被强势利益集团"俘获",防止强势利益集团妨碍政府守信。

第八章 宏观调控中地方政府
信用制度建设及其法治保障

第一节 宏观调控中地方政府与中央政府
的博弈及其对政府信用的影响

一、宏观调控中地方政府与中央政府的博弈

(一)转型时期地方政府的角色定位

根据公共选择学派的观点,地方政府也是追求自身效益最大化的"经济人"。不过,在不同时期,地方政府的最大效益是不同的。在传统的中央集权的计划经济体制下,地方政府既没有相对独立的经济利益,也没有可供自主支配的社会经济资源,因此,他们只是被动地接受和执行中央政府的指令性计划,以完成上级的任务为目标,其最大化目标是严格执行中央政府的指令性计划,计划完成得好,政绩得到肯定。但自20世纪80年代初开始经济体制改革以来,中央政府逐渐将一部分经济决策权移交给地方政府。从投资决策权下放、中央计划管理物资品种减少到中央与地方共享的财政与税收体制,走过了一条中央政府与地方政府权力与利益调整的"此消彼长"的改革道路。① 随着放权让利改革的深化以及"分灶吃饭"财政体制的实施,地方政府被赋予了具有较强独立性的经济利益。这样,地方政府在整个社

---

① 杨建荣:《宏观调控下中央与地方关系的调整》,《财经研究》1996年第3期。

会政治经济体系中的主体地位的也发生了变迁,即他们既是中央政府在一个地区的行政代理人,又是地方经济利益的代表。

作为政府机构,地方政府必须以完成政治任务、追求政绩最大化为目标。在市场化改革后,地方政府的政绩考核标准发生变化,更加注重发展地方经济、保障和增加对中央的财税贡献、积极稳定当地经济社会生活秩序,等等。这可以用来解释地方政府为什么普遍片面追求 GDP 的增长、大搞各种形象工程、政绩工程等。

作为地方经济利益的代表,地方政府把追求本地经济利益的最大化作为一个重要目标。财政分权使地方政府的各种利益与地区经济发展的相关性大大提高。地区经济发展了,才能为地方财力提供基础,为地方政府实现其劳动就业、社会福利、改善公共环境、维持地区社会稳定等创造条件,也为地方官员职位升迁等提供机会。对处于工业化和城市化进程中的中国而言,经济增长首先表现为数量增长,这决定了各地政府也将追求经济增长的目标放在以数量为特征的指标方面,"把蛋糕做大"的欲望强烈,试图通过规模扩张解决各种矛盾,缓解和消化当地经济社会发展中的各种问题,即增加财政收入,缓解就业压力,增加社会福利等。

地方政府的双重使命使其行为的目标函数也具有了双重性,既要考虑政治因素,在任期内追求政绩最大化;又要考虑经济因素,在任期内追求本地区经济发展的最大化。在实践中,理性的地方政府往往优先考虑地区局部利益和眼前利益,由此难免与中央政府的目标函数发生矛盾冲突。各级政府经济行为总要受其偏好或者目标函数的制约,目标函数的不同,也就有不同的行为选择,从而形成地方政府与中央政府之间的博弈关系。

由于地方政府有了区别于中央政府的独立利益,在宏观调控中,地方政府就不会自觉地、盲目地响应中央政府的宏观调控政策,而是要对该政策是否有利于本地区的利益进行考量。如果该政策符合本地区利益,就积极响应并配合执行;如果该政策不符合本地区利益,就消极应付、曲解变通,甚至公然对抗。如有学者在探讨 2003 年及其后几年中央政府抑制经济过热的宏观调控政策未能取得明显成效时指出:"地方政府出于地方利益考虑,对中央抑制经济增长的政策往往采取规避甚至抵制的态度。经济过热的一个重要原因不仅是某些地方政府不惜代价追去发展速度的惯性行为的结果，也是中国特定政治周期在经济领域的一个反映。"①

（二）宏观调控中地方政府与中央政府博弈的方式

1. 宏观调控执行权的不正当行使

中央政府的有些宏观调控政策依赖地方政府执行。但地方政府的利益与全局利益并不完全一致，地方政府追求的是本地利益的最大化。这样，在对中央政府的宏观调控政策的执行上，地方政府就会根据本地利益进行考量，符合本地利益的就执行，不符合本地利益的就不执行，有的甚至任意对中央政策做出不合理的变通。② 齐建国在考察 2005－2006 年中央一些宏观调控政策没有充分落到实处的原因时指出，"地方政府对中央政府的决策响应度不高，甚至逆向行动，是宏观经济调控政策绩效不理想的重要原因。"③

以我国房地产市场的宏观调控为例，面对连续多年房地产价格的持续上涨，中央政府自 2003 年起出台一系列政策措施进行调控：（1）2003 年 4 月中国人民银行下发《关于进一步加强房地产信贷业务管理的通知》。规定对购买高档商品房、别墅或第二套以上（含第二套）商品房的借款人，适当提高首付款比例，不再执行优惠住房利率规定。（2）2003 年 8 月，国务院发布《关于促进房地产市场持续健康发展的通知》（简称"18 号文件"），将房地产业定位为拉动国家经济发展的支柱产业之一，明确提出要保持房地产业的持续健康发展，要求充分认识房地产市场持续健康发展的重要意义，要根据城镇住房制度改革进程、居民住房状况和收入水平的变化完善住房供应政策，调整住房供应结构，增加普通商品住房供应，加强对土地市场的宏观调控，对于高档、大户型商品住房以及高档写字楼、商业性用房积压较

---

① 柴青山：《宏观调控中的地方政府责任》，《21 世纪经济报道》2006 年 9 月 11 日第 29 版。
② 参见杨明灿：《地方政府行为与区域结构》，《经济研究》2000 年第 11 期。
③ 齐建国：《2005－2006 年宏观经济调控政策分析——兼对中央政府和地方政府关系的思考》，《学习与探索》2007 年第 1 期。

多的地区,要控制此类项目的建设用地供应量,或暂停审批此类项目。(3)2005年3月,中国人民银行决定调整商业银行自营性个人住房贷款政策。宣布取消住房贷款优惠利率;对房地产价格上涨过快的城市或地区,个人住房贷款最低首付款比例可由现行的20%提高到30%。(4)2005年3月,国务院出台《国务院办公厅关于切实稳定住房价格的通知》(简称"老国八条"),提出八点意见稳定房价。(5)2005年5月,国务院办公厅发出通知,转发建设部等七部委《关于做好稳定住房价格工作的意见》(简称"新国八条"),要求各地区、各部门要把解决房地产投资规模过大、价格上涨幅度过快等问题,作为当前加强宏观调控的一项重要任务。(6)2005年10月,国家税务总局发布了《关于实施房地产税收一体化管理若干具体问题的通知》(国税发[2005]156号),文件正式明确了个人买卖二手房,必须交纳个人税。(7)2006年5月,国务院做出《关于调整住房供应结构稳定住房价格的意见》(简称"国六条"),提出六项措施调控措施。……但结果却是房价越调控越涨。中央政府如此众多的宏观调控措施没有能够及时控制住房价的上涨速度与房地产市场泡沫的急剧膨胀,究其原因,固然是多方面的。但地方政府在执行上的不配合是其中的主要原因之一。房地产的价格上涨给地方带来巨额的财政收入,控制房地产价格不符合地方政府的短期利益。因此,各地方政府都强调本地的房地产市场不存在过热的现象,不需要采取特别措施进行调控,对中央政府的宏观调控政策不执行,如不按中央政府要求增加土地供应,从而使中央政府的调控政策无法得到执行。

2008年,席卷全球的金融危机爆发,中央政府为了保增长,对房地产转而采取鼓励和优惠政策。此时,地方政府均纷纷响应。正如有的学者所说,"当中央政府实行扩张性的宏观调控政策时,地方政府会积极配合;当中央(政府)实行紧缩性政策时,地方(政府)就不愿意配合,甚至消极对待,出现'上有政策,下有对策'的现象。"[①]2010年,面对疯长的房价,民怨鼎沸,中

---

① 钟晓敏、叶宁、金戈:《中国经济宏观调控中的地方政府行为选择》,《财贸经济》2007年第2期。

央政府在间接调控措施无效的情况下,终于"痛下杀手"。2010 年 4 月 17 日国务院发出《关于坚决遏制部分城市房价过快上涨的通知》,启动了直接的行政手段来抑制房价。

2. 做出与中央政府不一致的宏观调控决策

财政分权之后,地方政府有责任、也有权力对本地经济进行调控。由于地方政府有区别于中央政府的独立利益,地方政府的这种调控就可能挑战中央宏观调控的权威性和统一性。当中央政府从全局角度进行的宏观调控不符合本地利益时,就会制定出与中央政府宏观调控政策相左的地方调控政策,搞"上有政策,下有对策"。如在经济过热、中央加强宏观调控时,很多地区都不承认本地区经济过热,想方设法保持较高的速度,继续做出鼓励投资的经济政策。有学者研究指出,"2003 年的固定资产投资膨胀主要是地方政府主导的过热。一方面,地方政府的投资明显增加;另一方面,不择手段地招商引资,积极支持地方企业加快发展。"①地方政府对中央政府宏观调控政策的对抗,使得中央政府的宏观调控政策大打折扣,削弱了中央宏观调控的能力,影响了宏观调控的绩效。

二、宏观调控中地方政府与中央政府博弈对政府信用的影响

(一)降低了中央政府宏观调控政策的可信性

地方政府从地方利益出发,与中央政府博弈,对法律与政策从地方的利益角度进行衡量,有选择的执行、歪曲执行或者干脆不执行,或者制定与中央政府不一致的宏观调控政策。这样,中央政府的宏观调控政策和措施的绩效就会被削弱,其可信性也就大打折扣。具体说来,体现在以下几个方面:

1. 总量调控的政策被弱化

中央政府宏观经济政策的基本目标是实现总供给和总需求的平衡,中央政府为了实现总供给和总需求的平衡,需要采用总量控制的方法。但是,

---

① 武少俊:《2003 - 2004 年宏观调控:地方与中央的博弈》,《金融研究》2004 年第 9 期。

中央政府的总量控制政策常常被地方政府发展本地经济的热情和冲动所突破,总量调控政策被弱化,调控目标难以实现。

2.产业结构调整的政策被弱化

为了优化产业结构,中央政府采取一系列的产业政策。但这些政策大多被地方政府的调控措施弱化。在转型时期,地方政府担负了引导本地经济发展的任务,它实际上掌握了辖区内产业布局的主导权,为了推进当地经济发展,他们努力发展各种产业。在自然禀赋、技术条件等基本相同的情况下,对甲地区来说是有利可图的项目,对乙地区来说同样是有利可图的项目。这样,在各地地方政府的推动下,各地经济结构趋同,形成大量的重复建设工程,使中央关于产业布局的规划落空。

3.培育全国统一大市场的政策被弱化

培育全国统一的大市场是转型时期中央政府担负的重要使命。从总体上来说,建立全国统一的大市场,可以提高资源配置的效率,促进整个国民经济的发展。但是,资源总是稀缺的,对地方政府来说,将稀缺的资源留在本地,是有利于本地经济发展的。而地方政府又有能力采取一定的措施将稀缺的资源留在本地。这样,地方政府就不可能不利用其权力实行各种形式的地区封锁和地方保护主义。地方政府运用行政机制维护本地区经济利益和企业利益的地区封锁和地方保护主义行为人为分割了市场,妨碍了市场竞争,损害了市场效率,阻碍了全国统一大市场的形成,影响了国民经济又好又快地发展。

2006 年在湖北省汉川市曾发生一幕市政府下达喝酒任务的闹剧。市政府要求各单位公务接待使用"小糊涂仙(神)"系列酒,并给各单位下达了"喝酒任务"。[①] 据文件制定者解释,并不是鼓励大吃大喝,而是根据各单位往年公务接待支出的实际,鼓励各单位使用本地产的酒用于公务接待。这只是形形色色的、千奇百怪的利用行政权力搞地方保护主义、分割全国统一

----

① 胡成等:《湖北汉川市政府下达喝酒任务指标为 200 万元》,《楚天都市报》2006 年 4 月 6 日。

大市场中的一则典型事例而已。

(二)降低了地方政府的信用度

不执行中央政府的宏观调控政策,违背了下级服从上级的组织原则,可能面临来自中央政府的惩罚;即使没有受到惩罚,其行为也因缺乏正当性、合法性而饱受非议,对地方政府的信用度影响极大。另外,违背中央政府政策所采取的经济调节措施,随时面临被废止的厄运,可信度极差。前些年查处的江苏"铁本事件"就是典型例证。2002 年初,江苏铁本钢铁有限公司(简称"铁本")筹划在常州市新北区魏村镇、镇江扬中市西来桥镇建设新的大型钢铁联合项目。该项目设计能力 840 万吨,概算总投资 105.9 亿元人民币。2002 年 5 月,铁本公司法人代表戴国芳先后成立 7 家合资(独资)公司,把项目化整为零,拆分为 22 个项目向有关部门报批。钢铁项目属国家宏观调控的重点产业项目,有一套比较规范的审批机制。可以说,能否获得立项审批是铁本项目上马的关键。2002 年 9 月至 2003 年 11 月,常州国家高新技术产业开发区管委会、江苏省发展计划委员会、扬中市发展计划与经济贸易局先后越权、违规、拆项审批了铁本合资公司的建设项目。在"审批程序"完成之前,铁本在 2003 年 6 月就进入现场施工。在国务院的干预下,2004 年 3 月,江苏省政府责令其全面停工。

三、地方政府的宏观调控权

(一)地方政府宏观调控权的内容

如前所述,地方政府享有宏观调控权。省级地方政府的宏观调控权包括完整的宏观调控权三项权能:一是宏观调控决策权,即在分层调控结构中,省级地方政府可以根据法律规定制定本地经济发展规划,并采取法律允许的调控措施;二是宏观调控执行权,既包括对中央政府某些宏观调控政策在本地的贯彻执行,也包括对本级政府宏观调控政策的组织实施;三是宏观调控监督权,监督本级政府部门及下级政府对中央政府即本级政府宏观调控政策的执行、落实情况。省级以下的各级地方政府,只享有宏观调控执行权和宏观调控监督权,不享有宏观调控决策权。

(二)地方政府享有宏观调控权的意义

地方政府利用其享有的宏观调控权与中央政府博弈,即损害了中央政府宏观调控的绩效,又导致中央政府和地方政府的信用双双受损。那么,是不是地方政府不应当享有宏观调控权呢?对此,本文第三章在论述宏观调控权的纵向配置时,已有所回答,即中国地域广、地区差异大,需要授予地方政府引导促进本地经济发展的权力;从法律规定来看,地方政府的宏观调控权是法律授予的,具有合法性。这里再补充几点理由。

1. 从地方政府的角色定位、地方政府的职能来看,地方政府应当享有宏观调控权,否则,地方政府无法履行其职能。分税制使地方政府的利益得到承认后,各地区有了发展本地经济的积极性、紧迫性。但是,在市场经济条件下,政府对经济的管理从直接干预向宏观调控转变,如果不赋予地方政府宏观调控权,地方政府就欠缺促进本地经济发展的手段,只能采用直接干预的形式影响经济,这样不仅不利于政府职能的转变,也不可能对经济发展起到积极的促进作用。中国经济体制改革的一个突出特点,就是不当的放权,政府向社会放权、中央政府向地方政府放权。通过放权,地方政府取得了宏观调控权。这样,各地方政府就有了促进本地经济发展的基本权力和手段。

2. 地方政府享有宏观调控权可以调动地方政府的积极性,形成地区之间的竞争态势,这对于鼓励竞争与创新,促进国民经济发展具有积极的意义。各地政府为了推动本地经济的发展,在中央放权的情况下展开激烈的竞争,"八仙过海,各显神通"。激烈的竞争推动了地区经济发展,进而推进整过国民经济的发展,中国转型时期经济持续快速增长,正是在地方政府享有宏观调控权的条件下,在地区之间的竞争中取得的。

3. 地方政府享有宏观调控权有利于改善公共设施条件,提升政府公共服务水平,增进地方政府信用。优化投资环境,吸引外来投资,是地方政府促进本地经济发展最重要的措施。在吸引外来投资的竞争中,基础设施条件、政府公共服务水平、政府守信程度、社会经济环境等投资环境起着决定性作用。为了在激烈的争夺投资的竞争中胜出,各地方政府不得不改善公共设施条件,提升政府公共服务水平,重信守诺,以努力提供最理想的投资环境。

4. 地方政府享有宏观调控权有利于进行宏观调控的实验。转型时期的宏观调控,是一个试错、不断学习的过程。地方政府的宏观调控为中央政府的宏观调控提供了试验场,可以低成本地进行试错。哈耶克对这种试验的好处做了阐释:"地方政府的行动具有私有企业的许多优点,却较少中央政府强制性行动的危险。地方政府之间的竞争……在很大程度上能够提供对各种替代方法进行试验的机会,而这能确保自由发展所具有的大多数优点。"①

四、地方政府行使宏观调控权对政府信用的影响

地方政府行使宏观调控权,对中央政府和地方政府的政府信用均产生重大影响。这种影响包括积极影响和消极影响两个方面,分述如下:

(一)对中央政府信用的影响

1. 积极影响

(1)从政府信用能力来看,中央政府的能力是有限的,并不具有对各种社会经济问题针对各地特点制定和执行宏观调控措施的能力,如果将宏观调控权全部集中于中央政府,必将超出中央政府的能力,其宏观调控措施失当或难以执行将不可避免,从而导致中央政府失信。赋予地方政府一定的宏观调控权,使地方政府能根据本地区的实际情况恰如其分地在引导地方经济发展,使中央政府无需承担其能力范围以外的事项,有利于减少中央政府的失信行为。

(2)从政府信用意愿来看,赋予地方政府宏观调控权的实质是中央向地方分权,分权的必然结果是制衡。也就是说,由于地方政府有了宏观调控权,必然对中央政府的行为形成制约,这种制约包括对中央政府信用意愿的制约。中央政府的背信行为必然受到来自地方政府的抵制,从而加大其失

① ［德］弗里德里希·冯·哈耶克:《自由秩序原理》下卷,邓正来译,生活·读书·新知三联书店 1997 年版,第 16 页。

信的成本,促使其自觉守信。

(3)如前所述,在转型过程中,宏观调控过程也是一个试错过程,赋予地方政府宏观调控权,实际上也是将某些宏观调控措施先在地方实验,这样可以控制决策错误的损害,也避免决策错误造成对中央政府的信任危机。

2.消极影响

消极影响主要是指导致中央的宏观调控政策得不到有效的执行,宏观调控的绩效受到影响,从而影响中央政府的信用。

(二)对地方政府信用的影响

1.积极影响

从信用能力来说,赋予地方政府宏观调控权,也就增加了作为政府信用能力构成要素之一的权力。有了这种权力,地方政府能更好地履行其职能,职能履行的更好,其信用度自然也就更高。钱颖一和温加斯特认为,在经济转型过程中,中央给地方的分权使得中国地方政府的行为在一定程度上变得更加可信。① 从信用意愿来说,宏观调控作用的发挥,以政府信用为前提,授予地方政府宏观调控权之后,地方政府必然更加注重地方政府信用。否则,一旦失信,其宏观调控权就难以有效行使,在激烈的地区之间的竞争中就会居于劣势。

2.消极影响

(1)当地方政府为了本地区利益,利用手中的宏观调控权对抗中央政府的宏观调控政策时,不仅导致中央政府失信,也导致自身的失信,因为执行中央政府的宏观调控政策是其职能之一,不执行中央政府的宏观调控政策就是失职,失职是政府失信的主要表现形式之一。

(2)当地方政府滥用宏观调控权,随意制定或改变宏观调控政策或者无视自己的承诺时,是对受控主体的失信。

---

① See Qian,Yingyi and Barry R. Weingast. "Federalism as a Commitment to Preserving Market Incentives." Journal of Economic Perspect. Vol. 11. 1997(4). 83 – 92.

五、改善宏观调控中中央政府与地方政府关系、提升政府信用的制度设想

（一）正确评价宏观调控中地方政府与中央政府的博弈

1. 中央政府与地方政府的关系

自 2003 年中央政府的宏观调控政策遭遇地方各种形式的变相抵制以来，越来越多的学者注意到中央和地方的关系问题，"直接关系到中央宏观调控作用的发挥和整个社会的协调发展，如何正确处理中央与地方政府的关系成为当前亟待解决的重大问题。"①

尽管学者们对于如何构建处理中央与地方关系的具体制度规则见仁见智，但对于中央和地方关系的应然状态，观点基本一致："处理中央与地方关系，必须坚持统一性与灵活性相结合的原则。在我国，按照宪政结构设计，在由全局利益和局部利益所构成的国家整体利益格局中，中央政府与地方政府分别代表着中央全局利益和地方局部利益。一般来说，中央全局利益是整个社会公共利益的最直接最集中的体现，中央政府的主要目标是寻求全局利益的完整、统一和最大化，中央政府代表的全局利益就是整个社会的公共利益。按照单一制国家的制度要求，地方政府的主要职能在于通过自身的组织行为，在不损害整个社会公共利益或中央全局利益的前提下，努力谋求地方局部利益的最大化。地方政府在追求自身利益最大化的同时，有可能与中央政府实现整个社会公共利益最大化的目标产生冲突。因此，必须强调全局利益的统一性。但中央政府也应承认地方政府的正当利益，允许它们通过自己的合理合法的组织行为，结合本地的客观实际去实现自身利益的最大化。因此，有必要强调谋求地方局部利益的灵活性。"②

这种观点四平八稳，貌似正确，已经被重复了几十年。但实际上是经不起推敲的：首先，将中央利益等同于全局利益，继而等同于社会公共利益，是不正确的。中央政府有自己独立的利益诉求，这种利益诉求有时是全局利

---

① 刘华：《我国中央与地方政府关系问题研究》，《财政研究》2005 年第 8 期。
② 熊文钊：《处理央地关系的原则》，《瞭望》2005 年第 49 期。

益,有时是公共利益,有时是中央政府机关或部门的利益,有时甚至只是领导人个人的理想追求。在私人、政府、社会三元结构体系中,社会才是公共利益的最佳代表,将中央政府视为全社会公共利益的代表或者将中央政府的利益直接视为公共利益,是不恰当的,也是有害的。其次,既然中央政府代表的是全局利益或整个社会的公共利益,那么它就是高于一切的,地方政府除了遵守之外,别无选择,当两者出现紧张关系时,地方政府就应当无条件的服从中央政府的利益,这实际上等于否定了地方政府的独立利益诉求。最后,这种观点虽然强调处理中央与地方的关系应当坚持统一性与灵活性相结合的原则,但并没有回答在双方利益出现紧张关系时,是服从中央的统一性,还是照顾地方的灵活性。从其对中央利益与地方利益的界定来看,似乎是应服从中央的统一性。若果真如此,所谓的地方政府的灵活性,只是一句空话。

笔者认为,权力虽然有大小之分,但各有其作用范围,皆有边界,"大权力"并不能越界随意干涉属于"小权力"范围内的事,否则则属于越权。就利益来说,一切合法利益均体现为主体的权利,任何权利都应平等地得到法律的保护,无贵贱之分。权力之间的冲突和利益之间的冲突,源于法律对权力之间、权利之间的边界划分不清,出现权力之间、权利之间的交错、重叠、矛盾和冲突,或者权力与权利的冲突。解决权力冲突、利益冲突的最理想办法当然是通过完备、明晰的立法来彻底划清权力和权利的边界。但是,如前所述,社会关系是错综复杂的,而立法者的理性是有限的,不可能制定出完备的法律。为此需要建立相应的纠纷解决机制,包括纠纷解决的原则、具体规则、裁判者、裁判程序等。

下级服从上级、地方服从中央;个人利益服从集体利益、集体利益服从国家利益。这是我国长期以来奉行的权力冲突和利益冲突解决原则。这种解决原则非常契合计划经济体制的需要,但与市场经济体制却是有冲突的。市场经济是法治经济、分权经济,必须根据分权的要求,按照法律对权力的划分来处理中央与地方的关系。对于属于地方政府权限范围内的事,地方政府有权自主决定,不论是否与中央政府的目标、政策保持一致;地方的合法利益受到法律的保护,不能因其与中央政府的利益存在冲突就予以牺牲。

那么,怎样看待"下级服从上级"的组织原则呢?该组织原则的实施是有条件的,而不是无条件的。如果无条件地执行该原则,则所谓的地方政府的独立利益、所谓的由分权形成的下级政府对上级政府的制衡,都是空话。在法治社会,一切公共权力的划分及其边界均由法律确认,宪法和法律并没有将"下级服从上级"作为一项法律原则加以确认。"下级服从上级"的组织原则的适用应当符合以下条件:(1)双方具有领导与被领导的上下级关系,而不只是监督与被监督关系或业务指导关系。例如,上下级法院之间是审级上的监督与被监督关系,下级法院依法独立审理案件,上级法院没有干涉的权力,下级法院也没有服从上级法院的指令的义务。(2)上级的作出的决定或命令等在法律授权的范围内。根据越权无效的原则,上级超越职权的行为自始无效,不具有约束力。(3)上级的决定和命令等确定了下级应承担的义务。(4)下级有法律上的义务服从上级的决定和命令等。

就宏观调控来说,中央政府的宏观调控政策以法规、规章或规范性文件的形式颁发,地方政府有义务遵守,不得违背。例如,为了防止投资扩张带来的经济过热以及从严控制农业用地转化为非农业用地,中央政府划定了各级政府的土地审批权,地方政府不能为了发展本地经济越权审批土地。但是,地方政府只是有义务遵守规范本身,而没有义务遵守规范背后的动机或目的。例如,中央银行提高存款准备金率旨在抑制经济过热,但该宏观调控措施并没有确定地方政府的义务,地方政府完全可以继续在自己的权限范围内批准投资项目、完全可以为继续追求经济增长而引进外来投资。因此,在宏观调控中下级政府有依法遵守上级政府的调控政策和措施中的具体规定的义务,而没有和中央政府的宏观调控动机和目的保持一致的义务。只有这样,地方政府的宏观调控权才有可能起到制约中央政府的宏观调控权的作用;也只有这样,真正的分权体制才能得以建立,中央和地方相互之间的权力制约关系才能形成,民主、法治才能真正实现。

2.对宏观调控中地方政府与中央政府博弈的评价

宏观调控中地方政府与中央政府的博弈具有两面性:从消极的一面看,

这种博弈影响了中央政府的宏观调控绩效,毁损、降低了政府信用。但从积极的一面看,其作用不可小觑:

(1)地方政府发展本地经济的欲望是导致其与中央政府展开博弈的原因,正是地方政府发展本地经济的强烈欲望和为此展开的行动,使地方经济得到了迅猛发展,并推动了中国经济的高速发展和持续繁荣。在计划经济时期,由于地方政府没有独立的利益,地方政府能够做到严格与中央保持一致,但这种一致是以经济发展的低效益、低速度为代价的。

(2)这种博弈使地方政府对中央政府的宏观调控行为形成了制约关系,当中央政府试图采取不当的宏观调控措施、损害地方政府的利益时,会遭遇地方政府强有力的反对,这对于防止中央政府宏观调控权的滥用具有积极意义。"国家不过是其组成成员实现偏好的工具"①是公共选择学派得出的著名结论之一。按照该观点,中央政府的经济政策也是各个利益集团利益博弈和妥协的结果,并不一定是从有利于国民经济的协调、稳定和发展出发的。公共选择学派的这一观点或许并不为我国的主流意识形态所接受。但是,如果我们承认地方政府不是不食人间烟火的神仙,有自己独立的利益追求、并且会为了自己的利益采取某些不当手段的话,按照同一逻辑,中央政府也会这样做。因此,中央政府的宏观调控权需要受到制约,包括来自地方政府的制约。

(3)即便假定中央政府宏观调控的惟一出发点就是促进国民经济协调、稳定和发展,并不存在任何的私利。但由于中央政府也是由人组成的,也有理性限制,其制定的宏观调控政策也并不总是正确的,有时也会出现错误。当中央政府的宏观调控政策出现错误时,地方政府的不执行或者"歪曲执行",反而会对中央政府错误的宏观调控行为起到纠偏的效果。例如,中国经济从 21 世纪 90 年代开始进入高速增长期,但中央政府参照西方标准,错误地认为经济过热,并采取了调控措施,地方政府对这些宏观调控措施采

---

① Friedrich, Carl J. 1950. Constitutional Government and Democracy: Theory and Practice in Europe and America. Boston: Ginn and Company, p. 4.

取阳奉阴违的对策,使中央政府的宏观调控绩效大大降低,才有了又好又快发展的中国经济。①

　·　(4)地方政府为了发展本地经济,不断突破旧的制度(包括法律制度),不断创新,在推动经济增长的同时,也不断推动着制度的创新。地方政府的制度创新具有改革实验的性质,中国多个多层地方政府为发展本地经济"八仙过海,各显神通",进行着各种各样的制度创新实验,这等于为转型时期的中国提供了大量的实验场,不断地输送成功的经验和失败的教训。这可以使整个国家的转型,少走弯路,节约成本。

最后需要指出的是,宏观调控中,中央政府的利益诉求与地方政府的利益诉求存在差异,导致地方政府与中央政府存在一定程度的紧张关系,影响了中央政府的宏观调控绩效,这是无可否认的事实。但因此简单地指责地方政府从本地利益出发、不顾全大局,破坏宏观经济平稳运行、不执行或者扭曲中央政府的宏观调控政策等,对地方政府来说,是不公平的,也是没有用的。因为,无论是地方政府与中央政府的博弈,还是下文将要阐述的地方政府之间的竞争,都是在既定制度的框架下进行的,地方政府不过是选择了有利于自己的占优策略而已;只要博弈继续进行,地方政府仍然会选择有利于自己的占优策略。因此,要改善宏观调控中中央政府与地方政府的关系、形成合作博弈,提升政府信用,必须从改变博弈规则入手。

(二)改善宏观调控中地方政府与中央政府关系的几点建议

博弈是个中性词,既无褒义,也无贬义。只要存在相互影响,相互影响的双方或多方就会进行博弈。因此,地方政府与中央政府博弈本身,并不是负面的、贬义的。也就是说,不能反对地方政府与中央政府之间的博弈。市场经济是分权经济,况且,中国幅员辽阔、地区差异大,中央向地方分权更是不可避免。因此,针对地方在面对中央政府的宏观调控中的一些不一致行为,不能为了保持双方行动的一致而加强中央集权、削弱甚至取消地方政府

---

① 关于这一结论,学术界尚无定论。但毋庸置疑的是,中国经济增长主要是投资拉动的,而中央政府多次针对投资采取抑制性的宏观调控措施,如果这些措施得到严格执行的话,中国经济显然不能取得如此惊人的增长速度。

的宏观调控权。这是进行宏观调控中中央和地方相互关系制度改进的前提条件,舍此,任何旨在加强双方一致性的改革都不是创新和进步,而是僵化和倒退。

1. 进一步明确中央政府和地方政府的权力边界

科斯在论及市场配置资源时强调产权明晰是实现资源优化配置、达成最高效率的前提。这一理论也可以运用于公共权力领域。公共权力必须有明确的界定,才能使公共权力的行使变得有效率。因此,宏观调控中地方政府和中央政府的博弈,必须是在双方权力边界明确的情况下,才有可能取得最理想的博弈结果。但是,在转型时期,为了给地方政府更多的制度创新和试错的机会,中央政府有意无意地选择了模糊的产权安排,形成一个相对"软化"的产权制度环境。虽然我国《宪法》、《国务院组织法》、《全国人民代表大会组织法》、《地方各级人民代表大会和地方各级人民政府组织法》、《人民法院组织法》、《人民检察院组织法》等,对各级、各类政府机构的职权做了初步的划分,但总体来说,不够明晰,尤其是没有充分体现由分税制导致的"财政联邦主义"的客观现实,对地方政府的独立利益没有充分肯定,忽视地方政府权力的相对独立性。权力边界模糊,虽然为地方政府制度创新提供了空间,同时也为地方政府的机会主义行为预留了舞台,地方政府大肆摄取模糊领域的公共资源,最大化自身的利益。模糊的产权安排,权利(力)主体不得不为其权利(力)不断进行斗争或讨价还价,存在较高的交易成本;模糊产权意味着权利(力)主体的权利(力)缺乏保证,存在受损的可能,是存在效率损失的产权安排。① 中央政府与地方政府之间的模糊产权安排是转型时期不得已的选择,随着改革的推进、知识和经验的积累,中央政府和地方政府的权力边界应逐渐明晰化。

中国学术界对改善宏观调控中中央政府与关系需要分权,并在分权的基础上进一步明晰权力边界这一基本观点持认同态度,很多学者还进行了很好的阐述。如早在 1997 年,就有学者指出:"在处理中央与地方政府关系

---

① 参见李稻葵:《转型经济中的模糊产权理论》,《经济研究》1995 年第 4 期。

的问题上,不能再反复使用收权放权调整,而应当实行适当制度化分权,用必要的约束机制规范地方政府的经济行为。"①随后,陆续有学者发表类似的论述,如有人认为:"理顺中央与地方关系:……;三是加快经济性分权和政府机构改革的步伐;四是明晰中央政府与地方政府各自的职权划分,并使之进一步规范化、法制化。"②还有人认为,"必须在'立宪'层次上界定好中央政府与地方政府的控制权边界"③。

在明确了分权和明晰权力边界的必要性之后,接下来的问题是如何分权,以什么形式进行分权。笔者认为,中央和地方政府分权的总体框架和原则,应当写入《宪法》,在《宪法》规定的基础上,制定宏观调控基本法,进一步明确在宏观调控领域中央政府与地方政府的职权划分。宏观调控权划分的总体原则是:建立一个既能确保中央权威、又能发挥地方积极性的宏观调控权划分体系;对全局性的经济结构和运行(如总量平衡)的调控权划归中央政府,对地区性经济结构和运行的调控权划归地方政府。至于分权的具体内容,则需要另行做专门研究。本文限于笔者能力和篇幅,不做更进一步的阐述。

2. 建立中央和地方两套宏观调控法和宏观调控政策的执行机构

在肯定了地方政府享有独立利益和独立权力之后,中央政府的宏观调控政策就只能由中央执行机构来完成,不能指望地方政府执行与其利益相冲突的宏观调控政策。有关建立两套执行机构的制度设想,详见上一章。

3. 建立和完善宏观调控法律责任制度

如前所述,地方政府有自己独立的利益,地方政府有权在法律允许的范围内,追逐自己的利益、维护自己的利益。当中央政府的宏观调控行为不符合、甚至有损本地政府的利益时,当然可以抵制。地方政府可以尽其所能地

---

① 吴湘玲:《我国地方政府经济行为探讨》,《武汉大学学报》(哲学社会科学版)1997年第4期。

② 金太军:《当代中国中央政府与地方政府关系现状及对策》,《中国行政管理》1999年第7期。

③ 皮建才:《所有权结构、自私性努力与投资阻塞问题》,《经济研究》2007年第5期。

采取多种形式抵御中央政府的宏观调控政策,但前提是抵御手段必须合法。如果地方政府采取的应对中央政府的宏观调控措施的手段是违法的或者未取得合法授权的,则构成违法。根据"违法必究"的法治要求,必须建立对地方政府抵制、对抗中央政府的宏观调控政策的违法行为进行制裁的法律责任制度。

有关宏观调控的法律责任问题,是宏观调控法治化的重要内容和重要保障,没有法律责任制度,法律的强制性削弱、权威性下降,调整社会关系的能力也必然下降。宏观调控法律责任制度的建构,是宏观调控法的难点。有关地方政府违法抵制中央政府的宏观调控政策的法律责任,笔者未能找到有关的阐述。依笔者之浅见,该法律责任从性质上说,属于经济法责任。责任的承担者包括地方政府及其主要领导、直接责任人。责任的承担方式,就地方政府来说,包括取消某种优惠政策、取消某项对其的转移支付、将其违法行为带来的财政增长收入收归中央财政,等等。总之,一句话,不能让违法对抗中央政府宏观调控政策的地方政府得到好处,以遏制和预防违法对抗中央政府宏观调控政策的行为。就地方政府主要领导和直接责任人来说,主要是给予行政处分。

4. 引入社会力量制约宏观调控中地方政府与中央政府之间的博弈

20世纪末以来,世界银行提出的"善治"已成为诸多国家的一种新的政府治理理念。所谓"善治",是指国家权力向社会的回归、还政于民的过程。善治的本质特征是政府与公民对公共生活的合作管理,是政治国家与公民社会的一种新颖关系,是两者的最佳状态。① 把"善治"理念引入用来改善地方政府与中央政府的关系,就是要引入社会力量(主要是非政府组织)制约双方的博弈。"把中央政府与地方政府的简单对应转变为'中央 - 地方 - 社会力量'三方互动,通过中央、地方政府两大主动因素各自寻求社会的支持,实现社会权力的回归,……"②

---

① 参见俞可平:《治理与善治引论》,《马克思主义与现实》1999年第5期。
② 刘亚平:《当代中国地方政府间竞争》,社会科学文献出版社2007年版,第269页。

宏观调控是利益的调整,影响到地方政府和中央政府的利益,但更主要的是对社会的影响。受影响的有组织的团体(利益集团)会通过各种途径和方式影响宏观调控政策及其执行。也就是说,宏观调控中已经存在社会力量与中央政府、地方政府的互动,只是这种互动,更多地表现为利益集团通过收买等方式来寻求政府提供更有利于自己的宏观调控政策,尚未形成三方的良性互动。必须加强非政府组织建设,使其有能力通过正当手段影响政府、制约政府。

第二节 地方政府竞争与宏观调控中的地方政府信用

经济竞争本来是私人行为,作为公共权力机构的政府不应在其中演主角。但是,转型时期,不仅市场需要培育,而且政府手中握有大量的经济资源,这样,在很大程度上,政府竞争取代了市场竞争。我国地方政府竞争是伴随着集权向分权的转型产生和发展的。转型时期的宏观调控是在地方政府之间激烈竞争的背景下进行的,有人这样描述我国转型时期地方政府之间的竞争:"各省市都成了大型的投资公司,省和省之间就是两个大型投资公司的竞争。"[①]不了解地方政府之间的竞争,就无法正确解释宏观调控中地方政府失信的原因,更不可能找到有益的对策。

一、地方政府竞争概述

(一)地方政府竞争的成因

地方政府之间的竞争包括纵向竞争和横向竞争两种情况。纵向竞争是指下级地方政府与上级地方政府之间的竞争;横向竞争是指互相不具有隶属关系的地方政府之间的竞争。

中国的改革是以分权为主要路径的。从上世纪 80 年代开始,中央政府

---

① 朱学勤:《改革开放三十年的经验总结》,"临溟之子"的博客(http://419haohao. fyfz. cn/blog/419haohao/index. aspx? blogid =298396),2008 年 8 月 30 日访问。

不断向地方政府放权,虽然其中有反复,但总体趋势是地方政府享有越来越多的自主权。到1994年分税制的确立,中国形成了财政联邦主义的分权体制。实行分税制的初衷,并不是为了向地方政府进一步分权,而是由于经过历次分权之后,中央的权力,特别是财权被削弱,中央宏观调控能力被削弱,为了提高中央政府的宏观调控能力,集中更多的财权,中央决定实行分税制的改革,将主要的税种划归中央税或共享税,大大提升的中央政府的财力。由于建立分税制的动机有偏差,即不是从进一步明确事权与财权的目的出发,使该制度为后来出现许多严重问题(如地方政府的债务危机)埋下了伏笔。但确立分税制的贡献仍然不可小觑:它使分权体制被确定下来。导致地方政府之间竞争的根本原因正是分权。(1)在分权体制下,各地方政府都成为独立的利益主体,各利益主体必然采取各种措施谋求其利益的最大化,由于资源是稀缺的,各地方政府为了获取本地经济发展所需的资源,必然展开激烈的竞争。(2)分权之后,地方政府具备了发展本地经济的能力和从事竞争的能力。在中央集权时期,地方政府即使想有所作为,也因权力所限,难以有所作为。分权之后,地方政府获得了发展本地经济所必需的权力和财力,有了权力和财力,也就有了竞争的能力。(3)转型时期,由于市场竞争机制不完善,单靠市场竞争尚不足以推动经济增长,而政府在资源配置中能够起到重要作用,地方政府之间的竞争,可以说是市场竞争的必要补充。

(二)地方政府之间竞争的意义

关于地方政府之间竞争的意义,国内外学者有过诸多阐述。如钱颖一认为,地方政府间竞争迫使地方政府做出两个保证市场经济有效运行相互关联的承诺:保证以正的市场激励奖励经济成功和以负的市场激励惩罚经济失败,为经济的发展提供了良好的政治基础。[1] 奥茨认为,地方政府为争取流动居民而进行的竞争能够使公共物品的供给更好地满足人们的需

---

[1] See Qian, Yingyi and Gerard Roland. "Federalism and the Soft Budget Constraint." American Economic Review. Vol. 88. 1998(5). 1143 –62.

要。① 布坎南等指出，为流动资本而进行的竞争能够改善政府的治理质量，因为低效的政府将发现自己很难吸引缴纳税收的企业。②

从中国转型时期的实际来看，中国改革开放三十年，国民经济持续稳定增长，这其中有诸多的影响因素，但通过中央向地方分权促进地方政府间竞争无疑是其中的主要因素。"对于中国经济的发展，没有任何力量有竞争产生的力量这么强大，没有任何竞争有地方'为增长而竞争'对理解中国的经济增长那么重要。"③而张五常更是将中国经济的增长的原因归因于县际之间的竞争："县与县之间的激烈竞争不寻常。我认为那是中国在困难的九十年代还有急速发展的主要原因。"④

（三）地方政府之间竞争的内容

地方政府之间竞争的实质就是对稀缺资源的争夺。具体内容包括两个方面：一是争夺中央政府手中的稀缺资源；二是争夺市场流动的稀缺生产要素。

1.争夺中央政府手中的稀缺资源

中国传统上是一个中央集权的国家，改革开放后，虽然经历了多次放权，但中央政府手中仍然握有大量影响地方经济发展的稀缺资源。这些稀缺资源主要包括两个方面：（1）政策资源，包括特权和有利于某地区的一般政策。特权是中央政府授予某地方政府其他地方政府没有的权利，对其采取各种优惠、特殊政策。中国改革开放初期，实行非均衡发展战略，争夺中央政府授予特权是地方政府竞争的重要内容。但随着改革的深入，地区特权的公正性越来越受到公众的质疑，此种竞争开始减弱，更多的是已经取得特权的地区企图继续维持特权、而其他地区要求取消特权的竞争。地方政

---

① See Oates, Wallace E. Fiscal Federalism. New York: Harcourt Brace Jovanovich. 1972.

② See Brennan, Geoffrey and James M. Buchanan. The Power to Tax: Analytical Foundations of a Fiscal Constitution. Cambridge University Press. 1980.

③ 张军：《为增长而竞争的故事》，载徐寿松：《铁本调查：一个民间钢铁王国的死亡报告》，南方日报出版社 2005 年版。

④ 张五常：《中国的经济制度》，中信出版社。转引自唐志军：《〈佃农理论〉的一般性贡献——为纪念〈佃农理论〉发表四十年而作》，《河北经贸大学学报》2009 年第 1 期。

府在政策资源方面的竞争,主要是试图影响中央政府社会经济发展规划、产业政策等一般性的政策。例如,福建省努力争取把加快海峡西岸经济区建设写入国家国民经济发展规划就是如此。(2)物资资源,主要是中央政府与地方政府的收入分配以及中央政府以各种形式向地方的转移支付。中央政府的转移支付对地方政府来说是免费的午餐,各地方政府都不遗余力地争夺。

中央政府向地方分配其掌握的稀缺资源,其决定权在中央政府。地方政府如何进行竞争呢? 这里有两个关键因素:第一,中央政府做出决策的信息来源很大一部分来源于地方政府,地方政府可以通过信息的有选择提供(如报喜不报忧)甚至虚假提供来影响中央政府的决策;第二,在转型的过程中,中央政府向地方分配其掌握的稀缺资源并没有建立起完备的规则,地方政府之间就形成对自己有利的分配规则可以展开竞争。

中央政府向地方政府分配资源的不规范作法危害极大。(1)加大了交易成本。地方政府花费大量的成本用于和中央政府"联络感情",寄希望于"跑部钱进"。(2)形成了制度性腐败。通过贿赂中央政府官员、或者通过与中央政府官员的老乡、战友、老同事、老同学关系等方式寻租是地方政府的竞争手段之一。特别值得注意的是,为从中央政府获得更多的资源来发展本地经济而向中央政府官员行贿在地方成为一种公开行为,地方纪检监察部门、检察部门对这种案件不予查处已然成为一种潜规则。而能够为地方从中央政府或上级政府争取到利益的,不论使用什么手段,都会得到嘉奖或提拔,这严重地损害了党和政府的形象,对政府信用具有巨大的破坏力。(3)造成了资源的不科学、不公平配置。一些谈判能力强或者行贿力度大的地方政府能够从中央政府获得更多的资源,这不仅导致资源配置的不公平,也影响资源配置的效率,甚至还会对中央政府的宏观调控政策造成不当影响。因此,中央政府向地方政府进行资源分配必须制度化、法治化,按照建立科学、公正、透明和效率的原则建立具体的法律规则,制约中央政府及其官员的资源配置权。

2.争夺市场流动的稀缺生产要素

市场流动的稀缺性生产要素主要有四:一是资本,二是人才,三是自然资源,四是需求。发展经济首先要有资本,留住本地资本、吸引外来投资成为地方政府之间竞争最主要的内容。从某种意义上说,地方政府之间的竞争,就是争夺资本的竞争。一个地区经济成功了,一定是该地区吸引并留住了更多的投资,一个地区经济发展不起来,一定是该地区吸引不了投资。吸引和留住资本的竞争几乎可以用来解释地方政府在经济生活中的一切"善行"和"恶为"。二十一世纪,人才成为最稀缺的资源,吸引和留住人才也成为各地政府竞争的重要内容。另外,防止自然资源外流、限制外地产品进入本地市场等也是争夺稀缺生产要素的所采取的手段。

二、宏观调控中地方政府的不正当竞争及其对政府信用的消极影响

(一)宏观调控中地方政府的不正当竞争行为

有竞争,就有不正当竞争。地方政府之间的竞争为地方经济的繁荣提供了解释。这其中包括正当竞争,也包括不正当竞争。不正当竞争行为对本地经济的发展可能是有利的,但对整个社会经济的协调发展来说,却是有害的。有学者指出:"在缺乏制度约束的前提或受利益诱惑的情形下,地方政府的机会主义行为表现为基础设施的重复建设、地方保护主义盛行、优惠政策的过度供给、制度创新的行为偏差、财政税收的'两面人'策略、经济增长速度的逆向选择等,加剧了市场割据、扩大了地区差距、降低了资源配置效率、侵损了地方政府间竞争秩序、破坏了公平和效率的竞争环境。"①因此,研究地方政府的不正当竞争行为并对之加以规制,是很有必要的。宏观调控中地方政府的行为包括地方政府作为宏观调控执行主体执行中央宏观调控政策的执行行为、地方政府作为宏观调控决策主体自主做出宏观调控

① 汪伟全:《地方政府竞争中的机会主义行为之研究——基于博弈分析的视角》,《经济体制改革》2007年第3期。

决策的行为以及地方政府作为宏观调控受体应对中央政府宏观调控政策的行为,这三类行为都可以用于地方政府之间的竞争,都可能使用不正当竞争手段。因此,宏观调控中地方政府的不正当竞争行为也包括三类:

1. 不执行或歪曲执行中央政府宏观调控政策的行为

有人认为,"单一制之下地方政府之间的竞争则体现为创造性地执行中央的政策。"①所谓"创造性地执行",其实质就是按照地方政府的利益进行变通。而当中央政府的宏观调控政策不符合地方利益时,地方政府常常会不执行或者歪曲执行中央的宏观调控政策。在地方政府之间的竞争中,不执行中央政府的宏观调控政策的地方政府在竞争中会处于有利地位。例如,不执行中央统一的土地政策、环保政策、税收政策等,就会使本地的投资环境相对于其他严格执行中央政策的地区显得更有吸引力。有人比较福建和广东两地经济发展的差异时指出,广东经济比福建经济发展得好的重要原因之一是在执行中央政府的政策方面广东地方政府比福建地方政府更具有灵活性。

当然,对于地方政府在竞争中不执行或者灵活执行(实质是歪曲执行)中央政府的宏观调控政策的行为应当辩证地看,有些确实属于不正当竞争行为,但有些属于前文所说的"良性违法(违规)"行为,是地方政府创新的一种表现。转型过程中的这种以违法或违规形式表现出来的创新,是需要得到容忍的,不能视为不正当竞争行为。这对于地方政府执行宏观调控政策是这样,对于其制定宏观调控决策和应对中央宏观调控政策也是如此。

2. 制定违法违规的宏观调控决策

省级地方政府享有一定的宏观调控决策权,可以根据法律和中央政府的宏观调控政策自主制定经济政策调控本地经济。省级政府的宏观调控决策权行使受到两个方面的限制:一是职权划分的限制,省级政府不能制定应由中央政府制定的宏观调控政策;二是制定的政策必须合法,并与中央政府的宏观调控政策相一致,不能制定违法的宏观调控政策或者采用与中央政

---

① 前引刘亚平:《当代中国地方政府间竞争》,第38页。

府不一致的宏观调控政策。省级以下(不含省级)地方政府没有宏观调控决策权,不能制定宏观调控决策。省级政府超越权限或者违法违规制定宏观调控政策、省级以下(不含省级)地方政府制定宏观调控政策用于地区竞争的,都属于不正当竞争。

３.采取违法违规手段应对中央政府的宏观调控措施

法律、法规具有普适性,依法办事是法治社会对政府的基本要求。但是,在很多时候,不遵守法律法规可能带来额外的收益,特别是在其他地区遵守法律的情况下,违法的收益更是显著。中央的宏观调控措施会对地方经济发展产生影响,这种影响从全局来看是有益的,即有利于国民经济协调、稳定和发展,但对地方经济本身来说,不一定有利。例如,经济过热时,中央采取抑制投资过快增长的政策;房地产出现泡沫时,国家采取抑制房价上涨的政策。这些政策肯定会对地方经济短期内的增长产生抑制作用,地方政府不愿意本地经济增长受到抑制,就采取一些与中央政府不一致的对策。再如,中央政府从全局考虑的产业布局政策,对地方经济发展不一定有利,地方政府就置之不理,仍然大搞重复建设。使用以上手段进行竞争,均属于不正当竞争。在地区竞争中,违法违规应对中央的宏观调控措施是一种主要的不正当竞争手段。

(二)对地方政府信用的消极影响

宏观调控中地方政府不正当竞争行为对地方政府信用危害极大。首先,地方政府作为中央政府宏观调控政策在地方的执行者,不执行中央政府的宏观调控政策,这是对中央政府的失信。其次,地方政府不执行法律、法规和上级政府的政策,或者制定与法律、法规或上级政府的政策相抵触的规则,其行为的合法性和正当性就出现了问题,导致了合法性信用危机。近年来一些地区出现的针对地方政府的群体性事件,就是地方政府失去合法性信用的典型表现。再如,前文提到的批评地方政府"歪嘴和尚"把中央政府的"正经"念歪了,也体现了对地方政府的不信任。再次,由于地方政府的许多政策是越权做出的,这种超越职权的规则难以给人们稳定的预期,很难得到人们的信任。因为违法的政策本身就是不值得信赖的,它既可能被上级政府责令废止,地方政府也可能随时自我更正。又次,地方政府在竞争中使用的欺诈手法,如招商引资中许下不能兑现的承诺,这本身就是政府背信的直接表现。最后,地方政府的不正当竞争常常导致其放弃法定的职责,纵容、包庇违法行为。在激烈的地区竞争中,政府将有限的资源用于吸引具有流动性的稀缺资源,而对其他利益的保护却放松了。例如,为了吸引外来投资,放弃对劳工的保护、忽视环境的保护就是如此。

三、规范宏观调控中地方政府之间的竞争行为、提升地方政府信用的思考

地方政府之间的竞争是一柄双刃剑,即可能是促进经济繁荣、给人们带来福祉的竞争;也可能是欺上蒙下、侵害其他地区利益的竞争。正是因为看到了地方政府之间竞争的积极效果,我们才实行从集权向分权的转型。但同时也应看到不正当竞争的危害,对之加以规范,以达到兴利除弊的效果。

(一)地方政府之间竞争的法治化

欧洲中世纪商人之间的竞争从无序走向有序为我们提供了一个规范竞争的范本。商人以营利为目的,惟利是图。在商人阶层刚刚产生过时,商人为了营利,坑蒙拐骗,无所不用其极。但这种状况持续下去的结果是交易成本提升,交易难以进行。为了解决这个问题,在当时的教会法、庄园法不足以保护商人利益、规范商事秩序的情况下,商人们通过商人行会自创了商法,用以调整商人之间的关系,规范商事交易行为,不仅使商事竞争的秩序得以维护,而且还创造性地发展了诚实信用原则,使商人信用达到很高的程度,惟利是图的商人成了重信守诺的典范。而今,市场经济是法治经济成为一种共识,法治是规范市场竞争的重要手段。我国在1992年党的十四大决定建立社会主义市场经济体制,1993年就颁布了规范市场竞争的三部重要法律:《反不正当竞争法》、《公司法》和《消费者权益保护法》。

地方政府也是追求自身效益最大化的主体,地方政府之间的竞争和商人之间的竞争具有可比性。规范商人之间的竞争,不是抑制商人的营利性,而是将其对利益的追求限制在有界的范围内,防止其对利益的追求伤害到

社会或他人。同样,对地方政府之间竞争的规范,也不是要抑制地方政府对利益的追求,而是保障其对利益的追求能改善人们的福利,并不对国家、社会或他人造成损害。规制商人之间竞争的主要手段是法治,规制政府之间竞争的手段也主要是法治。

关于宏观调控的法治化,前文已有充分的阐述,就规范宏观调控中地方政府之间的竞争行为来说,还特别需要强调以下两个方面:

1. 分权及越权的处理问题

明晰的职权划分是宏观调控法治化的基础性问题。分税制应当是财权和事权都明晰、财权与事权相适应。但是,如前所述,1994 年的分税制重在加强中央政府的财权,只对财权做明确划分,而对事权的划分却模糊不清。由于分权不明确,各自的权限不清,为地方政府任意扩张权力提供了方便。从而导致政出多门、互相矛盾,人们无所适从,难以形成稳定预期,给政府信用造成不良影响。因此,进一步明晰职权划分是首先需要解决的问题。

有了明晰的职权划分后,接下来的问题是如何发现和处理地方政府的越权行为。地方政府的不正当竞争行为,主要表现为越权行为。因此,建立制约地方政府越权行为的机制是有必要的。地方政府的越权行为一般是通过制定法规、规章或者规范性文件的形式进行的。地方政府制定的法规、规章或者规范性文件在地方具有普遍的约束力,越权制定的法规、规章或者规范性文件危害很大,必须建立对地方政府制定的法规、规章或者规范性文件的审查机制,包括立法审查机制、行政审查机制和司法审查机制。通过这些审查机制及时发现并宣布越权制定的法规、规章或者规范性文件无效。

（1）立法审查机制。立法审查机制是指建立立法机关对法规、规章和规范性文件的审查机制,对于与宪法和法律相抵触的法规、规章和规范性文件,立法机关有权要求其改正或直接宣布撤销。根据《全国人民代表大会组织法》第 37 条规定,全国人大各专门委员会"审议全国人民代表大会常务委员会交付的被认为同宪法、法律相抵触的国务院的行政法规、决定和命令,国务院各部、各委员会的命令、指示和规章,省、自治区、直辖市的人民代表大会和它的常务委员会的地方性法规和决议,以及省、自治区、直辖市的人民政府的决定、命令和规章,提出报告。"《立法法》第88条的规定,"改变或者撤销法律、行政法规、地方性法规、自治条例和单行条例、规章的权限是:(一)全国人民代表大会有权改变或者撤销它的常务委员会制定的不适当的法律,有权撤销全国人民代表大会常务委员会批准的违背宪法和本法第六十六条第二款规定的自治条例和单行条例;(二)全国人民代表大会常务委员会有权撤销同宪法和法律相抵触的行政法规,有权撤销同宪法、法律和行政法规相抵触的地方性法规,有权撤销省、自治区、直辖市的人民代表大会常务委员会批准的违背宪法和本法第六十六条第二款规定的自治条例和单行条例;(三)国务院有权改变或者撤销不适当的部门规章和地方政府规章;(四)省、自治区、直辖市的人民代表大会有权改变或者撤销它的常务委员会制定的和批准的不适当的地方性法规;(五)地方人民代表大会常务委员会有权撤销本级人民政府制定的不适当的规章;(六)省、自治区的人民政府有权改变或者撤销下一级人民政府制定的不适当的规章;(七)授权机关有权撤销被授权机关制定的超越授权范围或者违背授权目的的法规,必要时可以撤销授权。"立法审查发现违法的法规、规章和规范性文件的途径有三:一是通过备案制发现。《立法法》第89条规定:"行政法规、地方性法规、自治条例和单行条例、规章应当在公布后的三十日内依照下列规定报有关机关备案:(一)行政法规报全国人民代表大会常务委员会备案;(二)省、自治区、直辖市的人民代表大会及其常务委员会制定的地方性法规,报全国人民代表大会常务委员会和国务院备案;较大的市的人民代表大会及其常务委员会制定的地方性法规,由省、自治区的人民代表大会常务委员会报全国人民代表大会常务委员会和国务院备案;(三)自治州、自治县制定的自治条例和单行条例,由省、自治区、直辖市的人民代表大会常务委员会报全国人民代表大会常务委员会和国务院备案;(四)部门规章和地方政府规章报国务院备案;地方政府规章应当同时报本级人民代表大会常务委员会备案;较大的市的人民政府制定的规章应当同时报省、自治区的人民代表大会常务委员会和人民政府备案;(五)根据授权制定的法规应当报授权决定规定的机关备案。"立法机关可在接受备案时对备案文本的合法性进行审查。二是通过执法检查发现。全国人大常委会及地方人大常委会可以依法组织进行执法检查。三是接受其他国家机关建议或社会举报发现。《立法法》第90条规定:"国务院、中央军事委员会、最高人民法院、最高人民检察院和各省、自治区、直辖市的人民代表大会常务委员会认为行政法规、地方性法规、自治条例和单行条例同宪法或者法律相抵触的,可以向全国人民代表大会常务委员会书面提出进行审查的要求,由常务委员会工作机构分送有关的专门委员会进行审查、提出意见。前款规定以外的其他国家机关和社会团体、企业事业组织以及公民认为行政法规、地方性法规、自治条例和单行条例同宪法或者法律相抵触的,可以向全国人民代表大会常务委员会书面提出进行审查的建议,由常务委员会工作机构进行研究,必要时,送有关的专门委员会进行审查、提出意见。"

从以上法律规定可以看出,我国法律对立法审查机制有比较完整的规定。但是,从实际效果来看,并不理想。加强立法审查应当引起各级立法机关的重视。

(2)行政审查机制。行政审查机制是指上级政府对下级政府、上级行政机关对下级行政机关、政府对本级政府部门制定的规章或规范性文件的审查机制,对于同法律、法规相抵触的规章及同法律、法规、规章、上级部门的规范性文件相抵触的规范性文件的,责令改正或直接予以撤销。对此,《立法法》、《地方各级人民代表大会和地方各级人民政府组织法》、《行政复议法》等有相关规定,在此不详述。

(3)司法审查机制。就是通过行政诉讼的方式来审查规章和规范性文件。但我国目前的《行政诉讼法》将行政诉讼的受案范围限定在具体行政行为的范围,人民法院无权对规章及规范性文件等抽象行政行为进行审查,只是在审查具体行政行为时,有权不参照规章。因此,我国目前尚无对法规、规章和规范性文件的司法审查机制,应当尽快建立。

2.地方政府的法律责任及其追究机制

我国转型时期对地方政府之间的竞争有许多的法律规则,但是,许多的法律规则形同虚设,根本起不了作用。有人甚至因此怀疑法律的作用。当我们把地方政府看成追求效益最大化的经济人时,我们也需要从经济人的视角来看待法律。在经济人眼里,法律规则其实是可以转化成成本与收益来看待的。当守法的收益大于守法的成本时就守法;当违法的收益大于违法的成本时就违法。其中,决定违法成本的因素包括两个:一是违法被追究法律责任所受的损失,二是违法被追究法律责任的可能性。调整地方政府之间竞争关系的法律不起作用,主要原因是违法的成本不够大,不足以遏制地方政府的不正当竞争行为。

综观我国规范地方政府之间竞争的法律法规,鲜有关于法律责任的规定;即使有规定,也缺乏追究的机制。在实践中,没有一个地方政府因实施不正当竞争行为而受到追究,虽然其官员有受到追究的,但也比较少见,当然,谋求个人利益的贪官污吏被追究的除外。这样,地方政府不遵从法律规则就成为了合理的选择。法律的权威性来自其强制性,来自其对违法者责任的追究,没有法律责任制度的法律不成其为法律。因此,必须规定地方政府不正当竞争的法律责任,使不正当竞争的地方政府得不偿失,守法竞争才可能成为其自觉的选择。

对地方政府违法竞争法律责任的规定要实现"双罚制":既惩罚地方政府,又惩罚主管官员。惩罚地方政府的方法是将地方政府违法取得的财政收入收归中央政府、对其造成的损害责令赔偿等;惩罚主管官员的方法是行政处分,构成犯罪的,追究刑事责任。

有了法律责任的规定还不够,还必须建立相应的责任追究机制。在前文中,笔者提出了对中央执法机构和地方执法机构分立的制度设想,在此必须坚持。并将追究地方政府法律责任的职责按职能分工分配给中央政府各职能部门以及上级地方政府相关职能部门。对于地方政府之间的竞争纠纷纳入司法管辖的范围,由其共同上级政府的司法机关管辖;跨省的地方政府之间的纠纷,由中央政府司法机关管辖。

(二)地方政府竞争中的利益转移与补偿机制

竞争是对稀缺性资源的争夺,在竞争中胜出的地方政府能够占到更多的稀缺资源,反过来,由于占有了更多的稀缺资源,会更加增强其竞争能力,从而出现强者恒强、弱者恒弱的"马太效应"。如果在竞争中取胜是通过正当竞争赢得的,那这种结果就是公正的,虽然它也有必要通过中央政府的再调整来解决"马太效应"带来的不和谐。但是,如果在竞争中取胜是通过不正当竞争赢得的,那就是"劣币驱逐良币",是不正义的。并且,其还会产生不好的示范作用,其他地方政府也跟着加入到不正当竞争的行列。我国转型时期地方政府之间的竞争,使用不正当竞争手段是许多地方在竞争中胜出的"法宝"。

从前文的论述可知,如果不正当竞争有利可图,要求地方政府不采取不正当竞争手段是不可能的。加重不正当竞争的法律责任、加大查处力度能够在一定程度上遏制不正当竞争。但是,许多不正当竞争行为是"木已成舟"、"生米煮成了熟饭",恢复到原来的状态已不可能(至少不是最优的选择),简单的处罚也不足以改变不正当竞争者获益、其他地区受损的局面。例如,违背产业政策、国家税收政策、投资政策吸引本来要在其他地区投资建设的投资项目,给地方经济繁荣会带来好处,中央政府采取处罚措施不足以消除这种好处的诱惑,更不能补偿受损的地区。再如,违法审批农业用地改作工业用地①,并用低廉的土地使用权价格吸引外来投资,并以此促进地方经济的繁荣,上世纪 90 年代的"开发区热"就是如此。土地用作农业用地还是非农业用地,其对土地权利人的效益差异是极其明显的,非法将农业用地改作非农用地,在给自己带来巨大效益的同时,给社会、给生态环境带来了损害。但是,已经建起来的开发区,除了没有引来投资、土地荒芜的以外,再退回到农业用地也不可能了,这样,不正当竞争行为又获得了成功。这也可以用来解释为什么那么多地方政府热衷于违法批地或者对企业违法占地姑息、纵容。

必须建立一种利益转移与补偿机制,将不正当竞争对地方政府产生的效益转移到受损害的地区。只有这样,才能实现竞争的公平与正义,也只有

---

① 如广东的深圳、东莞等地已经基本上将所有的农业用地非农化了,其中很多是违背土地政策的。

这样,才能遏制地方政府的不正当竞争行为。

利益转移与补偿的实现方式可以采用对不正当竞争行为所取得的地方政府税收收归中央政府,再由中央政府以转移支付的方式补偿给受损害的地区。

(三)区域经济合作

愈演愈烈的地方政府竞争导致了"囚徒困境",竞相压低地价、竞相减免税、重复建设,等等。一方面,造成了社会总福利的损失;另一方面,也使各地方政府深受其害。因此,在竞争中走向合作,是一种理性的选择。近年来,我国地方政府在竞争中建立了广泛的区域合作,有省内的,如珠三角经济区、闽南三角经济区;也有跨省的,如长三角经济区、泛珠三角经济区、环渤海经济圈。区域经济合作的形式多样,从合作主体来看,既有政府之间的合作,也有企业之间的合作、非政府组织之间的合作以及它们相互之间的合作。本文限于主旨,只涉及到政府为一方主体的合作,包括政府之间的合作、政府与非政府组织之间的合作以及政府与企业之间的合作。

区域经济合作对于克服地方政府之间的不正当竞争,提升宏观调控中的地方政府信用具有积极意义:(1)合作寻求合作者的共同利益,有利于打破地区封锁、克服地方保护主义,从而使国家的宏观调控法律、政策在执行中遇到更少的阻力,更易于执行。(2)合作意味着要克制损人利己的行为,有利于遏制政府的不正当竞争行为及由此导致的政府失信行为。(3)通过区域合作,地方政府的行为更能得到其他地方政府的配合,从而有利于提升地方政府执行规则和践行承诺的能力。

区域经济合作虽然符合合作者的共同利益,但并不能自发的形成,必须自觉地组织和推进。从宏观调控中的地方政府信用的角度审视我国转型时期的区域经济合作,以下几个问题是需要特别关注的。

1. 区域宏观调控政策制定的合作

区域宏观调控政策的制定是通过参与的地方政府签署合作协议来完成的。签署合作协议应注意以下问题:首先,区域宏观调控政策的制定权来自参与合作各成员的宏观调控权,不能超越各成员的权力制定区域宏观调控政策。其次,区域宏观调控政策制定的合作应当尊重各成员的宏观调控权,在合作中居于优势地位的地方政府不得滥用优势地位挤占其他地方政府的宏观调控权,合作协议只对涉及各成员共同利益的事项制定一些统一的规则。第三,区域宏观调控政策制定的合作协议应务实,真正解决制约共同发展的现实问题,特别要对成员单方采取的可能影响其他成员利益的调控行为加以约定。

2. 区域规则执行合作

区域规则执行合作是区域合作的核心内容和有效保证,没有区域规则执行合作,区域合作就是一句空话。有关区域规则执行合作的阐述,见上一章。

3. 区域合作的边界

区域合作涉及到三个方面的关系问题:一是经济区域成员之间的关系,二是经济区域与全局的关系,三是经济区域相互之间的关系。这三层关系如果处理不好,区域经济合作将会给政府信用带来更大的危害。

(1)就经济区域成员之间的关系来说,参与到某个区域经济合作组织是成员的自愿行为,不能强制;成员之间的合作协议,也应当是成员自愿达成的,也不能强制。这在形式上容易做到,但实际上,有些经济区域参与的成员力量对比悬殊,存在着强者利用优势地位迫使弱者屈服的可能。如此的区域经济合作,将加剧经济发展的不均衡。经济区域形成以后,经济区域成员之间的竞争并不减少,只是竞争更加规范、更加有序。区域经济合作不能限制或减少区域成员之间的竞争,形成区域垄断。

(2)就经济区域与全局的关系来说,区域经济合作之后,在宏观调控中协调区域发展的能力增强。但经济区域只是经济区域成员的扩大,经济区域并不能取得超越其成员的宏观调控权。经济区域与全局之间的关系,仍然是局部与全局的关系。但是,区域经济一体化给中央的宏观调控提出了新的课题:其一,经济区域内的地方政府通过政府间协议形成利益共同体,增强了与中央政府讨价还价的能力,当中央政府的宏观调控政策不符合经济区域成员的共同利益时,受到的阻力会更大,甚至可能遭遇联合抵制;其二,地方政府之间的竞争演化出不同经济区域的地方政府联合体之间的竞争,竞争会更加激烈,经济区域之间的矛盾更加显著。中央的宏观调控政策必须适应这种变化。

(3)就经济区域相互之间的关系来说,区域经济一体化使原来的行政区划壁垒演化出经济区域壁垒,地方政府之间的竞争演化出区域之间的竞争,竞争会更加激烈。区域壁垒在保护经济区域成员的同时,也孤立了经济区域,全国统一的大市场被分割成区域市场。

因此,必须规范区域经济合作行为,划分区域经济合作行为的边界。使区域合作不至于损害成员利益、全局利益及其他区域的利益。

第三节 地方财政收入与宏观调控中的地方政府信用

一、地方财政收入状况

在社会化市场经济条件下,各国重视中央财政的主导作用,在各国的税收收入中,中央收入普遍占有较大的比重。在实行分税制的情况下,各国在划分中央税和地方税的时候,为保证中央政府的需要和国民经济宏观调控的需要,普遍把在财政收入中占主要地位的、对国民经济起较大调节和影响作用的税种划为中央税或共享税,而将零散税种划作地方税。根据世界银行统计资料,1985 年除加拿大以外,发达工业国家的中央税收收入占总税收收入的比重均在 60% 以上,发展中国家除个别国家以外,一般中央政府集中的财力都在 70% 以上。[①]

我国从 1994 年起实行分税制。在实行分税制前的改革中强调对地方的放权让利,导致中央集中的财力过少,严重削弱了国家的宏观调控能力,影响到国民经济的持续稳定协调发展。因此,分税制改革借鉴国外经验,将主要税种划归中央税和共享税,导致地方财力大幅下降。地方财政收入占全国财政收入的比重从 1993 年的 78% 猛降至 1994 年的 44.3%,降低 33.7

---

① 参见项怀诚等编:《财政税收》第 6 卷,山西人民出版社 1996 年版,第 218 页。

个百分点。尽管之后地方财力有所回升,1997 年达到了 51.1%,但仍大大低于 1993 年以前的水平(见表 7-1)。从支出看,1994 年分税制基本未触动支出划分,同期地方财政支出占全国财政支出中的比重并未降低,反而上升了,1996 年达到 72.9%。以上收支反方向变动造成地方财政收支规模的巨大差距,导致了地方财政自给率明显降低,仅为 0.6 左右(见表 7-2)。

表 7-1 1994-1999 年地方财政收入规模及其比重①

年份	绝对数(亿元)			比重(%)		ΔGDP(%)(4)	Δ 地方财政收入(%)(5)	地方财政收入弹性(5)/(4)
	GDP(1)	全国财政收入(2)	地方财政收入(2)	(3)/(1)	(3)/(2)			
1994	46759.4	5218.10	2311.60	4.9	44.3	12.6	31.9	2.5
1995	58478.1	6242.20	2985.58	5.1	47.8	10.5	29.2	2.8
1996	67884.6	7407.99	3 746.92	5.5	50.6	9.6	25.5	2.7
1997	74462.6	8651.14	4424.22	5.9	51.1	8.8	18.1	2.1
1998	78345.2	9875.95	4983.95	6.4	50.5	7.8	12.7	1.6
1999	81910.9	11444.08	5594.87	6.8	48.9	7.1	12.3	1.7

资料来源:《中国统计年鉴(2000)》,第 53、267 页。

表 7-2 1994-1999 年地方财政支出的规模及其比重②

年份	绝对数(亿元)		比重(%)		地方财政自给率	Δ 地方财政支出(%)(5)	地方财政收入弹性(5)/(4)
	全国财政支出(1)	地方财政收入(2)	地方财政支出/GDP	(2)/(1)			
1994	5792.62	4038.19	8.6	69.7	0.57	21.3	1.7
1995	6823.72	4828.23	8.3	70.8	0.62	19.6	1.9
1996	7937.55	5786.28	8.5	72.9	0.65	19.8	2.1
1997	9233.56	6701.06	9.0	72.6	0.66	15.8	1.8
1998	10798.18	7672.58	9.8	71.1	0.65	14.5	1.9
1999	13187.67	9035.34	11.0	68.5	0.62	17.8	2.5

资料来源:《中国统计年鉴(2000)》,第 53、55、267 页。

地方财政收支缺口反映了地方财政缺乏必要的财权,预算内地方财政收入

---

① 参见樊丽明等:《中国地方财政运行分析》,经济科学出版社 2001 年版,第 46—47 页。

② 转引自前引樊丽明等:《中国地方财政运行分析》,第 47 页。

远远不能满足地方财政支出的需要,地方财政收支不对称的矛盾突出。①

二、地方政府增加财政收入的途径

地方财政收支存在的缺口使地方政府难以完成其担负的职能。为了寻求完成其职能所必需的财政收入,地方政府各显神通,开辟财源。其基本方式无非以下两个方面。

(一)向中央财政争取收入

向中央财政争取收入的方式包括:(1)在财政分配上与中央讨价还价,想方设法藏富于本地,或者少交税收,或者争取更多的财政补贴。由于各地方政府经济实力不平衡,"政治资源的地区分布不平衡"②等原因,各地方政府在与中央政府讨价还价中所得到的条件也不同,而这种不同更加刺激了地方争取更有利于本地方的财政分配的积极性。(2)在税收征管上,地方政府重地方税、轻中央税。分税制条件下,中央政府与地方政府之间还存在广泛的税收竞争行为。在现有税收征管体制下,国税及地税两套税务征管机构分别为中央及地方政府服务,为维护其利益,双方经常在税收征管边界上发生纠纷,地方政府采取多种措施抑制国税收入增长和国税征管、培植地税收入和支持地税征管。(3)向中央政府争取优惠政策。为了调节产业结构和产业布局,中央政府实行地区倾斜政策,地方政府会努力向中央争开发区政策、争先行改革或试点等政策,以争得国家在税收、投资项目审批、吸引外资等方面给予本地区特殊的优惠政策。如突出和强调本地区在整个经济发展格局中的地位,影响中央政府的发展战略决策,争取政策上的优惠。(4)争取中央投资。中央财政收入很大一部分是通过各种方式转移支付给地方,其中项目投资占有很大的比重。中央政府的投资项目投向哪个地区,就会刺激哪个地区的经济发展,增加该地区的财政收入。因此,各个地区都积极向中央政府推荐投资项目,利用各种关系"跑部钱进",有些为了吸引

---

① 转引自前引樊丽明等:《中国地方财政运行分析》,第47页。
② 胡鞍钢等:《中国地区差距报告》,辽宁人民出版社1995年版,第210页。

中央投资,立项时低估所申请和引进项目的投资需要额,并承诺自行筹措较多份额的配套投资,待项目上马之后,地方政府的投资却不能按时到位,迫使中央政府追加更多的投资。(5)运用行政权力帮助本地企业向国有商业银行融资。为了促进本地经济的发展,地方政府动用行政权力帮助本地企业向国有商业银行融资,以此为基础从事经济活动,增加地方财政收入。本来,金融债务必须还本付息,但是,由于债务的形成不是按照市场化的操作形成的,很多企业在借债后无力偿还,这样,地方企业经营的风险就转嫁给了国有商业银行。而在转型过程中,中央政府对商业银行软预算约束,中央政府事实上以国家信用为商业银行提供了隐含的担保,商业银行可以很方便地将金融风险转嫁给中央政府。也就是说,由地方企业转嫁给国有商业银行的金融风险的最终承担者是中央政府。

(二)拓展本地财源

拓展本地财源有两种基本方法:一是在法律、法规之外巧立名目"乱收费"、"乱集资"、"乱摊派"。"乱收费"、"乱集资"、"乱摊派"一直是地方政府非法筹集资金的重要方式,虽经中央政府多方多次治理,至今仍然难以有效制止。二是采用各种合法、不合法的手段推动本地经济的发展,从而间接增加地方财政收入。值得注意的是,转型时期地方政府和地方企业的利益的高度一致,结成利益共同体,地方政府直接介入经济,运用行政权力为地方企业谋求发展机会。他们把宏观经济稳定、收入分配公正和环境外溢影响等都视为"外部性"问题,并将尽可能多地争取外来投资、上级政府资助或特别优惠,以增加地方经济的发展机会,使地方财政更加宽裕、就业前景更为广阔、经济规模更加扩大,等等。这样,国家的法律、宏观调控政策的执行都要受到地方利益的"再评价",符合地方利益的,地方政府就执行;反之,则不执行。

三、地方财政收入与地方政府信用的关系

(一)地方财政收入与地方政府信用能力的关系

地方政府的事权是法定的,地方政府必须履行其法定职责,否则,就是

地方政府失信。而履行职责必须有相应的财力支持。从前文的论述可知，政府的财政收入是政府信用能力的增函数。地方政府的财政收入越多，其信用能力越强；反之，则越弱。当地方政府的财政收入不足以保障地方政府履行职责时，失信就不可避免。

1. 地方政府欠债不还或承诺资金不兑现

近年来最受到人们非议的政府失信行为是政府公然的欠债不还或承诺支付的资金不兑现。政府欠债不还包括拖欠工资、拖欠工程款，甚至拖欠餐饮、住宿等招待费用。如某乡政府拖欠某饭店招待费近 70 万元，所打欠条重达 1 公斤，经无数次催讨不还[①]；再如，某乡政府拖欠工程款 87 万元多年不还，法院判决本息共 120 余万元，限期还清，但判决后乡政府仍然不还，债权人无奈之下，当街打折叫卖乡政府的欠条[②]。另外，许多拖欠民工工资的案件，表面上是承包人拖欠民工工资，其根源是政府承诺的建设资金没有到位。地方政府在偿还债务和兑现支付资金的承诺方面的失信，其主要原因是地方政府无钱支付。这种事情一般发生在财政收入状况不好的地区，经济发达地区很少有这种事情发生，也说明了财政困难是导致这种失信现象的主要原因。

2. 地方政府违法"创收"

在财政极其拮据的情况下，地方政府为了能够正常运转，运用公共权力进行"创收"便成为一种普遍现象。各种名目的乱罚款、乱收费、乱摊派层出不穷，有的地方甚至达到了横征暴敛的程度！不仅严重破坏了社会主义法制，而且严重影响了政府形象，一些地方干群关系紧张，甚至威胁到了政府的合法性。

（二）地方财政收入与地方政府信用意愿的关系

在分税制财政体制下，地方财政收入是地方政府可以支配的收入，既是地方政府履行职责的财力保障，也是地方政府政绩的体现和政府官员利益

---

① 常佰军等：《乡政府给饭店打欠条重约 1 公斤欠款近 70 万》，《大河报》2007 年 6 月 5 日。
② 《当街"拍卖"乡政府"白条子"》，《南充日报》2005 年 3 月 23 日。

的集中体现。地方政府有动力获得更多的财政收入,而对于可能影响地方政府财政收入的行为,地方政府都会本能地排斥。这样,地方政府面对规则和自己曾经做出的承诺时,就不是一味地执行规则和践行承诺,而是区别情况,分别对待。凡是有利于增加地方财政收入的,就坚决执行;凡是不利于增加地方财政收入的,就千方百计不执行。

(三)地方财政收入与宏观调控中地方政府信用的关系

分税制的实行,加强了中央财政的宏观调控能力,相应地削弱了地方政府财力。这对宏观调控中地方政府的信用产生消极影响。

1. 地方政府履行调控经济的职能财力不足

地方政府担负在法律、行政法规允许的范围内调控本地经济的职能,而调控经济必须具备一定的财力,一些地方政府财政收入严重不足,陷于"吃饭财政",根本无力顾及调控经济,致使其调控经济的职能不能实现,失信于民。实践中,许多地方政府公布的鼓励经济发展的措施因政府财力不够而搁浅就是典型例证。

2. 地方政府为了本地财政收入对抗中央政府的宏观调控政策

中央的宏观调控政策的执行需要地方政府的配合,但是,由于中央利益和地方利益并不总是一致的,当两者出现不一致时,地方政府就会为了本地的经济利益不执行中央政府的宏观调控政策,甚至采取措施与中央的宏观调控政策相对抗,从而抵消中央政府宏观调控政策的效果。

四、通过完善财政体制改善地方政府信用状况的几点思考

(一)充分认识地方财政收入不足对地方政府信用的危害

总结分税制实施十余年的经验教训,多数学者意识到了财政收入分配过多向中央政府倾斜的弊病,指出了地方政府财政收入不足的窘境。但对地方政府财政收入不足对地方政府信用的危害的认识还很不够。

1. 严重影响了地方政府的职能履行

在市场经济条件下,地方政府担负的是公共管理和公共服务的职能,这都必须以一定的财力为基础。缺少财力的支持,地方政府就无法履行其公共职能。

2．政令不畅，中央政府的政策受到地方的严重阻挠

当地方财政捉襟见肘的时候，地方解决本地财政困局的压力就越大，就越不顾一切地以本地的短期财政收入为核心，当中央政府的政策不利于本地财政收入在短期内的增长时（即是有利于本地财政收入的长期增长），地方政府都没有执行中央政策的积极性，而会千方百计地采取措施规避中央的政策，导致有令不行、有禁不止。

3．造成了地方政府的信用危机

一方面，地方政府因财力不够不能有效履行其公共职能；另一方面，地方政府为了寻找财政收入不断地破坏规则、违背承诺。这样，人们对地方政府的信任度就会降低。在某些地方，甚至出现了人们不信任政府的情况，产生了政府的合法化危机。近年来屡屡发生的冲击政府机关的群体性事件，都与地方政府出现的信用危机有关。

（二）合理划分中央政府和地方政府的事权和财权

从理论上说，处理中央政府和地方政府的财权分配，就是要坚持财权和事权相统一的原则，即根据事权的大小来确定财权的大小，防止财权和事权的脱节。以免出现：（1）事权大于财权，各级政府因资金不足而影响事权的执行；（2）财权大于事权，造成资金分散，影响资金经济效益的发挥。

但是，在实践中存在三个方面的困难：（1）财力需要与可能之间的矛盾是财政工作的基本矛盾。各级政府要办和该办的事情很多，但在一定时期内财力受经济发展和财政集中程度的影响，因而总是有限的，有限的财力是优先满足中央政府的事权需要，还是优先满足地方政府的事权需要，始终是一个争议颇大的问题。（2）事权是根据政府职能划分的，而财权的划分是通过分税制的形式来实现的，两者之间并不存在严格的对应关系，也就是说，纯粹从技术的角度，财权和事权相统一的实现也有一定的困难。（3）中央政府与地方政府各有自己的利益，在利益博弈中各自都要争取有利于自己的财权分配，最终的结果，取决于相互之间的力量对比，而不是实际的需要，也就是说，即使有科学划分中央政府与地方政府财权的方法，该方法也

不一定会被采用。我国的分税制是在坚持财权和事权相统一的原则、合理划分中央政府和地方政府的事权和财权的基础上建立起来的。但从运行的效果看,事权划分不清、事权和财权配置不合理的情况十分严重。

关于解决我国目前财权与事权不对称现状的对策,学术界有许多的研究和建议,从维护政府信用的角度看,以下几点是最基本的。

1. 明确划分事权

财权与事权相一致的前提是事权明确,事权不明确,财权与事权相一致就无从谈起。由于这样或者那样的原因,要做到财权与事权相一致可能还有很多的困难,但明确事权应当是不困难的。关于事权划分的一般标准并不存在争议,如周天勇指出:"按照公共产品的层次性来合理划分各级政府的支出责任和范围,中央直接负责的全国性公共产品和事项(如国防、外交等)由中央财政负责;中央和地方共同承担的兼有全国性和地方性公共产品特征的事项(如跨地区大型基础设施、环境保护等),由中央和地方财政共同承担,并按具体项目确定分担的比例;中央负有直接或间接责任,但由地方政府负责提供更为高效的事项(如基础教育、计划生育、公共卫生等),主要应由中央财政通过转移支付把相应的财力提供给地方来完成;其他属于区域内部的地方性公共产品和服务,则由地方财政负责。"①这基本上是公认的标准。在标准明确的情况下,应当以立法的形式明确各级政府事权的具体项目,使得任何一项应当由政府承担的事务,都能落实到具体的政府部门中去,找到明确的责任者,当对立法存在歧义或者出现新的、应当由政府承担的事务时,必须通过立法解释的形式确认哪级政府应当承担该事务。不能模棱两可,上级政府不能将应由自己承担的事务转嫁给下级政府。只有这样,当出现某项公共职能没有履行的时候,才能准确认定是哪级政府的失信行为。

2. 规范中央政府的转移支付

中央政府承担着国家职能任务的主要方面,因此国家财力和财权的大

---

① 周天勇:《突破发展的体制性障碍》,广东经济出版社 2004 年版,第 178—179 页。

部分,要集中到中央,以保证国家重点经济建设、文化建设、国防建设和调剂余缺等资金的需要。世界上实行分税制的国家基本上是将财政收入的主要部分划归中央政府。中国是社会主义国家,社会主义国家的优越性之一是可以集中力量办大事,更加注重中央财政的支配能力。但是,中央财政集中的财力很大一部分是通过转移支付给地方使用。但我国在转移支付方面,恰恰最缺乏明确的规则约束,具有极大的随意性,再加之中央财政资金分配部门化,中央各部委支配大量用于转移支付的财政资金,所以才出现了"跑部钱进"的怪现象。应当规范中央政府的转移支付,明确转移支付的条件、标准并透明化,由中央财政而不是中央各部委统一向地方财政而不是地方各部门转移支付。对于符合转移支付条件的,依法转移支付;不符合条件的,不得转移支付,消除"跑部钱进"的怪现象,杜绝"钓鱼工程"①。

在确认转移支付标准时,必须兼顾公平与效率,充分发挥中央政府的宏观调控职能,逐渐改变分税制初期形成的以维护既得利益为主的转移支付制度。我国幅员辽阔,地区差异很大,有些地区由于经济比较落后,按照分税制划分的财政收入无力满足其事权需要,需要中央财政予以补助,否则,就会导致无力承担其事权而严重失信。从国外的经验看,中央政府向地方政府的转移支付一般起到平抑地区差异的作用。如日本,中央交付给地方的税收分配,"越是落后的地区,分得的数额越多,越是发达或富裕的划区,分得的越少。"②我国转移支付制度的建立也应当体现这种精神。

(三)为地方政府弥补财政缺口提供合法的途径

在现行财政体制下,地方政府出现财政缺口是没有合法途径弥补的,其后果要么是非法敛财,要么是放弃自己的事权,或者两种情况同时发生。无论哪种情况,都是地方政府严重失信的表现。前文提到的地方政府的"三

---

① 所谓"钓鱼工程",是指地方政府为了争取中央政府的投资,承诺地方承担改项目的若干投资,待中央批准立项后,地方政府承诺的投资不到位,造成项目停滞,迫使中央政府追加投资。这是中央和地方事权划分不清、转移支付不规范的后果,对政府信用影响极大。

② 张舒英:《日本中央与地方间的财权与事权划分——兼谈我国的分级财政体制》,中国社会科学院日本研究所日本经济发展的经验教训课题组编:《日本的经验与中国的改革》,经济科学出版社1994年版,第62页。

乱"问题,之所以屡禁不止,其根本原因就是地方政府缺乏合法的弥补财政缺口的途径。

分税制是按照统一标准划分中央政府财政收入和地方政府财政收入的,由于各地的经济条件和经济发展水平不同,其结果必然是有的地区财政收入富余,而有的地方财政收入不足。也就是说,某些地方政府存在财政收入不足的情况在分税制条件下是必然的,对于财政收入不足的地区,为了满足其事权的需要,必须为其弥补财政缺口提供合法的途径,否则,政府失信就是必然的。

1. 中央政府或上级政府的转移支付

弥补地方财政缺口的首要方式是中央政府或上级政府的转移支付。任何地方政府都应当具有履行其基本职能的财力,主要包括应由财政承担的工资支出、行政事业费用、教育经费支出和社会保障支出,这是地方政府机器正常运转必需的财力需要,当这些基本费用存在问题时,地方政府机器就无法正常运转,如公安机关没有经费抓逃犯、退休公务员不能及时领到退休金、中小学危房得不到改造,等等,其后果十分严重。这些基本的财政支出缺口,应由中央政府或上级政府转移支付补足,中央政府或上级政府应将这方面的转移支付列为转移支付的首要任务。

我国目前也有这方面的转移支付,但存在严重的问题。以中小学危房改造为例,中央和省市县均设中小学危房改造基金,通过申报项目的方式拨付。这样就存在以下问题:(1)事权不明,中小学基础设施的建设,究竟是哪一级政府的责任?如果是下级政府的责任,中央和上级政府为什么要设中小学危房改造专项基金呢?且有的地方能够获得基金支持,有的地方得不到基金支持,也是不公平的。(2)下级政府不积极安排中小学的危房改造资金,将希望寄托在上级政府的转移支付上,使本来可以得到及时改造的危房不能得到及时改造。(3)更为严重的是,基金申报中存在严重的腐败问题。一方面,层层申报,层层盘剥,最终落实到学校用于危房改造的资金所剩无几;另一方面,资金的分配极其不公平,地方财政真正困难的地区由于用于争夺资源的财力有限,反而得不到基金的支持。

因此,以这种所谓的中小学危房改造基金、公安部门追逃基金等专项基金形式存在的转移支付并不足取,应当根据地方政府的综合财力与其事权的缺口来决定转移支付的金额。这样,(1)事权明确,地方政府不等不靠,自觉安排财政支出到最需要的地方;(2)转移支付的标准明确,层次少,易于减少腐败;(3)将财政资金转移支付给最需要的地方政府,真正发挥调节地区差距的作用。

2.地方政府自主设定某些地方税

我国目前的税收立法权几乎全部归属中央政府,省级政府仅拥有极少的自主权[①],地方政府不能自主设定地方税,这制约了地方财政收入的获取,赋予地方一定的与地方经济和社会发展密切相关的税收立法权,使地方政府能自主设定某些地方税,不仅对于弥补地方财政收入的不足具有积极意义,而且对于充分发挥地方政府的经济调节作用也具有积极意义。

但是,地方税收立法权存在外部性,"制定税收制度的一方通过这些制度获取的收益超越了其管辖范围,不仅仅是对本辖区课税,还对其他辖区行使了课税权。一个辖区是否课税、税率与税基的确定与调整以及税收的减免优惠政策,其经济影响很容易通过一些内在的关联机制(如价格、区际贸易)超越政府管辖的范围,扩散到其他领域,扭曲资源配置并导致背离公平原则。这种超越管辖边界的课税权,一方获取的收益恰好就是给另一方地方政府造成的'外溢'损失。"[②]因此,地方税收立法权应当受到限制,这种限制主要包括:"(1)地方税的开征,尤其是新税的开征,必须获得中央政府的许可。(2)地方政府征税不得损害中央政府的财政利益。(3)地方政府不得征收地区间流动性大、有碍于区际贸易的税收。(4)地方政府不得征收主要针对非居民的税收。(5)对宏观经济稳定和收入再分配具有重大影响的税种,不得划归地方,等等。"[③]

---

① 省级政府拥有的自主权包括两项:(1)省级政府有权决定是否开征筵席税和屠宰税;(2)省级政府在一定范围里可以选择土地使用税的适用税率。

② 滕霞光:《农村税费改革与地方财政体制建设》,经济科学出版社 2003 年版,第 144 页。

③ 前引滕霞光:《农村税费改革与地方财政体制建设》,第 146 页。

从国际上看,地方政府的税收立法权有三种模式:一是美国模式,地方税收立法权完全交给地方,联邦政府不加干预;二是日本模式,地方政府没有立法权,但中央政府在对地方税进行立法时,给地方政府选择权,即在中央确定的税法中地方可根据本地情况对税种、税率进行选择;三是德国模式,既肯定地方政府的税收立法权,又通过立法权原则的限制,使地方的立法得到适当控制。美国是联邦制国家,各州经济相对独立,其各州的独立税收立法权不符合中国国情,日本和德国的经验可资借鉴。

借鉴国际经验,结合中国国情,中国地方税立法权限可作如下规定:(1)对于具有宏观调控意义,在全国普遍征收的地方税种,如个人所得税的税法制定权、税法解释权属中央,但开征停征权,可适度下放给省一级;(2)对全国统一市场影响不大,地方色彩较浓的税种,如屠宰税,中央可只保留税法制定权,其税法解释、开征停征、减免以及加征权等下放到省一级;(3)在不违背国家税收法律法规、不挤占中央财政收入、不对其他地区经济造成负面影响的前提下,省级政府可以通过某种地方税收立法,在本行政区域内开征适合发挥地方优势的新税种,但必须报中央政府批准。①

3. 发行地方政府债券

地方政府债券是地方政府为了筹集资金所发行的债券,按照我国《预算法》第 28 条的规定,"地方各级预算按照量入为出、收支平衡的原则编制,不列赤字。除法律和国务院另有规定外,地方政府不得发行地方政府债券。"目前法律和国务院均没有关于地方政府发行地方政府债券的规定,因此,地方政府不得发行政府债券。② 这样,在分税制条件下,地方政府财力不足时,就没有了合法地自主创造财政收入的能力。

从国际上看,举债权是规范的分税制体制下各级政府应有的财权,这是几乎所有实行分税制财政体制国家长期实践得出的经验。目前我国学界的

---

① 参见中国国家发展计划委员会地区经济司,日本国际协力事业团编:《城市化:中国现代化的主旋律》,湖南人民出版社 2001 年版,第 192 页。

② 为解决地方建设资金之不足问题,从 1998 年开始,中央财政将部分新增国债资金转贷给地方,用于国家确定的国债资金建设项目,由地方政府还本付息。

主流意见也认为发行地方债券有利于地方建设和经济发展需要。还有人深刻地指出,"从宏观经济角度看,发行地方债券还将有利于改善中央和地方的关系、有利于缓和财政联邦主义下的地方财政困境。在当前中国财政联邦主义状况下,地方政府由于事权、财权不对等出现了财政困境,使地方有了挖掘财政潜能的动力,而中央对地方分权的深化又使地方政府有了攫取'制度模糊'租金的能力,在兼备动力与能力的状况下,由此'诸侯经济'更加加剧,并与宏观调控相冲撞。赋予地方政府发行债券的能力将有助于改善此种状况,并且对于实践意义上的财政联邦主义有着积极的探索意义。"①

从我国的实际情况看,地方政府发行债券不仅有必要,而且已经成为事实。尽管法律规定不允许,但各种变相的政府债券却早已存在。由于缺少必要的法律约束,这种变相的政府债券的风险更大,并且严重损害了中央的权威。因此,允许并规范地方政府债券的发行,成为当务之急。

(四)限制地方政府的职能扩张

任何政府都有扩张的欲望,地方政府自然不能例外。政府扩张需要有更多的财力支持,这与政府有限的财力构成矛盾。限制地方政府的职能扩张,使地方政府不做自己没有能力做的事情,也是解决地方政府因财力不足而导致失信的重要手段之一。

在计划经济时期,政府执行的是全能政府的职能,无所不管。在市场经济条件下,政府只承担公共管理、公共服务和调节社会经济的职能。其中,调节社会经济的职能限于市场调节失灵的领域。市场经济条件下的政府是有限政府、法治政府,地方政府应当在法律法规授权的范围内活动。但是,一方面由于计划经济条件下全能政府的惯性,另一方面,扩展政府职能有利于地方政府及地方政府官员的利益,地方政府总是自觉不自觉地突破法律的界限进行职能扩张。

---

① 赵晓、董栋:《关于发行地方政府债券的几点思考》,《山东社会科学》2007年第8期。

第四节 政绩评价标准与宏观调控中的地方政府信用

一、政绩评价标准

（一）政绩评价标准的确定依据

政绩是政府官员执政的业绩，无论是基于"为官一任，造福一方"的理想追求，还是为了展现才能，获得上级赏识以得到提拔晋升机会，都需要以政绩为基础。但怎样评价政绩呢？笼统讲，是经济社会发展、社会稳定、人民生活水平提高。但这过于抽象，不便于操作。并且，政府承担的事务很多，人们的要求各不相同，政府官员按照自己的理性和好恶为官，即使清正廉明、勤勤恳恳、兢兢业业，也不一定能为最大多数人们谋福祉，因此，必须有明确的政绩评价标准来指引政府官员的行为。

政府是为了履行政府职能而设立的，政府及其官员的政绩评价标准毫无疑问应当根据政府的职能来确定。在自由资本主义时期，政府的职能是维护公共秩序和提供公共服务，政府不干预经济活动。政绩评价主要看政府是否提供了稳定、安全的公共秩序和有效的公共服务。进入社会化市场经济时期，政府的职能有了扩展，不仅提供的公共服务的内容和范围更广泛，而且还承担了引导国民经济协调、稳定和发展的功能。政绩评价标准就还要加上调控国民经济的绩效。

社会主义国家的政府职能在计划经济时期和市场经济阶段有很大的不同。在计划经济时期，政府除了提供公共管理和公共服务以外，还要担负组织社会经济的任务。由于政府组织经济的职能是通过指令性计划来完成的，因此，政绩的评价标准也变得简单，就是执行国家指令性计划的情况。在社会主义市场经济条件下，要发挥市场在资源配置中的基础性作用，政府的职能必须转变，即转变为提供公共管理和公共服务，扶持和培育市场，引导国民经济协调、稳定和发展。政绩评价标准也应当是公共管理和公共服务的水平、扶持和培育市场的能力以及引导经济发展的水平。

(二)我国现阶段的政绩评价标准

改革开放以来,党和国家的中心工作转移到经济建设上来,邓小平同志提出"发展才是硬道理"、"不管白猫黑猫,抓到老鼠才是好猫"等著名论断。统一了全国人民的思想,各级政府都把搞好本地经济作为头等大事来抓,逐渐形成了以 GDP 的增长作为评估政府官员政绩的主要标准甚至惟一标准的政绩观。

在改革开放初期,政府担负着组织经济的职能,而我国的经济又相当的落后,以标志经济增长的 GDP 增长作为评价政府官员政绩的主要标准,具有合理性和积极意义。其结果是掀起了中国经济持续、快速增长的高潮。但是,在建立社会主义市场经济体制以后,继续把 GDP 增长作为评价政府官员政绩的主要标准就显得不适合了。其不良后果是多方面的,举其要者,大体有四个方面:(1)政府过多干预经济,不利于政府职能转变和市场机制作用的发挥;(2)片面追求 GDP 增长,造成生态环境的严重破坏;(3)各地区之间恶性竞争,地方保护主义盛行,不利于全国统一大市场的形成;(4)各地方盲目扩大投资规模,低水平重复建设造成资源浪费。

(三)改进政绩评价标准的尝试

近年来,中央和地方各级政府都认识到了以 GDP 增长作为主要政绩指标的弊端。党的十六大以来提出科学发展观,提出统筹城乡发展、统筹区域发展、统筹经济社会发展、统筹人与自然和谐发展、统筹国内发展和对外开放"五个统筹",从单纯追求经济增长转向追求经济与社会的协调同步,为考核政府官员构建了新的参照体系。一些地方也提出改进政绩评价标准的具体措施。如有的地方提出:(1)不仅要考察 GDP 增长、招商引资、财政收入等方面的实绩,而且要考核社会风气、干部作风、综合治理、信访稳定等精神文明、政治文明方面的情况,既有量的分析,又有质的判断,合理分配分值权重,促进社会全面、协调、健康发展,使政绩考核更加全面、科学;(2)要把握好当前和长远这两者间的关系,既看短期绩效,更要看对本地区长远发展所起的作用;(3)既要核兑上级部门任务指标完成情况以及上级领导对干部的认知程度,更要听取群众的意见,使领导干部在乎百姓评价,千方百计地对群众负责,体察民情,集中民智,珍惜民力,不去搞劳民伤财的政绩和热衷于各种达标升级活动,不敢去搞那些沽名钓誉的形象工程,从而真正造福一方的优良政绩。

虽然中央和地方都认识到了追求片面的 GDP 增长的政绩观的不足,并提出了改进措施。但从实际操作来看,各级政府评价官员的政绩仍然主要看其在任时的 GDP 增长情况。

二、政绩评价标准对地方政府信用的影响

(一)政绩评价标准对地方政府行为的指引

政绩评价标准是地方政府行为的指挥棒。在 GDP 增长这个指挥棒引导下,各个地方官员的升迁竞争一个主要考核指标是主持地方工作的经济政绩。(1)体现经济政绩的表现形式除了 GDP 增长的数据外,还包括体现经济增长的市政建设改善状况等,由此解释了各地官员为什么热衷于形象工程,并称之为"政绩工程"。(2)经济增长、就业率、市政建设改善状况等的实现在很大程度上取决于当地的投资量和投资项目状况,这样,经济业绩的竞争转变为投资的竞争,由此解释了转型时期地方政府之间极其激烈的"招商引资"竞争以及难以抑制的投资扩张欲望。地方财政为追求一时的经济发展速度,违背经济规律,背负巨额债务,盲目上项目、办企业、搞投资,大量的低水平重复建设成为常态。(3)分税制情况下,地方财政资金极为有限,难以满足扩大投资规模的需要,只能寻求金融资金的支持,这样,投资竞争就集中地表现为对金融资源的竞争,地方政府官员为了自身的政绩和声誉,就会热衷于为本地企业争夺金融资源。由于受政府委托管理企业的经理人员不是出资人,在不存在资本约束的情况下,企业经理人员大都是风险偏好者,具有冒险追求短期收益的机会主义行为动机,蕴含严重的金融风险。

(二)对地方政府信用的影响

GDP 增长这一政绩标准对地方政府信用产生了不良影响:

1. 经济信息失真

地方政府为了快出"政绩",常常虚报产值、产量、指标,"数字出官,官出数字"的现象屡见不鲜。各级地方政府在布置任务时层层加码,上报资料时层层加水,各类社会经济统计数据充满了虚假信息。例如,近几年各省区统计的经济增长率大都超过全国公布的增长率,而各地市公布的增长率又高于所在省区的增长率。虚假的经济信息对政府信用影响极大,一方面,中央政府和上级政府难以依据下级政府提供的经济信息做出科学的宏观调控决策,企业难以依据政府公布的经济信息做出合理的自主选择;另一方面,政府信息是政府信用的主要载体,信息失真,人们很难建立起对政府的信任。

2. 盲目扩张损害了政府的信用能力

为了快出政绩、多出政绩,不顾自身的经济条件搞"政绩工程",盲目扩大投资,最后因资金不足而拖欠工程款、银行贷款等;为了在地区间的招商引资竞争中获胜,超越法律、政策规定对企业随意承诺给予优惠政策,但在项目到位、实施后,无力兑现,造成政府公信力下降。

3. 对法律、政策不执行或随意改变

以 GDP 增长为指挥棒,对于有利于自身政绩的法律和上级政策就执行,否则就不执行。同时,由于地方政府制订地方政策的权限与程序还没有得到法律严格界定,地方政府在政策制定、实施方面具有很大的灵活性。于是,地方政府在自身短期利益的驱使下,有时会随意变更、废止上届政府的政策,形成一届政府一朝政策的现象。政策多变,朝令夕改,造成了地方政府在人们心中信任度下降。

三、政绩标准的重构

(一)政绩标准改革的障碍

事实上,无论中央还是地方,从来就没有明确表示过 GDP 增长是政绩考核的惟一标准或者最主要的标准。GDP 增长成为政绩考核的惟一标准或者最主要的标准是实践中的做法,而不是文件的规定。造成这种现象的原因是我国转型时期的社会经济条件。随着社会经济条件的变化,这种标准的弊端日益显现,但是,造成这种现象的社会经济条件并没有完全改变,因此,仅仅从文件上规定采用新的政绩评价标准,那么这种新的评价标准并不会自动得到实行。这就是目前中央和地方政府在政绩考核时强调不能过于看重 GDP 增长,实践中仍然没有大的改变的原因。换言之,不过于看重 GDP 增长的政绩考核标准是一个不可信的考核标准,政府和政府官员仍然会以追求 GDP 增长为第一要务。具体来说,政绩标准改革面临以下三个方面的障碍:

1. 转型时期政府行为对经济增长的重大影响

经济体制转型是否顺利进行的标志是经济是否平稳发展,而转型是由政府主导进行的,政府必须把经济发展作为转型时期的核心工作。并且,转型时期市场配置资源的能力受到很大的限制,政府在资源配置中扮演重要角色,对经济增长产生重大影响。这样,一方面,转型时期的政府追求经济增长,需要以经济增长来验证政府确定的转型的路径、政策的正确性;另一方面,政府行为能对经济增长产生重大影响。这样,以经济增长来评价政府的政绩也就成为顺理成章的事情。

首先是中央政府,它是转型的总设计师、总导演和最终责任者,中央政府为使其转型政策获得正当性和合法性,必须用经济增长来证明。全国的经济增长,必须以地方的经济增长为支撑。这样,中央政府对经济增长的追求,通过其掌握的对省级政府的政绩考核权向省级政府传导。省级政府追求全省的经济增长,就必然要求各市县政府也追求经济增长,也会通过其掌握的对下级政府的政绩考核权向下级政府传导对经济增长的追求。

转型时期还有一个重要特点,就是政策、法律的不稳定性。转型对政府来说,也是一个探索的过程,需要各级各地政府发挥主观能动性。小平同志提出要"敢闯"、"敢冒",就是要求各级各地政府积极创新思维,大胆尝试。这样,有些违反当时政策、法律界限的行为,事后看是有利于经济增长的,不仅不会受到追究,而且会被当作"解放思想"、敢于冲破旧制度的禁锢而得到褒扬,由此导致实现经济增长手段的合法性标准变得含糊、不重要,重要的是经济增长的结果。

2.政府职能实现对经济增长的依赖

在分税制条件下,各级各地政府主要依靠归属地方的税收取得财政收入,并用以完成其承担的公共职能。由于我国分税制的税收划分偏重中央政府税收收入,多数地方政府财政紧张,难以担负其承担的公共职能。为了获得更多的财政收入,地方政府不得不追求地方经济的增长。

3.经济增长的外部性

片面追求经济增长会带来的诸多负效应,但是这些负效应并不全部由享受经济增长收益的地区及其政府承担,这样,即使从全局、从长远来说,负效应大于正效应,但只要对局部利益、短期利益有利,地方政府也会毫不犹豫地追求该种增长,这就是经济增长的外部性。具体来说,有三种典型情况:(1)造成环境污染、生态破坏的经济增长。环境污染、生态破坏虽然首先受害的是本地区,但本地区的损失可从经济增长中得到补偿,但同时造成其他地区的影响,从总体上来说,这种经济增长效应为负,但由于其他地区所遭受的损失无需本地区承担,故本地区在追求经济增长时无需考虑这种影响。(2)低水平重复建设和投资过快增长。低水平重复建设造成恶性竞争和资源浪费,对整个经济来说是没有效益或者负效益的,但对于投资项目的所在的地方政府来说,却可以增加财政收入,因此是有效益的;投资增长过快、经济过热会影响整个国民经济的健康发展,但对于投资的地区来说,增加投资总是其最优的选择。(3)短期有利长期无效的经济增长。政府实行任期制,官员的升迁看的是短期的政绩,不可能根据长期绩效来考评官员,这样,政府就可能更多地注重短期的绩效,某类经济增长只要有利于短期绩效的改善,即使从长期来说是无效的,地方政府及其官员也会追求该种增长。

(二)重构政绩评价标准的几点思考

上有所好,下有所效;楚王好细腰,宫中多饿死。地方政府过于追求GDP 的片面增长,根源在中央政府。尽管中央政府已经意识到片面追求GDP 增长的政绩观有问题,并且采取了相应的措施,之所以效果不明显,是因为并没有真正放弃以 GDP 增长为主要标准的政绩观。重构政绩评价标准,建设守信的地方政府,主要应从以下几个方面做出努力:

1. 彻底摒弃 GDP 增长标准

在笔者查阅到的所有关于改善政绩评价标准的文献中,仍然都强调把经济增长作为首要标准。我们党和政府都以经济建设为中心,因此,把经济增长作为首要标准似乎无可非议。其实不然,地方政府采取的促进本地经济发展的很多措施已经成为制约整个国民经济健康、协调发展的障碍因素。就市场调节机制来说,破坏全国统一大市场的形成,设置各种形式的垄断和不公平竞争的,主要是地方政府;就国家调节机制来说,对抗中央宏观调控措施、抵消中央宏观调控政策效果的,还是地方政府。如果说在转型初期,地方政府对经济增长的追求极大地刺激了国民经济的发展的话,那么,到了今天,愈演愈烈的地方经济增长竞争已经成为阻碍国民经济稳定协调发展的重大阻力。我们需要对地方政府在经济发展中的地位与作用进行重新思考。

转型初期,政府与经济建设的关系是政府组织经济建设,政府是"经济组织型"政府。随着社会主义市场经济体制的逐步建立,政府组织经济的职能逐渐削弱,党的十六届三中全会给政府经济职能重新做了科学定位:"主要为市场主体服务和创造良好发展环境",按照政府职能定位的重新界定,政府的经济职能履行情况,不是看 GDP 增长了多少,而是看是否为市场主体提供了优质的公共服务和是否创造了良好的经济发展环境。虽然为市场主体服务和创造良好发展环境会带来 GDP 的增长,但 GDP 的增长并不能作为判断是否为市场主体提供了优质的公共服务和是否创造了良好的经济发展环境的标准,因为 GDP 增长可以靠破坏环境的开发得来,可以靠低水平重复建设得来。因此,GDP 增长标准已经失去了存在的价值,应当彻底摒弃。

彻底摒弃 GDP 增长标准,消除了地方政府在 GDP 增长方面弄虚作假的动机,有利于中央政府获取准确的经济信息,并进而做出科学的宏观调控决策;彻底摒弃 GDP 增长标准,消除了地方政府纯粹基于政绩考虑而片面追求 GDP 增长的动机,有利于其根据地区自身的特点为本地经济发展服务。那么,彻底摒弃 GDP 增长标准会不会影响地方政府发展地区经济的积极性呢? 这种担心是没有必要的。一方面,如前所述,地方政府必须承担"为市场主体服务和创造良好发展环境"的经济职能,这当然需要建立相应的考核指标;另一方面,地方政府面临着财政的压力,希望从经济发展中获得财政的增长,从而有更多的财力来履行其公共职能。也就是说,彻底摒弃 GDP 增长标准,仅仅从一个方面削弱了地方政府片面追求 GDP 增长的欲望,并不能减弱地方政府发展地区经济的积极性。

2. 建立科学的、各有侧重的综合政绩评价标准——积极标准

首先,按照科学发展观的要求,科学的政绩评价标准要符合"以人为本"的要求。政绩的评价主要不是上级领导是否满意,关键是人民群众是否满意。目前,在领导干部的考评上也听取群众意见,但流于形式的居多,真正其起决定作用的,还是上级领导。因此,必须创新人民群众参与政绩评价的机制,一方面,人民群众的意见能够反映上去;另一方面,人民群众的考评意见能够起决定性的作用。

其次,要全面反映政府的职能履行情况。胡锦涛同志 2004 年在中央人口环境资源工作座谈会上指出,各级领导干部不仅要重视经济增长指标,而且要重视人文指标、资源指标、环境指标和社会发展指标。应当根据政府承担的公共职能,全面评价其公共职能履行情况。

第三,要以长远的眼光考察短期的政绩。政府实行任期制,政府官员的选拔也只能从有限的时间里的工作业绩中进行考核,这样很容易诱发短期行为。因此,不能简单地看短期的业绩,而要看业绩的取得,现任政府及其官员付出了哪些努力;要看短期业绩对长期产生什么影响。只有这样,才能做出正确的评价。

最后,政绩评价应各有侧重。《国民经济和社会发展十二五规划纲要》(以下简称"十二五规划")提出"实施主体功能区战略",为落实该战略,十二五规划提出了全新的政绩评价——"各有侧重的绩效评价"标准,其内容为:"在强化对各类地区提供基本公共服务、增强可持续发展能力等方面评

价基础上,按照不同区域的主体功能定位,实行差别化的评价考核。对优化开发的城市化地区,强化经济结构、科技创新、资源利用、环境保护等的评价。对重点开发的城市化地区,综合评价经济增长、产业结构、质量效益、节能减排、环境保护和吸纳人口等。对限制开发的农产品主产区和重点生态功能区,分别实行农业发展优先和生态保护优先的绩效评价,不考核地区生产总值、工业等指标。对禁止开发的重点生态功能区,全面评价自然文化资源原真性和完整性保护情况。"

3. 法治标准

在法治社会,法律是评价人们行为的重要标准,任何政党、组织、团体和个人都必须在宪法和法律允许的范围内活动。超越法律的政府行为,即使取得巨大的成效,也不能算是政绩。在地区竞争中,法律划定了各地区可采取的竞争手段的边界,任何地区都不允许用法律所禁止的手段进行竞争。如果法律可以被违反,或者违反了不会被追究,甚至获得好处,那一方面,会造成地区竞争的不公正;另一方面,也会损害法律的尊严。但是,在我国转型时期,地方政府采用违法手段追求地方经济增长的,比比皆是。更为严重的是,由于以前只看经济增长,不看取得增长的手段,违法行为是一些地区在竞争中占得先机,取得优势,相应地,较之守法的地方政府,会取得更大的"政绩",这样就构成了一种违法激励。①

我国已经将依法治国作为治理国家的基本方略,政府和各级领导干部应当带头守法,因此,专门对政府的执法、守法情况进行专项考核,很有必要。与经济增长密切相关的法律包括财税、投资、环保、资源、劳动、竞争方面的法律,许多地方政府以这些方面的违法来换取地方经济增长。故应建立执法检查和评估制度,对于评估不合格的,实行一票否决,绝不能让违法者占便宜。

执行法治标准有三个难题:(1)严格执法会抑制创新,特别是转型时

---

① 这里的"违法"是指实质违法,不包括"良性违法"。对于"良性违法",利大于弊,应当宽容,这在上一章已有详细阐述。

期,一些法律不科学、不合理或者明显滞后,突破这样的法律是有益的,那么能不能突破呢? 按照上一章论述的"良性违法"理论,是可以的。但这并不等于说谁都可以按照自己的理解随意突破法律,如果那样的话,法治就不复存在了;而是说,对于事后被认定为"良性违法"的行为,不予追究责任,"良性违法"者是要承担可能被追究法律责任的风险的。因此,通过"良性违法"来突破,只是个案。从普遍意义上来说,法治在一定程度上抑制创新不是转型时期的中国独有的问题,所有实行法治的国家都面临同样的问题。这是法治本身固有的缺陷,选择法治,就必须容忍这种缺陷;解决的办法主要包括:其一,对某些法律赋予弹性,在弹性范围内,人们有更多的选择自由;其二,及时修改、更新法律。(2)由于时间不一致性的原因,在违法行为发生后,有时再按法律严格执行不再是最优的选择。例如违法占地搞开发区,当开发区建起来后,再退地还耕已经不再是最优的选择了,广东许多地区就是这样发展起来的。根据基德兰德和普雷斯科特的研究,即使在这种情况下,也应当严格执行法律,因为从长期来说,遵守规则比相机抉择能够带来更多的福利。即使考虑转型时期的特殊性,按照最初的法律规定执行成本太大,那么,至少也应当给予违法者相当的惩罚,使其不因违法而获利。(3)法律执行问题。执行法治标准,面临一个法律的执行问题,在法律普遍得不到很好执行的情况下,谁又能执行法治标准呢? 有关该问题的阐述,上一章已有专门论述,这里不再重复。

第五节 本章小结

地方政府的宏观调控权包括两个方面:一是在分层调控结构中,地方政府可以根据法律规定制定本地经济发展规划,并采取法律允许的调控措施;二是负责中央政府和上级政府的某些宏观调控政策在本地的贯彻执行。地方政府享有宏观调控权,有利于鼓励竞争与创新,促进国民经济的发展;有利于地方改善公共服务,优化投资环境。但是,分税制条件下地方政府的宏观调控权也导致了地方政府与中央政府的博弈,并产生了不良后果:(1)总量调控的政策被弱化;(2)产业结构调整的政策被弱化;(3)培育全国统一大市场的政策被弱化;(4)政府信用遭到破坏。

地方政府之间的竞争造就了中国经济的繁荣,但不正当竞争带给了地方政府严重的信用危机。宏观调控中的地方政府竞争法治化、建立利益转移和补偿机制、促进和规范区域经济合作,是遏制地方政府不正当竞争行为、提升宏观调控中地方政府信用水平的重要方面。

地方财政收入对宏观调控中的地方政府信用影响巨大。地方政府的事权是法定的,地方政府必须履行其法定职责,否则,就是地方政府失信。地方财政收支存在的缺口使地方政府难以完成其担负职能。为了寻求完成其职能所必需的财政收入,地方政府各显神通,开辟财源。在巨大的财政压力下,地方政府面对规则和自己曾经做出的承诺时,就不是一味地执行规则和践行承诺,而是区别情况,分别对待。凡是有利于增加地方财政收入的,就坚决执行;凡是不利于增加地方财政收入的,就千方百计不执行。合理划分中央政府和地方政府的事权和财权、为地方政府弥补财政缺口提供合法的途径、限制地方政府的职能扩张是解决当前地方政府因财政收入困难而不守信的根本办法。

政绩评价标准是政府及其官员行为的指挥棒。政府是为了履行政府职能而设立的,政府及其官员的政绩评价标准毫无疑问应当根据政府的职能来确定。在改革开放初期,政府承担组织经济的职能,确定以"GDP增长"为主的政绩评价标准具有合理性。但随着改革的深入,特别是党的十六届三中全会给政府经济职能重新做了科学定位:"主要为市场主体服务和创造良好发展环境";十二五规划提出"实施主体功能区战略"仍然以GDP增长作为政绩评价标准不仅明显不合理,而且成为导致政府失信等诸多问题的重要原因。一些地方政府及其官员为了追求GDP增长,提供虚假的经济信息、盲目扩张政府职能、对法律政策不执行或随意改变。因此,必须彻底摒弃GDP增长标准,建立科学的、各有侧重的综合政绩标准,并辅以法治标准作保障,即对于一切采用违法手段获得的政绩不仅不予认可,而且要追究违法行为人的法律责任。

第九章 结论与展望

在本出站报告①即将完稿之际,由美国次级债风波引发的金融危机正逐渐蔓延,大有形成世界性的金融危机之势。金融危机的核心是金融机构的信用危机,从雷曼兄弟破产,到华盛顿互惠银行破产,次级贷款危机让市场和大众对美国金融业失去信任,而信任危机加速了美国金融业的危机,与其说是银行破产,更准确的是信用破产。华盛顿互惠银行在宣布破产前的10天内,由于失去了信任,个人以及机构储户从华盛顿互惠银行中挤兑了160亿美元,如果没有这样的挤兑,或许华盛顿互惠银行不会宣布破产。对银行失去信任的不仅是储户,而且银行之间也失去了相互的信任,正常的经营下,银行之间每天都有巨额资金的相互借贷,但信任失去后,银行之间都收紧了相互的借贷。由此产生多米诺骨牌效应,导致全球金融危机。面对金融危机,政府自然不能坐视不管,尽管有很多的反对意见,政府最终还是采取了行动。2008年10月3日美国布什总统签署了《2008年紧急稳定经济法案》;2008年11月5日中国温家宝总理主持召开国务院常务会议,会议确定了进一步扩大内需,促进经济增长的十项措施。此外,欧盟也采取了紧急行动。但接下来的问题是,政府解决金融危机的能力和行动是否得到人们的信任,能不能改变人们对宏观经济的悲观预期。凯恩斯在论述危机过后的经济复苏时指出:"这种恢复实际上是由不受控制、无法管理的市场心

---

① 本文是在本人博士后出站报告《我国转型时期宏观调控中的政府信用问题研究》的基础上修改而成的。该出站报告初稿完成于2008年9月。

理所决定的。用平常的话来说,这种复苏是信任的恢复,……"①一句话,一场波及全球的金融危机问题,是一个信用问题;政府应对金融危机的问题,是一个宏观调控中的政府信用问题。这再一次凸显了本文主题的重大意义,也希望本文的研究结论能对应付这场世界性的金融危机有所裨益。

一

信用本质上是一个经济问题②。卢曼说,信任是复杂社会的简化机制,信用双方都能从这种简化机制中获益。信任方只有通过信任对方建立某种交互关系、并从这种交互关系中收益,才会选择信任,与对方建立信用关系;信用方只有能从践行信用中获益,才会践行信用。私人信用关系是如此,政府信用关系也是如此。也就是说,只有在践行信用关系更符合政府的利益时,政府才会守信。因此,当我们仅仅列举转型时期政府失信的种种表现、展现政府失信的种种危害,并不能震醒政府,促使政府自觉守信;我们必须发掘守信对政府的种种好处,使守信成为政府的占优战略,政府才会守信。

信用是一种资源,一种财富。取得信用就是取得财富,培植信用就是增加财富,丧失信用就是丧失财富。最近曝光的三鹿奶粉事件对此给了一个很好的注解。价值数十亿元的无形财产因问题奶粉毁于一旦,三鹿公司轰然倒闭。政府信用也是如此,没有一个政府可以仅靠强力维持其统治,必须取得人们对其存在的合法性的基本信任,一旦政府失去了合法性信用,政府面临的只能是被推翻的命运。因此,无论私人还是政府都有取得、维持和增加其信用的动力。在信用关系中,信用方对信任方做出承诺,信任方有两种选择:不信任信用方或者信任信用方,如果选择不信任信用方,信用关系无法建立。而如果选择信任信用方,信用关系能否延续就看信用方的行为了。面对信任方的信任,信用方也有两种选择:恪守承诺或者违背承诺。恪守承

---

① [英]约翰·梅纳德·凯恩斯:《就业、利息和货币通论》,宋韵声译,华夏出版社2005年版,第244页。

② 李建平、石淑华:《信用本质上是一个经济问题——兼论经济信用、法律信用和道德信用的关系》,《当代经济研究》2003年第5期。

诺,会继续得到信任方的信任,双方建立长期信用关系;违背承诺,信任方不会再信任信用方,信用关系终止。因此,守信是维持和增加信用的基本条件和方法。

市场经济是信用经济,作为市场监管者和调控者的政府,首先应当守信。宏观调控是政府运用其掌握的某些经济变量的变化来引导促进国民经济协调、稳定和发展。以对需求的调控来说,当消费者和投资者对宏观经济发展预期良好时,会增加消费需求和投资需求,过于旺盛的需求导致经济过热;相反,当消费者和投资者对宏观经济发展预期不好时,会减少消费需求和投资需求,过于低迷的需求导致经济过冷。过热或过冷的宏观经济都不是政府希望看到的,于是政府采取措施调控需求。当经济过热时,采取紧缩性的货币政策和财政政策,这种政策本身虽然对经济发展有一定的抑制作用,但如果不能改变消费者和投资者对经济发展持续高涨的预期,则其调控作用是有限的;当经济过冷时,政府采取扩张性的货币政策和财政政策,这种政策本身对经济发展也有一定的刺激作用,但如果不能改变消费者和投资者对经济持续低迷的预期,则其调控作用同样是极其有限的。那么,怎样改变消费者和投资者的预期呢?这就涉及到政府信用问题。政府的调控措施除了本身对经济的影响外,还有信号的功能。紧缩性的调控政策传达的信号是:经济过热了,继续过热发展就会陷入危机了,政府已经采取并将继续采取措施抑制需求增长,因此,消费者不能对自己的未来收益估计过高而盲目消费,投资者不能对其投资的未来收益估计过高而盲目投资;扩张性的调控政策传达的信号是:经济过冷了,政府已经采取并将继续采取措施刺激经济增长,经济将会复苏,消费者和投资者应对经济前景持乐观态度,大胆消费和投资。如果消费者和投资者信任政府的调控能力和调控政策,则会自觉接受政府宏观调控政策的指引,政府宏观调控的目的也就容易实现。在政府被高度信任的情况下,政府的某些宏观调控甚至不要采取具体的调控措施,只要发布宏观经济信息和经济预警信号就可,市场主体会按照政府发出的信号做出理性的选择。相反,如果消费者和投资者不信任政府的调控能力和调控政策,则不会自觉接受政府宏观调控政策的指引,政府宏观调控的目的的实现就要困难得多,甚至变得不可能实现。因此,宏观调控离不开政府信用。

二

我们研究转型时期宏观调控中的政府信用问题,是因为转型时期宏观调控中存在比较严重的政府失信问题。只要稍加注意,我们就能发现诸多的政府失信问题,其严重性再怎么强调也不为过。不过,在分析政府信用现状时也不能夸大政府失信的问题。以下两个方面是常会被认为是政府失信,而实际上只是人们的误会。第一,受传统计划经济体制下全能政府观念的影响,将很多已经不属于政府职能的事项强加在政府头上,当政府没有完成这些事项时,指责政府失信。政府必须且也只应当履行其职能,超出政府职能范围,政府就没有法定或者约定的义务和承诺,也就谈不上政府失信问题。第二,因政府的宏观调控目标没有实现而指责政府失信。在政府－市场二元结构中,市场在资源配置中起基础性作用,政府的宏观调控在资源配置中只起辅助作用。政府实施宏观调控,只要为宏观调控目标采取了适当的措施,而且采取的措施得到了贯彻实施,就履行了宏观调控职责,至于宏观调控目标是否实现,除非政府事先有承诺,并不影响政府信用。政府在某些时候可以对某些宏观调控目标做出承诺,以增添其宏观调控的可信性,但在多数时候对多数宏观调控目标做出承诺是不合适的,因为这样做忽视了市场调节的基础性作用,忽视了市场调节对政府调节进行再调节的纠偏功能。如果政府不顾条件、不顾代价地为实现宏观调控目标采取措施,可能带来的并不是国民经济的协调、稳定和发展,而是对国民经济发展的扭曲。

既然政府信用是政府的财富,守信是维持和增加该财富的条件和方法;既然政府信用是实现宏观调控目标的工具,宏观调控离不开政府信用,那为什么我国在从计划经济向市场经济转型的过程中会出现较严重的政府信用危机、宏观调控政策和措施可信度不高的问题呢? 其原因从大的方面说,无非有二:一是政府守信不能,即政府缺乏执行规则或履行承诺的能力;二是政府守信不愿,即不守信更符合政府、政府机构或其官员的利益,政府不愿

意执行规则或履行承诺。具体来说,政府失信主要有以下几个方面的原因:

1. 政府滥用合法性

中国共产党领导的中国政府,是由人们通过代议制机构民主选举产生的,是人民当家作主、实行人民民主专政的工具,具有存在的正当性和合法性。这种合法性不仅使人们对政府有一般性的信任,而且使人们对政府的失信行为给予极大的包容性,如把失信归结于个别机关、个别官员的行为,而不是认为是政府的失信行为,并不会因个别机关、个别官员的失信行为而不再信任政府。按说,政府应当珍视人们的这种信任,以更积极的守信来回报人们的信任。但政府不是抽象的,而是由各个政府部门和政府官员组成,一些政府部门和政府官员为了其自身利益,滥用人们的信任,在政府的失信行为并不会招之人们不合作(不信任)的后果时,选择用失信行为来牟利。

2. 政府信用的刚性

政府管理是法定的、强制的,面对政府权力,人们没有接受或者拒绝政府管理的自由。也就是说,无论是否愿意,人们都要接受政府的管理,除非推翻政府或者迁出政府管辖的区域。政府管理的这种特性导致了政府信用的刚性:人们虽然有信任或者不信任政府的自由,但无论人们是否信任政府,都要与政府发生关系。政府不守信并不能给政府带来直接的损害,相反,在某些情况下还可以给政府带来利益,这也激励了政府的失信行为。

3. 政府能力的有限性

无论从自然属性还是社会属性看,政府的能力都是有限的,当政府能力不足以完成政府职能或其承诺时,政府失信就不可避免了。由于转型时期对政府职能的界定缺乏科学性,由于政府天然的扩张趋势,由于对转型时期宏观经济运行规律的认识不足,由于转型时期宏观调控技术及可资利用的宏观调控资源的有限性,转型时期宏观调控中出现政府失信现象也就在所难免了。

4. 利益的非一致性

基德兰德和普雷斯科特的时间一致性理论解释了由于经济政策存在时间的不一致性,在期初制定的最优经济政策,在政策执行时不再是最优的,相机抉择的政府就不再有信守承诺、执行最初制定的经济政策的意愿。除了时间不一致以外，政府不愿意执行宏观调控政策的原因还包括地区不一致和人的不一致。地区不一致是指基于全局制定的经济政策，在地方执行时，由于不符合地方利益，而得不到地方政府的执行；人的不一致是指经济政策制定者和执行者是不同的机构或人员时，由于执行经济政策不符合政策执行者的利益而得不到执行者的执行。无论是时间不一致，还是地区不一致、人的不一致，都是利益的不一致，经济政策因不符合执行时的政府、执行地政府或执行人的利益时，政府经济政策就得不到执行，也就是说，政府会失信。

5. 政府信用评价的模糊性

在政府信用关系中，由于信用关系主体的模糊性和信用内容的复杂性，使得政府信用评价具有模糊性，人们很难对政府信用给出评价。特别是宏观调控，本来就是相机抉择、灵活多变的，又不能从宏观调控目标是否达成来做出评价，模糊性更是明显。由于信用评价的模糊，政府或政府工作人员的守信行为和失信行为得不到信用评价的激励和约束，无论是守信还是失信，都不能很直观地感觉到，这就给政府的机会主义提供了活动的空间，其结果是失信行为的泛滥。

三

解决转型时期宏观调控中的政府信用问题，首先就要解决政府信用能力的问题。解决该问题的路径有两条，一是限制政府的职能，让政府只干其能干的事情；二是提升政府的能力，使其具有履行职能相应的能力。

1. 建立有限政府

有限政府是指权力、职能、规模和行为都受到宪法和法律明确限制的政府，在宪法和法律之外，不存在政府权力和政府职能。人们只是将有限的事务委托政府处理，同时也授予政府为完成有限事务的有限权力。有限政府是法治政府和责任政府，政府的职能和权力法定，责任也法定。这样，一方面从权力方面限制政府干其没有能力干的事，防止因能力不够而失信；另一方面,由于要求政府对其行为负责,对其履行职责或不恰当履行职责承担责任,也限制了政府的扩张欲望。宏观调控是政府的重要职能,应当通过法律授予政府相应的宏观调控权,但政府宏观调控不是无限的,如果赋予政府无限的宏观调控职能,政府将因没有能力完成该职能而失信。因此,应当限定政府的宏观调控职能,包括宏观调控权力的大小、行使的方式、程序、可以采用的工具等。在转型时期,政府的宏观调控是一个学习的过程,有限政府的宏观调控的有限性也是发展的、变动的,这种变动一方面要考虑宏观经济调控的实际需要,另一方面也必须充分考虑政府的实际能力,不能让政府干其没有能力干的事情。

2. 建立透明政府

守信是积聚信用资源、增强信用能力的重要手段。但是,由于政府信用评价的模糊性,政府守信行为难以直观地被人们感知到,这不利于激励政府守信,也不利于通过守信来增强政府的信用能力。因此,改善政府守信的方式,使政府不仅守信,而且用人们"看得见"的方式守信,是增强政府信用能力的重要方面。透明政府建设就是"让政府守信看得见"的实现途径。另外,透明政府还会对政府失信产生抑制作用。将透明政府的观念贯彻到宏观调控中,必须做到:所有的宏观调控信息都必须及时公开,并加以说明,使受控主体不仅能够及时了解宏观调控信息,而且能够理解调控信息的经济含义;不能采取秘密的调控措施,不能对调控措施的实质含义做虚假的、引人误解的宣传或说明;要将政府执行宏观调控政策的情况及履行宏观调控承诺的情况告诉公众,使人们真切地感受到政府的宏观调控政策是可信的,从而自觉地接受宏观调控政策的引导。

3. 配备与政府职能相当的人力和财力

巧妇难为无米之炊,政府履行其职能必须拥有实现其职能的相应人力和财力。就转型时期的宏观调控来说,最为重要的是进行预算体制的改革,建立公共财政制度,根据政府职能配备财政资金。一方面要将不应由财政承担的支出剥离出去,使政府有更多的资金用于宏观调控,另一方面要根据宏观调控的需要安排预算资金。

四

改善转型时期宏观调控中的政府信用状况,除了提升政府信用能力以外,更要加强对政府信用意愿的激励和约束,使守信成为政府在宏观调控中的占优策略。

1. 宏观调控法治化

宏观调控法治化不仅是有限政府的要求,对于提升政府能力有积极意义,而且对于增强政府信用意愿也有激励和约束作用。法治化将宏观调控的过程转化成法律的运用和执行的过程,使宏观调控政策和措施获得合法性信任,在增加了它的可信性的同时,也对政府形成合法性的约束,使政府不守信的成本加大,守信的收益提高。宏观调控法治化的基本要求是,宏观调控权、程序、方式和措施法定,违反宏观调控法要承担相应的法律责任。在转型时期实现宏观调控法治化面临诸多的困难,克服这些困难需要转变观念,并建立相应的制度。其中特别需要强调以下三点:(1)建立国家赔偿和补偿制度,对失误的宏观调控措施造成的直接损害给予赔偿、对宏观调控政策或措施改变、终止给相对人造成的信赖利益损失给予补偿。这种制度的建立,一方面提升宏观调控政策的可信性,另一方面抑制政府随意变更宏观调控政策的行为。(2)宏观调控法保持足够的弹性,能够适应宏观调控灵活多变的需要,不因法律的僵化影响宏观调控的绩效。但同时应当注意及时将一些被实践证明了的、能够长期发挥作用的规则稳定下来,以增强法律的刚性。转型的过程,就是宏观调控法不断从弹性走向刚性的过程。(3)建立"良性违法"制度以鼓励创新,对于形式上违法而实际上不具有社会危害性的行为,要建立相应机制使之得到豁免,从而避免恶法抑制政府或者受控主体的创新行为。

2. 加强中央宏观调控机构和政府职能部门的独立性

调控主体的独立性程度与其守信程度成正比,当调控主体不独立时,其意志可能受到控制或影响而不能守信。按照法律的规定,我国中央政府各部门既要接受国务院的统一领导,又有各自独立的职权,是具有相对独立性的。但在实践中,其各自应有的独立性常常得不到保障和坚持。由于这种不独立,使得很多的宏观调控政策得不到执行。解决的办法不是要使各宏观调控机构都独立于中央政府,而是要明确划分他们之间的职权,各司其职,对于专属于各部门的职权,国务院不能越权干预。

3.建立中央和地方两套执行机构

按照财权和事权分开的原则,对属于中央政府职能范围内的事项,由中央执行机构承担;对属于地方政府的职能范围内的事项,由地方执行机构承担,以减少地方政府因执行规则不符合本地利益而拒绝执行规则的情形。同时建立地区之间的机构合作,以减少地方政府不执行有利于其他地区利益的规则的情形。

4.加强非政府组织建设

非政府组织是独立于政府的一种社会力量,能够对政府行为产生制衡作用,可以敦促政府守信。

五

转型时期宏观调控中存在的最大问题是地方政府与中央政府博弈、不配合中央政府的宏观调控问题,由于该问题的严重性,极大地影响了政府信用,降低了宏观调控的绩效。对此,一味地指责地方政府不仅是不公正的,而且也是于事无补的。分税制体制下,地方政府担负双重职能,一是中央政策在本地的实施,二是组织本地经济的发展。但两种职能发生冲突时,后一种职能占据了主导地位,这就导致了中央的宏观调控政策在地方执行时走样、变形。要改变这种局面,除了建立中央和地方两套执行机构外,以下两个方面的制度建设是重要的。

1.完善分税体制

合理划分中央和地方的财权,减少和避免因中央和地方争夺财权而产生的冲突和由此引发的地方不执行中央的调控政策。规范中央政府对地方政府的转移支付,保障地方政府履行职能必要的财政收入来源,这样一方面提高地方政府的信用能力,避免因财力不足而失信,另一方面也降低地方政府因财力不足而违背中央政府宏观调控政策去开辟财源的冲动。

2.改善政绩评价机制

在以经济建设为中心的方针指引下,要求各地政府及其官员把发展本地经济作为第一要务,由此演化成以 GDP 指标作为评价政绩的第一标准或者惟一标准。这种指挥棒指导各地方政府为了发展本地经济不择手段,造成严重的政府失信。必须在科学发展观的指引下重新建立政绩评价标准。首先,按照科学发展观的要求,必须以人为本,统筹兼顾,不能简单地追求 GDP 的增长。其次,政府的职能发生了转变,不是组织经济建设,而是"为市场主体服务和创造良好发展环境",GDP 的增长状况不能反映政府履行职能的状况。由于 GDP 增长标准带来的巨大危害,应当彻底摈弃该标准,改各有侧重的综合标准和法治标准。各有侧重的综合标准既能突出重点和各功能区的特点,又能全面反映政绩,避免片面化;法治标准是一种消极标准,对于违法行为直接予以否定性评价。

中共十七届五中全会公报在总结过去的成绩时指出:"有效实施应对国际金融危机冲击的一揽子计划,有针对性地加强和改善宏观调控,巩固和发展应对国际金融危机冲击的成效,加快转变经济发展方式,保持经济平稳较快发展,……";在部署未来工作计划时指出:"要坚持扩大内需战略、保持经济平稳较快发展,加强和改善宏观调控,建立扩大消费需求的长效机制,调整优化投资结构,加快形成消费、投资、出口协调拉动经济增长新局面。"《中共中央关于制定国民经济和社会发展第十二个五年规划的建议》中也强调要"加强和改善宏观调控",加强和改善宏观调控的具体内容包括:"要处理好保持经济平稳较快发展、调整经济结构和管理通胀预期的关系,保持宏观经济政策的连续性和稳定性,增强针对性和灵活性,提高宏观调控的科学性和预见性,防范各类潜在风险,避免经济大的起落。把短期调控政策和长期发展政策有机结合起来,加强各项政策协调配合,促进经济平稳较快发展。"可见,宏观调控既是我们应对金融危机、取得经济又好又快发展成绩的重要法宝;也是我们继续保持经济又好又快发展的重要手段。加强和改善宏观调控,其核心是正确处理宏观经济政策的连续性、稳定性和针对性、灵活性之间的关系,提高宏观调控的科学性和预见性。要做到这一点,政府信用机制的建立和完善是重要的;宏观调控法治化也是重要的。只有充分认识到政府信用对于宏观调控绩效的意义,政府才会自觉地培育和保持政府信用,才不会受短期、局部利益的局限,保持宏观调控政策的连续性和稳定性;只有实行宏观调控法治化,政府的背信行为才会受到制约,宏观调控政策的针对性和灵活性才不至于损害其连续性和稳定性,才能保持宏观调控政策的可预见性。

转变经济增长方式是十二五期间宏观调控的主题。转变经济增长方式的核心是扭转主要依靠投资和出口拉动经济增长的局面,提高人们的消费能力和水平,使消费需求成为经济增长的主要动力。只有这样,人们才能实际享有经济增长的福祉;才真正体现了社会主义生产的目的——满足人们不断增长的物质文化生活的需要。但要实现这一点,却是极其艰难的:首先,要提高人们的收入水平,藏富于民;其次,要调整收入分配方式,缩小贫富差距;最后,要建立完善、稳定的社会保障体系,免除人们的后顾之忧,使人们敢于消费。这是短期的相机抉择无法达到的。必须在宏观调控基本法的保障、约束和指引下,"努力提高居民收入在国民收入分配中的比重,提高劳动报酬在初次分配中的比重。创造条件增加居民财产性收入。……规范分配秩序,加强税收对收入分配的调节作用,有效调节过高收入,努力扭转城乡、区域、行业和社会成员之间收入差距扩大趋势。"[1]"健全科学决策、民主决策、依法决策机制,……提高政府公信力。"[2]在人们比较富足、政府有很高的公信力的情况下,人们会自觉接受政府宏观调控的指引,放心、大胆地消费,从而扩大消费在经济增长中的比重,改变过度依赖投资和出口的畸形经济增长方式。

---

① 引自《中共中央关于制定国民经济和社会发展第十二个五年规划的建议》。
② 引自《中共中央关于制定国民经济和社会发展第十二个五年规划的建议》。

关于市场与政府的关系,经济学上的争论永远不会停歇。中国的经验是:"健全的市场机制,有效的宏观调控,都是社会主义市场经济体制不可或缺的重要组成部分。市场作用多一些还是政府作用多一些,必须相机抉择。"①自 2008 年全球爆发金融危机以来,各国政府都明显加强了干预的力度。宏观调控是现代政府干预经济的主要方式,宏观调控的科学性、适当性直接影响一国经济能否健康、平稳和较快发展。转型时期的中国,一方面,由于没有实行人民币资本项目的可自由兑换,所受金融危机的冲击较小;另一方面,由于中央政府及时采取了强有力的调控措施,"及时纠正市场扭曲,弥补市场失灵,防止经济出现大起大落"②,应对金融危机的冲击取得了较好的效果,保持了国民经济平稳和较快发展。但是,转变经济增长方式,调整收入分配结构、抑制贫富差距的进一步扩大,较之于危机对策,是长期的、更为艰巨的任务。要实现它,单靠领导人的个人智慧是不行的,单靠政府加强调控力度也是不够的。必须制定宏观调控基本法,使宏观调控法治化,建立稳定、可预期的长效机制,培育政府信用,使人们相信政府,自觉接受或主动寻求政府的引导。因此,经济法学者可以自信地展望:十二五至十三五期间,中国一定会制定宏观调控基本法!我们将迎来一个宏观调控法研究和实践的黄金十年!

不过,"我们必须正视这个现实:哪怕是最好的选择,也都会是很不完美的,制度的优缺点,往往也会随着情境的不同而有所区别。"③"所有通向制度选择的简单途径——诸如目标选择、思想意识、原始意图、简单映象以及单一制度主义——都注定是行不通的。"④宏观调控法并不能解决一切问题,需要信用机制和法治机制相互作用,共同推进宏观调控的改善,保证宏观调控政策的科学性、可预期性。在这当中,必定会遇到许多的困难和波

① 引自温家宝总理 2011 年《政府工作报告》。
② 引自温家宝总理 2011 年《政府工作报告》。
③ 〔美〕尼尔·K.考默萨:《法律的限度——法治、权利的供给与需求》,申卫星、王琦译,商务印书馆 2007 年版,第 201 页。
④ 前引〔美〕尼尔·K.考默萨:《法律的限度——法治、权利的供给与需求》,第 201 页。

折,甚至于还可能出现宏观调控法影响政府宏观调控的及时性和实效性的情况,某些人还会重新怀疑宏观调控法治化的可行性。因此,我们除了需要牢固树立法治的信念外,还需要进一步深化宏观调控法基础理论和基本制度的研究,进一步加强宏观调控法治化过程中出现或可能出现的重大问题的研究,进一步加强宏观调控法治机制与政府信用机制协调互动的研究。

参考文献

一、中文部分

1.《马克思恩格斯选集》第 1 卷,人民出版社 1995 年版。

2.《马克思恩格斯全集》第 1 卷,人民出版社 1963 年版。

3.《马克思恩格斯选集》第 4 卷,人民出版社 1995 年版。

4.《马克思恩格斯全集》第 22 卷,人民出版社 1956 年版。

5.《马克思恩格斯全集》第 25 卷,人民出版社 1974 年版。

6.《马克思恩格斯全集》第 49 卷,人民出版社 1974 年版。

7.《资本论》第 1 卷,人民出版社 1975 年版。

8.《毛泽东选集》第 5 卷,人民出版社,1977 年版。

9.《毛泽东著作选读》下册,人民出版社 1986 年版。

10.《邓小平文选》第 1 卷,人民出版社 1994 年版。

11.《邓小平文选》第 2 卷,人民出版社 1994 年版。

12.《邓小平文选》第 3 卷,人民出版社 1993 年版。

13.《江泽民文选》第 1 卷,人民出版社 2006 年版。

14.《江泽民文选》第 3 卷,人民出版社 2006 年版。

15. 李建平、石淑华:《信用本质上是一个经济问题——兼论经济信用、法律信用和道德信用的关系》,《当代经济研究》2003 年第 5 期。

16. 叶秋华、宋凯利:《论美国的市场经济模式与宏观调控法》,《法制与社会发展》2004 年第 6 期。

17.《"国家协调论"与经济法学——杨紫烜教授从教五十周年学术思想研究

文集》,北京大学出版社 2010 年版。

18. 刘文华主编:《宏观调控法制文集》,法律出版社 2002 年版。

19. 杨紫烜、盛杰民主编:《经济法研究》第 2 卷,北京大学出版社 2001 年版。

20. 杨紫烜、盛杰民主编:《经济法研究》第 3 卷,北京大学出版社 2003 年版。

21. 吴敬琏主编:《比较》第 12 辑,中信出版社 2004 年版。

22. 唐妍:《我国政府信用的现状分析及其构建对策选择》,《贵阳市委党校学报》2005 年第 5 期。

23. 何志杨、熊莉萍:《当前我国政府信用建设刍议》,《理论界》2005 年第 9 期。

24. 唐铁军:《重塑政府信用的若干思考》,《经济与社会发展》2005 年第 1 期。

25. 张宜松:《政府信用建设的基本架构与设想》,《世界标准化与质量管理》2005 年第 10 期。

26. 句华:《信用经济与政府信用的保障机制》,《社会科学辑刊》2003 年第 1 期。

27. 蔡皞琦:《协会、制衡与政府信誉》,《经济评论》2004 年第 1 期。

28. 石波:《转型期政府信用建构问题探析》,硕士学位论文,福建师范大学 2004 年版。

29. 赵晓、董栋:《关于发行地方政府债券的几点思考》,《山东社会科学》2007 年第 8 期。

30. [印]阿玛蒂亚·森:《理性与自由》,李风华译,中国人民大学出版社 2006 年版。

31. 李仕梅:《信誉的经济学分析》,经济科学出版社 2005 年版。

32. 张维迎:《经济学家看法律、文化与历史》,《中外管理导报》2001 年第 2 期。

33. [英]亚当·斯密:《国民财富的性质和原因的研究》上卷,郭大力、王亚南译,商务印书馆 1979 年版。

34. [英]亚当·斯密:《国民财富的性质和原因的研究》下卷,郭大力、王亚南译,商务印书馆 1979 年版。

35. [美]尼尔·K.考默萨:《法律的限度——法治、权利的供给与需求》,申卫星、王琦译,商务印书馆2007年版。

36. [美]博登海默:《法理学—法哲学及其方法》,邓正来、姬敬武译,华夏出版社1987年版。

37. 李涛、邵大宏:《理解科学:科学知识的生长及意义》,江苏人民出版社2001年版。

38. [美]丹尼尔·W.布罗姆利:《经济利益与经济制度——公共政策的理论基础》,陈郁等译,上海三联书店、上海人民出版社2006年版。

39. 格泽戈尔兹·W.柯勒德克:《从休克到疗法:后社会主义转轨的政治经济》,上海远东出版社2000年版。

40. 胡键:《转型经济新论——兼论中国俄罗斯的经济转型》,中共中央党校出版社2006年版。

41. [英]阿诺德·汤因比:《历史研究》,刘北成、郭小凌译,上海人民出版社2000年版。

42. [古希腊]亚里士多德:《政治学》,商务印书馆1965年版。

43. 郭道晖:《法理学精义》,湖南人民出版社2005年版。

44. 郑强:《合同法诚实信用原则研究》,法律出版社2000年版。

45. [德]柯武刚、史漫飞:《制度经济学》,韩朝华译,商务印书馆2000年版。

46. 胡书东:《经济发展中的中央与地方关系——中国财政制度变迁研究》,上海三联书店、上海人民出版社2001年版。

47. [美]道格拉斯·C.诺思:《经济史上的结构和变革》,厉以平译,商务印书馆1992年版。

48. [法]托克维尔:《论美国的民主》,董果良译,商务印书馆1988年版。

49. 王先林:《试论宏观调控与法治》,《法学杂志》1995年第3期。

50. 樊纲:《双轨过渡与"双轨调控"》,《经济研究》1993年第10、11期。

51. 吴敬琏:《呼喊法治的市场经济》,三联书店2007年版。

52. 耿利航等:《"中国财经法律论坛·2004"综述》,《中央财经大学学报》2005年第1期。

53. 漆多俊:《经济法基础理论》(第3版),武汉大学出版社2000年版。

54. 潘静成、刘文华主编:《经济法》,中国人民大学出版社2000版。

55. 王全兴主编:《经济法基础理论专题研究》,中国检察出版社2002年版。

56. 漆思剑:《剔除附庸性:经济学之宏观调控的经济法改造——兼论国家投资经营法与宏观调控法的区别》,《政治与法律》2009年第3期。

57. 王和平:《论政府信用建设》,《政治学研究》2003年第1期。

58. 魏加宁:《对宏观调控的反思与探讨》,《经济界》2005年第4期。

59. 吴超林:《宏观调控的制度基础与政策边界分析——个解释中国宏观调控政策效应的理论框架》,《中国社会科学》2001年第4期。

60. 郑少华、吴晓晖:《论宏观调控法的理论前提及方法》,《东方法学》2008年第2期。

61. 张海鱼主编:《宏观调控下的经济运行与产业发展》,人民出版社2006年版。

62. 孙智英:《信用问题的经济学分析》,中国城市出版社2002年版。

63. 郑也夫:《信任论》,中国广播电视出版社2001年版。

64. [德]马克斯·韦伯:《新教伦理与资本主义精神》,三联书店1987年版。

65. 张旭霞:《现代政府信用及其建构的对策性选择》,《南京社会科学》2002年第11期。

66. 沈海军:《政府信用在社会主义现代化中的作用》,《社会主义研究》2003年第1期。

67. 何显明:《信用政府的逻辑——转型期地方政府信用缺失现象的制度分析》,学林出版社2007年版。

68. [法]约翰·洛克:《政府论》下篇,叶启芳、瞿菊农译,商务印书馆1964年版。

69. [美]弗兰西斯·福山:《信任:社会道德与繁荣的创造》,李宛蓉译,远方出版社1998年版。

70. 李建平:《关于建设"信用福建"若干基本问题研究》,《东南学术》2003年第2期。

71. [美]彼德·布劳:《社会生活中的交换与权力》,孙非、张黎勤译,华夏出版社1988年版。

72. 龙游宇:《信用的博弈演化研究》,西南财经大学出版社2008年版。

73. 邢会强:《宏观调控权运行的法律问题》,北京大学出版社2004年版。

74. 杨三正:《宏观调控权论》,厦门大学出版社2007年版。

75. 陈云良:《国家调节权:第四种权力形态》,《现代法学》2007年第6期。

76. 胡建淼:《公权力研究》,浙江大学出版社2005年版。

77. 龚祥瑞:《比较宪法与行政法》,法律出版社1985年版。

78. 赖朝晖:《论经济法与行政法划分悖论的破解——以"第四部门"和社会中间层为突破口》,《广西政法管理干部学院学报》2003年第3期。

79. 王名扬:《美国行政法》,中国法制出版社1995年版。

80. 张守文:《宏观调控权的法律解析》,《北京大学学报》(哲社版)2001年第3期。

81. 程抱年主编:《现代化建设的指路明灯——学习江泽民〈正确处理社会主义现代化建设中的若干重大关系〉》,中南工业大学出版社1996年版。

82. 宋养琰主编:《社会主义市场经济学》,北京出版社1994年版。

83. 魏杰:《市场化的宏观调控体制》,陕西人民出版社1992年版。

84. 史际春、肖竹:《论分权、法治的宏观调控》,《中国法学》2006年第4期。

85. 漆多俊:《经济法基础理论》,武汉大学出版社1993年版。

86. 李树义等编:《社会主义市场经济教程》,山东大学出版社1994年版。

87. 张小斐、李宝元主编:《宏观经济分析》,中国经济出版社1994年版。

88. 漆多俊:《经济法基础理论》第4版,法律出版社2008年版。

89. 董玉明:《论宏观调控法对区域经济发展的科学调整》,《山西大学学报》(哲学社会科学版)2005年第3期。

90. 王全兴主编:《经济法前沿问题研究》,中国检察出版社2004年版。

91. 孟祥峰:《法律控权论——权力运行的法律控制》,中国方正出版社2008年版。

92. 鲁篱:《论最高法院在宏观调控中的角色定位》,《现代法学》2006年第6

期。

93. [德]弗里德赫尔穆·胡芬:《行政诉讼法(第 5 版)》,莫光华译,法律出版社 2003 年版。

94. 宋冰编译:《程序、正义与现代法——外国法学家在华演讲录》,中国政法大学出版社 1998 年版。

95. [日]棚濑孝雄:《纠纷的解决与审判制度》,王亚新译,中国政法大学出版社 1994 年版。

96. 肖林编著:《中国市场经济体制·模式·政策》,上海中医学院出版社 1993 年版。

97. 王乃学:《宏观调控失效与微观基础建设》,经济科学出版社 2001 年版。

98. 朱会生主编.《邓小平理论教程》,北方交通大学出版社 2003 年版。

99. 钟晓敏等:《中国经济宏观调控中的地方政府行为选择》,《财贸经济》2007 年第 2 期。

100. 黄国石:《预期与不确定性》,厦门大学出版社 2004 年版。

101. [英]约翰·梅纳德·凯恩斯:《就业、利息和货币通论》,宋韵声译,华夏出版社 2005 年版。

102. 王新红:《规则约束下的相机抉择——宏观调控法几个基本问题的再认识》,《法学论坛》2010 年第 5 期。

103. [美]菲吕博顿、瑞切特:《新制度经济学》,蒋建强等译,上海三联书店 2006 年版。

104. 哈耶克:《自由秩序原理》(上册),邓正来译,上海三联书店 1997 年版。

105. 邱本:《经济法研究》(下卷:宏观调控法研究),中国人民大学出版社 2008 年版。

106. 程选民等:《信誉与产权制度》,西南财经大学出版社 2006 年版。

107. [美]道格拉斯·诺思:《制度、制度变迁与经济绩效》,上海三联书店 1994 年版。

108. 《中共中央关于制定国民经济和社会发展第十二个五年规划的建议》。

109. [美]杰弗里·萨克斯、费利普·拉雷恩:《全球视角的宏观经济学》,费方域等译,上海三联书店、上海人民出版社1997年版。

110.王淑芹等:《信用伦理研究》,中央编译出版社2005年版。

111.郑也夫:《信任与社会秩序》,《学术界》2001年第4期。

112.[德]尼可拉斯·卢曼:《信任——一个社会复杂性的简化机制》,瞿铁鹏、李强译,上海人民出版社2005年版。

113.[德]尤尔根·哈贝马斯:《重建历史唯物主义》,郭官义译,社会科学文献出版社2000年版。

114.[德]马克斯·韦伯:《经济与社会》(上册),林荣远译,商务印书馆1998年版。

115.张维迎:《产权、政府与信誉》,生活·读书·新知三联书店2001年版。

116.[美]劳伦斯·M.弗里德曼:《法律制度——从社会科学角度观察》,李琼英、林欣译,中国政法大学出版社2004年修订版。

117.[英]P.S.阿蒂亚:《法律与现代社会》,范悦等译,辽宁教育出版社1998年版。

118.[美]查尔斯·蒂利:《信任与统治》,胡位钧译,上海世纪出版集团2010年版。

119.吴汉东:《论信用权》,《法学》2001年第1期。

120.赵万一:《信用权保护立法研究》,《现代法学》2008年第2期。

121.[英]培根:《培根论说文集》,水天同译,商务印书馆1983年版。

122.[美]加布里埃尔·A.阿尔蒙德,小G.宾厄姆·鲍威尔:《比较政治学:体系、过程和政策》,曹沛霖等译,上海译文出版社1987年版。

123.王绍光、胡鞍钢:《中国国家能力报告》,辽宁人民出版社1993年版。

124.谢庆奎:《政府职能与政府职能转变》,《百科知识》1995年第8期。

125.金太军:《政府能力引论》,《宁夏社会科学》1998年第6期。

126.[美]柯特勒编著:《美国八大错案》,刘未译,商务印书馆1997年版。

127.[西班牙]因内思·马可—斯达德勒、大卫·佩雷斯—卡斯特里罗:《信息经济学引论:激励与合约》,管毅平译,上海财经大学出版社2004年版。

128.张维迎:《信息、信任与法律》,生活·读书·新知三联书店2006年第2

版。

129. 张维迎:《法律制度的信誉基础》,《经济研究》2001 年第 1 期。

130. [美]布坎南:《自由、市场和国家》,上海三联书店 1989 年版。

131. 江晓东译:《经济政策的时间一致性与经济周期的驱动力——2004 年度诺贝尔经济学奖获得者对动态宏观经济学的贡献》,《外国经济管理》2004 年第 11 期。

132. 崔克亮:《从反倾销浪潮看中国企业的社会责任》,《中国经济时报》2008 年 4 月 10 日。

133. [德]马克斯·韦伯:《论经济与社会中的法律》,张乃根译,中国大百科全书出版社 1998 年版。

134. 王新红:《经济法的时代精神——经济法学若干热点问题的冷思考》,华龄出版社 2006 年版。

135. 张文显主编:《法理学》,法律出版社 2004 年版。

136. 鲁道夫·冯·耶林:《为权利而斗争》,胡海宝译,《为权利而斗争——梁慧星先生主编之现代世界法学名著集》,中国法制出版社、金桥文化出版社(香港)有限公司 2000 年版。

137. [德]柯武刚、史漫飞:《制度经济学》,韩朝华译,商务印书馆 2000 年版。

138. 季卫东:《法治与普遍信任》,《法哲学与法社会学论丛》2006 年第 1 期。

139. [法]孟德斯鸠:《论法的精神》上册,张雁深译,商务印书馆 1963 年版。

140. [法]萨伊:《政治经济学概论》,陈福生、陈振骅译,商务印书馆 1963 年版。

141. [美]汉密尔顿等:《联邦党人文集》,程逢如等译,商务印书馆 1980 年版。

142.《资产阶级政治家关于人权、自由、平等、博爱言论选录》,世界知识出版社 1963 年版。

143. [德]平特纳:《德国普通行政法》,朱林译,中国政法大学出版社 1999 年版。

144. 杨全柏:《建立科学的政府信用评价体系》,《琼州学院学报》2009 年第 1 期。

145. 周旺生:《法理探索》,人民出版社2005年版。

146. 杨三正:《宏观调控权论》,厦门大学出版社2007年版。

147. 张辉:《论宏观调控权的构成与配置》,《政治与法律》2008年第11期。

148. [法]卢梭:《社会契约论》,何兆武译,商务印书馆1980年版。

149. [美]博登海默:《法理学—法哲学及其方法》,邓正来、姬敬武译,华夏出版社1987年版。

150. 樊纲:《宏观经济政策只能是相机抉择》,《金融信息参考》2003年第9期。

151. 上海福卡经济预测研究所:《破解中国宏观调控大局》,上海财经大学出版社2007年版。

152. 郝铁川:《宏观调控的不确定性与法律、政策调整》,《南都学坛》2009年第3期。

153. 张亦春等:《中国社会信用问题研究》,中国金融出版社2004年版。

154. 王新红:《信誉的法律基础——与张维迎先生商榷》,《中南大学学报》(社会科学版)2003年第1期。

155. 甄进兴、张筱红:《试论宏观调控的微观基础》,《甘肃社会科学》1993年第2期。

156. 詹福满、苗静:《有限政府理论的现代解读》,《法律科学——西北政法学院学报》2005年第3期。

157. 刘祖云、武照娇:《有限政府:研究综述与反思》,《甘肃行政学院学报》2007年第3期。

158. 朱福惠主编:《宪法学原理》,中信出版社2004年版。

159. [英]霍布斯:《利维坦》,黎思复、黎廷弼译,商务印书馆1985年版。

160. [法]贡斯当:《古代人的自由与现代人的自由》,阎克文译,商务印书馆1999年版。

161. 《布莱克法律词典》(英文版),1979年版。

162. [意]圭多·德·拉吉罗:《欧洲自由主义史》,杨军译,吉林人民出版社2001年版。

163. [美]迈克尔·罗斯金等:《政治科学》,林震等译,华夏出版社2001年版。

164. [英]霍布豪斯:《自由主义》,朱曾汶译,商务印书馆1996年版。

165. [英]约翰·梅纳德·凯恩斯:《就业、利息和货币通论》,宋韵声译,华夏出版社2005年版。

166. [英]约翰·穆勒:《政治经济学原理》(下卷),胡企林、朱泱译,商务印书馆1991年版。

167. [德]弗里德里希·李斯特:《政治经济学的国民体系》,陈万煦译,商务印书馆1961年版。

168. [美]萨缪尔森、诺德豪斯:《经济学》(上册)中国发展出版社1992年版。

169. [美]W.P.托达罗:《经济发展与第三世界》,金印强等译,中国经济出版社1992年版。

170. [美]马克·E.沃伦编,《民主与信任》,吴辉译,华夏出版社2004年版。

171. 王名扬:《美国行政法》,中国法制出版社1995年版。

172. 曾繁正等编译:《美国行政法》,红旗出版社1998年版。

173. [奥]路德维希·冯·米赛斯:《官僚体制·反资本主义的心态》,冯克利、姚中秋译,新星出版社2007年版。

174. 蒋继涛:《按公共财政制度的要求重建我国政府预算制度》,《甘肃理论学刊》2004年第1期。

175. 中共中央文献研究室编:《邓小平年谱(一九七五—一九九七)》,中央文献出版社2004年版。

176. 王锡锌、章永乐:《专家、大众与知识的运用——行政规则制定过程的一个分析框架》,《中国社会科学》2003年第3期。

177. 叶俊荣:《环境行政的正当法律程序》,三民书局1997年版。

178. [英]韦德:《行政法》,徐炳译,中国大百科全书出版社1997年版。

179. 沈达明:《比较民事诉讼法初论》,中国法制出版社2002年版。

180. [日]谷口安平:《程序的正义与诉讼(增补本)》,王亚新、刘荣军译,中国政法大学出版社2002年版。

181. [日]兼子一、竹下守夫:《民事诉讼法》,白绿铉译,法律出版社1995年版。

182. 胡锦光:《违宪审查论》,海南出版社 2007 年版。

183. 漆多俊主编:《经济法论丛》第 3 卷,中国方正出版社 2001 年版。

184. 张小彩:《多花纳税人十几亿? 谢百三诉财政部升级高法》,《财经时报》2002 年 7 月 5 日。

185. [美]L.E.戴维斯、D.C.诺斯:《财产权利与制度变迁》,上海三联书店、上海人民出版社 2003 年版。

186. 杨瑞龙:《我国制度变迁方式转换的三阶段论》,《经济研究》1998 年第 1 期。

187. [美]霍姆斯:《普通法》,冉昊、姚中秋译,中国政法大学出版社 2006 年版。

188. 曹华:《通货膨胀目标制研究》,金融出版社 2006 年版。

189. 赵云旗:《中国分税制财政体制研究》,经济科学出版社 2005 年版。

190. 韦洪乾、冯建红、姚雯:《"梁广镇现象"背后的"双城"困局》,《检察日报》2008 年 8 月 26 日。

191. 何华辉:《比较宪法学》,武汉大学出版社 1988 年版。

192. 童之伟:《单一制、联邦制的区别及其分类问题探讨》,《法律科学》1995 年第 1 期。

193. 于炜主编:《〈中国宪法〉学习指导》,法律出版社 1987 年版。

194. 林有能:《社科界的 9＋2:联动与合作——"泛珠三角"区域九省区社科联负责人联席会议纪要》,《学术研究》2004 年第 9 期。

195. 马春辉:《泛珠三角区域经济合作研究》,《上海经济研究》2005 年第 1 期。

196. 应松年、马庆钰主编:《公共行政学》,中国方正出版社 2004 年版。

197. 曹家和:《宏观经济学》,清华大学出版社、北京交通大学出版社 2006 年版。

198. 郭道晖:《权力的多元化与社会化》,《法学研究》2001 年第 1 期。

199. 孙开红:《中国政府权力社会化的障碍分析》,《枣庄师范专科学校学报》2002 年第 4 期。

200. 杨建荣:《宏观调控下中央与地方关系的调整》,《财经研究》1996 年第 3

期。

201. 柴青山:《宏观调控中的地方政府责任》,《21 世纪经济报道》2006 年 9 月 11 日第 29 版。

202. 杨明灿:《地方政府行为与区域结构》,《经济研究》2000 年第 11 期。

203. 齐建国:《2005 - 2006 年宏观经济调控政策分析——兼对中央政府和地方政府关系的思考》,《学习与探索》2007 年第 1 期。

204. 钟晓敏、叶宁、金戈:《中国经济宏观调控中的地方政府行为选择》,《财贸经济》2007 年第 2 期。

205. 武少俊:《2003 - 2004 年宏观调控:地方与中央的博弈》,《金融研究》2004 年第 9 期。

206. 胡成等:《湖北汉川市政府下达喝酒任务指标为 200 万元》,《楚天都市报》2006 年 4 月 6 日。

207. [德]弗里德里希·冯·哈耶克:《自由秩序原理》下卷,邓正来译,生活·读书·新知三联书店 1997 年版。

208. 刘华:《我国中央与地方政府关系问题研究》,《财政研究》2005 年第 8 期。

209. 熊文钊:《处理央地关系的原则》,《瞭望》2005 年第 49 期。

210. 李稻葵:《转型经济中的模糊产权理论》,《经济研究》1995 年第 4 期。

211. 吴湘玲:《我国地方政府经济行为探讨》,《武汉大学学报》(哲学社会科学版)1997 年第 4 期。

212. 金太军:《当代中国中央政府与地方政府关系现状及对策》,《中国行政管理》1999 年第 7 期。

213. 皮建才:《所有权结构、自私性努力与投资阻塞问题》,《经济研究》2007 年第 5 期。

214. 俞可平:《治理与善治引论》,《马克思主义与现实》1999 年第 5 期。

215. 刘亚平:《当代中国地方政府间竞争》,社会科学文献出版社 2007 年版。

216. 郑杭生:《中国社会转型中的社会问题》,中国人民大学出版社 1996 年版。

217. 徐寿松:《铁本调查:一个民间钢铁王国的死亡报告》,南方日报出版社

2005 年版。

218. 张五常:《中国的经济制度》,中信出版社 2009 年版。

219. 唐志军:《〈佃农理论〉的一般性贡献——为纪念〈佃农理论〉发表四十年而作》,《河北经贸大学学报》2009 年第 1 期。

220. 汪伟全:《地方政府竞争中的机会主义行为之研究——基于博弈分析的视角》,《经济体制改革》2007 年第 3 期。

221. 项怀诚等编:《财政税收》第 6 卷,山西人民出版社 1996 年版。

222. 樊丽明等:《中国地方财政运行分析》,经济科学出版社 2001 年版。

223. 胡鞍钢等:《中国地区差距报告》,辽宁人民出版社 1995 年版。

224. 常佰军等:《乡政府给饭店打欠条重约 1 公斤欠款近 70 万》,《大河报》2007 年 6 月 5 日。

225. 《当街"拍卖"乡政府"白条子"》,《南充日报》2005 年 3 月 23 日。

226. 周天勇:《突破发展的体制性障碍》,广东经济出版社 2004 年版。

227. 中国社会科学院日本研究所日本经济发展的经验教训课题组编:《日本的经验与中国的改革》,经济科学出版社 1994 年版。

228. 滕霞光:《农村税费改革与地方财政体制建设》,经济科学出版社 2003 年版。

229. 中国国家发展计划委员会地区经济司,日本国际协力事业团编:《城市化:中国现代化的主旋律》,湖南人民出版社 2001 年版。

二、外文部分

1. Robert J, Barro and David B, Gordon. Rules Discredition and Ruputation in a Model of Monetary. Journal of Monetary Economics. VOL. 12(NO. 1983) pp. 101 −121.

2. Avner Greif, Milgrom Paul and Weingast Barry. R, 1994. "Coordination, Commitment, and Enforcement: The Case of the Merchant Gild" journal of Political Economy, Vol. 102, No. 4, pp. 745 −776.

3. North, Douglass C. & Thomas, Robert Paul. The First Economic Revolution.

Economic History Review. Vol. 30, 1977. 24.

4. Niskanen, William A. 1971. Bureauracy of R epresentative Government. Chicago：Aldine – Atherton，Inc. 38.

5. Ruttan, Vernon W. & Hayami, Yujiro. Toward a Theory of Induced Institutional Innovation. Journal of Development Studies. Vol. 20. 1984. 204.

6. Avner Greif, Milgrom Paul and Weingast Barry. R , 1994. "Coordination, Commitment, and Enforcement：The Case of the Merchant Gild" journal of Political Economy, Vol. 102，No. 4，pp. 745 – 776.

7. Qian , Yingyi and Barry R. Weingast. "Federalism as a Commitment to Preserving Market Incentives. " Journal of Economic Perspect. Vol. 11. 1997(4). 83 –92.

8. Friedrich, Carl J. 1950. Constitutional Government and Democracy：Theory and Practice in Europe and America. Boston：Ginn and Company，p. 4.

9. Qian , Yingyi and Gerard Roland. "Federalism and the Soft Budget Constraint. " American Economic Review. Vol. 88. 1998(5). 1143 –62.

10. Oates , Wallace E. Fiscal Federalism. New York：Harcourt Brace Jovanovich. 1972.

11. Brennan , Geoffrey and James M. Buchanan. The Power to Tax ：Analytical Foundations of a Fiscal Constitution. Cambridge University Press. 1980.

12. Naomi Caiden, "Patterns of Budgeting"，Public Administration Review, 1978 (38).